我们的大学

易佐永题

大学生文化素质发展日志年编（2018）

顾问◎屈哨兵　魏明海　主编◎吴开俊　副主编◎郑美玲　黄志凯

暨南大學出版社
JINAN UNIVERSITY PRESS
中国·广州

图书在版编目（CIP）数据

我们的大学：大学生文化素质发展日志年编.2018/吴开俊主编；郑美玲，黄志凯副主编.—广州：暨南大学出版社，2020.11
ISBN 978-7-5668-2994-8

Ⅰ.①我… Ⅱ.①吴… ②郑… ③黄… Ⅲ.①大学生—学生生活—广州—2018 Ⅳ.①G645.5

中国版本图书馆CIP数据核字（2020）第190671号

我们的大学：大学生文化素质发展日志年编（2018）
WOMEN DE DAXUE：DAXUESHENG WENHUA SUZHI FAZHAN RIZHI NIANBIAN（2018）
主编：吴开俊　副主编：郑美玲　黄志凯

出 版 人：张晋升
策　　划：黄圣英
责任编辑：郑晓玲　雷晓琪
责任校对：曾小利　刘　蓓
责任印制：汤慧君　周一丹

出版发行：暨南大学出版社（510630）
电　　话：总编室（8620）85221601
　　　　　营销部（8620）85225284　85228291　85228292　85226712
传　　真：（8620）85221583（办公室）　85223774（营销部）
网　　址：http://www.jnupress.com
排　　版：广州市天河星辰文化发展部照排中心
印　　刷：佛山市浩文彩色印刷有限公司
开　　本：787mm×960mm　1/16
印　　张：23.75
字　　数：420千
版　　次：2020年11月第1版
印　　次：2020年11月第1次
定　　价：92.00元

前　言

2009年我们开始编写《我们的大学：大学生文化素质发展日志年编》，旨在记录我校在大学生素质教育理念指导下的大学生素质教育教学和实践育人、环境育人发生的故事以及追求、塑造大学精神的实践点滴，成为今后谈论大学各种活动的一个样本，讲好我们的大学故事。这套日志年编目前已推出九本，受到学校师生的广泛好评，也成为检视我校人才培养目标达成度的有效样本。

2018年，广州大学各方面取得了长足的进步：学校开展教育教学思想大讨论，进一步强化本科教育，人心向学蔚然成风；学校进一步加强公共艺术教育中心、学生体育活动中心、经典百书阅读推广中心“三大中心”育人功能建设，广大学子“爱体育、懂艺术，能力发展性强”的人才底色日益彰显；学校召开了首次思想政治工作会议，全面加强和改进思想政治工作和学生党建工作，学生公寓“五室一站”党建项目获评第二届“广州党建十大品牌”，开创了学院与公寓学生党建工作协同发展新局面；学校以楼栋为单位成立党小组，开展“学生党员先锋行动”，“读原著、学经典、作表率”系列读书活动开展如火如荼……这一切，广大学子是经历者，也是见证者。

因此，我们赓续前书，编纂出版第十本日志年编，编纂体例一仍旧贯。日志素材来自各学院及相关部门，在此深表谢意。由于篇幅有限，我们只能收录部分日志，仍有许多精彩的日志未能采撷入内，实有遗珠之憾。

由于编者水平有限和时间限制，书中难免有疏漏和不妥之处，恳请广大读者不吝批评指正。

编　者

2020年3月

精彩导读

五月

六月

七月

八月

九月

十月

十一月

十二月

我们的大学

January 一月

1月4日　美术与设计学院召开“不忘初心、牢记使命”党员集体谈话会

1月4日，美术与设计学院召开党员集体谈话会，会议由蔡琼生副书记主持召开。蔡书记首先就预备党员在预备期应该如何践行党员标准提出要求：一是要认真深入学习新党章和学习贯彻十九大精神，带头宣讲党的基础理论知识和党的十九大报告内容；二是要在学习、工作和生活中发挥党员先锋模范作用；三是要在思想引领上发挥积极作用，率先践行社会主义核心价值观。

吴宗敏书记代表美术与设计学院党委对新党员表示祝贺和欢迎，并对新党员提出几点切实要求。吴书记在讲话中指出：新党员不能只是身份上入党，更要在思想与行动上入党，要以党员的标准严格要求自己，在学习与工作中发挥党员的先进性；要自觉学习党章，学习党的方针、政策、纪律和规矩；学生党员要在班级建设和学风、院风建设中发挥骨干作用。

谈话会结束后，美术与设计学院党委举行新党员入党宣誓仪式。吴宗敏书记带领全体新党员面对鲜红的党旗庄严宣誓。

加强新党员教育，是党建工作的重要环节。美术与设计学院党委在新年伊始，首先组织新党员到广州美术学院，参观由中国摄影家协会、广东省公安厅、广东省文学艺术界联合会联合主办的“不忘初心、牢记使命——广东公安百名英模肖像摄影展”，紧接着召开集体谈话会和开展入党宣誓仪式，让新党员接受了一次特殊的身心洗礼。新党员纷纷表示，将恪守在党旗下的誓言，

不忘初心，牢记使命，严格要求自己，时刻保持共产党员的先进性并发挥先锋模范作用，努力使自己成为一名优秀的共产党员。

（美术与设计学院　学工办）

1月4日　外国语学院举行"辅导员有约"活动

1月4日，外国语学院"辅导员有约"活动在B10"心情驿站"举行。出席本次活动的有学院党委书记李暖均，党委副书记鄢智青，学生处副处长孟强、老师宾晶及该院全体辅导员。四位专职辅导员依次介绍了外出调研、培训的所见所闻和所思所想。

李黎老师介绍了其赴北京外国语大学开展"第二校园访学"和赴浙江师范大学考察、调研的情况，着重对党团建设、班级管理、资助工作、文体活动及研究生管理等内容进行深入介绍。

任洪蔚老师介绍了厦门大学易班平台的使用与管理情况，分析了易班平台在思政教育、生活服务、学生发展等领域可发挥的作用。鉴于学校的易班工作，可通过开发"轻应用"等"切点"推进，再逐步完善一体化，增强用户黏性，使同学们善用易班，爱用易班。

黄顺婷老师提出在组建学生团队时，可通过DISC个性测验测评团队成员的性格，从而优化团队结构、明确团队成员的培养与发展。针对外国语学院学生创新创业能力较低的短板，她认为可以通过招兵买马、双向选择、团队测评以及明确创新创业意向等几方面进行团队组建的思考。

季美含老师介绍了汕头大学的住宿书院制度。该书院通过党团、学生会和社团组织等社区活动平台的搭建，以及书院团队、学科、体能、心理和职业五类拓展课程的开展，提高学生综合素质，使学生的生活、学习、成长融于一体，促进其身、心、灵全面健康发展。她认为，该书院成熟的管理及运行制度值得我们学习，对学院以后改进和完善"五室一站"工作有着重要的启发。

四位辅导员的分享结束后，李暖均书记和孟强副处长肯定了大家的工作，提出工作中要互相帮助，珍惜学校提供的外出调研学习的机会，认真分析、总结，不断提升业务能力，爱岗爱校，尽心尽力。

（外国语学院　尹健欣　任洪蔚）

1月10日　广州大学举行第十五届“挑战杯”竞赛总结暨第十六届“挑战杯”竞赛立项宣讲会

1月10日上午，第十五届“挑战杯”竞赛总结暨第十六届“挑战杯”竞赛立项宣讲会在行政西楼二楼会议厅举行。副校长吴开俊，校团委、创新创业学院等部门负责人，各学院党委副书记、团委书记，部分教师代表参加了会议。

校团委书记王国栋首先总结了竞赛准备工作的情况。随后，第十五届全国“挑战杯”竞赛获奖学生代表、指导老师代表等分享了各自的竞赛故事和经验。与会领导还为2016—2017学年度学生课外学术科技活动优秀指导老师代表和先进集体代表颁发了证书。

吴开俊副校长指出，要站在人才培养目标的高度定位“挑战杯”工作；要进一步整合资源，营造人心向学的氛围；全校师生要大力发扬创新精神，为学校建设高水平大学作出更大的贡献！创新创业学院和校团委随后分别就“三创”项目征集等竞赛立项的相关内容进行了宣讲。

据悉，广州大学已连续十届获得“挑战杯”全国发起高校资格，第十六届“挑战杯”竞赛的立项申报工作将于2018年3月启动。

（校团委）

1月13日 体育学院开展“义起精彩”志愿服务实践活动

1月13日上午，体育学院共有5名同学作为义工参加了小谷围街家庭综合服务中心义工组织开展的“义起精彩”志愿服务实践活动，本次义工实践活动的主题是“义起参与，因你精彩”。

本次活动吸引了众多村民前来参与，现场气氛非常活跃，活动游戏老少皆宜，参与游戏的村民都乐在其中，奖品派送环节将气氛推向高潮。

活动过程中，同学们积极分工协作，为村民“送温暖”，在这个寒冬里为村民带来暖意和关心。通过这次义工实践活动，同学们表示体会到了作为义工的职责所在，也在实践中彰显了助人为乐的义工精神。

（体育学院 杨家益）

1月18日 旅游学院党建工作获学校党委表彰

1月18日，广州大学党委举行基层党建工作述职评议。会议首先对2017年在广州大学“优秀党日”和“书记项目”评选活动中获奖的党组织进行颁奖。其中，旅游学院“书记项目”获评优秀，学生党支部党日活动获一等奖、三等奖各一项，教工党支部党日活动获三等奖。学院党委书记刘向晖代表学院上台领奖。

经集中评审，全校一共有49个项目纳入了基层党建“书记项目”库，8个项目被评为“广州大学抓基层党建创新示范‘书记项目’”，16个项目被评为“广州大学抓基层党建创新优秀‘书记项目’”；共有69个师生党支部现场演示开展的“优秀党日”活动，其中3个教工党支部和3个学生党支部获2017年“优秀党日”活动一等奖，5个教工党支部和5个学生党支部获二等奖，8 个教工党支部和 15 个学生党支部获三等奖。

（旅游学院　陈志明　赵双双）

1 月 25 日　寒假期间各学院组织探望慰问留校学生

寒假来临，同学们大都回家与家人共享天伦。但是，有这样一群学生，或是因为备战考试，或是因为参加实习，或是因为兼职，或是因为赶科研项目进度，选择了假期留校。各学院领导、辅导员以组织座谈会和深入宿舍等方式探望慰问今年寒假留校的学生。

生命科学学院

为了让我院寒假留校的家庭经济困难学生感受到学校的温暖，1 月 17 日上午，生命科学学院在学院会议室举办了以“关心、关爱，自立、自强”为主题的 2018 年寒假慰问留校家庭经济困难生的座谈会。学院党委副书记曾学毛，学工办主任张绪庆，学工办老师杨敏、林敏参加了此次座谈会。

会上，寒假留校的 11 名家庭经济困难生分别谈了自己留校的计划和安排。2015 级同学留校的计划主要是做课程设计和创新实验，2016 级和 2017 级同学主要是做创新实验与兼职。曾学毛副书记鼓励同学们继续发扬认真学习、努力奋斗的精神。

数学与信息科学学院

1 月 24 日中午，数学与信息科学学院党委书记黄志凯、副书记孙凌，学工办主任张昭，团委书记胡啟岚走进留校学生宿舍，对学生进行假期慰问和安全教育。

在与学生倾谈过程中，几位老师都提醒学生注意人身财产安全，特别是在假期兼职，要注意了解用工单位的资质，以免受骗上当或者误入传销陷阱；接近春节返乡时，要注意选择安全的客运方式，并祝愿每一位学生都能过上一个愉快祥和的春节假期。

环境科学与工程学院

1月25日，环境科学与工程学院党总支副书记肖杏烟、学工办主任李慧走访了该学院位于理科北楼和工程南楼的实验室，探望寒假期间仍留校做实验的吕来等老师和同学们。

肖书记与吕老师就学生参与科研的情况进行交流，参观实验室并了解与实验发展相关的问题，同时祝贺胡春、吕来两位老师共同指导的学生团队项目获评广东省“攀登计划”重点项目，鼓励团队成员继续努力、专心研究、认真实验，早出成果、出好成果。肖书记还跟同学们互动，一起参与到研磨石墨烯的实验中，并与同学们聊起家常，询问他们寒假留校日常生活是否便利及将来发展计划等。

物理与电子工程学院

物理与电子工程学院党委副书记李燕冰率学工办主任薛敏、辅导员黄毓婵走访了该学院学生宿舍和宿管值班室，看望并慰问了寒假留校的学生。李燕冰副书记一行首先来到B23学生宿舍，看望了提前返校的新疆学生，亲切询问了他们返校以来的生活和学习情况，叮嘱他们充分利用剩余的假期做好新学期的规划，坚持体育锻炼，增长才干。随后，老师们走访了B4学生宿舍和B8宿管值班室，探望了留校过年的学生和春节期间仍然坚守岗位的勤工助学学生。老师们和学生亲切交谈，代表学院向他们致以亲切慰问，给他们送去了精美的易班小礼物。

通过走访，各学院领导、辅导员为留宿学生送去了关怀和鼓励，使留校学生感受到浓浓的年味和学校的温暖，度过了一个舒适、安全、温馨的假期。

（学生处　葛泽胜）

1月27日　环境科学与工程学院学子进社区宣传垃圾分类

1月27日，环境科学与工程学院学子走进官洲街道北山村社区，通过一系列的小游戏与社区居民共同学习垃圾分类知识，推动环境保护意识深入社区。

本次活动由环境科学与工程学院学生党员服务队主办，同时吸引了本院众多志愿者参与其中。该活动顺应城市环境可持续发展的理念，旨在向社区居民宣传垃圾分类的知识。

冬日的清晨，服务队伴随着阳光出发。到官洲街道社区后，党员与志愿者们迅速进行布场，经过大家的积极宣传，社区居民相继来到摊位参与游戏。

通过此次活动，同学们发现还有很大一部分居民对垃圾分类了解很少，甚至一无所知，这无疑加大了垃圾分类落到实处的难度，也意味着作为环境科学的未来工作者，垃圾分类宣传之路任重道远。本次活动通过在社区中普及环保知识，目的是推广绿色低碳生活，鼓励社区居民树立环保意识，积极参与到绿色生态环保活动中。

（环境科学与工程学院　邱钰茵）

我们的大学

February 二月

2月6日　广州大学团委获评2017年度广东共青团工作先进单位

2月6日，广东省共青团第十三届委员会第八次全体（扩大）会议在广州召开。广东省委常委、组织部部长邹铭出席会议并作重要讲话。团省委十三届委员、候补委员，在粤的十七届团中央候补委员，省直有关单位团委、各地级市、区团委及部分广州地区本科院校团委主要负责人列席会议。

会议传达了省委十二届三次全会和团中央十七届七中全会精神，听取了广东共青团2017年度工作报告，对2018年重点工作作出全面部署。会上评选了“广东共青团工作先进单位”，广州大学等10所高校获此殊荣。

2017年，在上级团组织和校党委的领导下，广州大学认真学习贯彻党的十八大、十九大精神；紧紧围绕学校中心工作，以思想引领为核心、以共青团改革为主线、以人才培养为目标，着力打造“千千工程”“青马工程”等项目；依托“挑战杯”“创青春”等大型赛事培养了大批创新创业人才；社会志愿服务等工作也有新的发展和突破，为广州大学高水平大学建设贡献了智慧和力量。

（校团委）

2月12日　外国语学院在天河花市开展志愿服务活动

2月12—15日，外国语学院天河花市志愿服务队近200名志愿者在天河花市开展了志愿服务活动。2月12日，外国语学院党委书记李暖均、副书记鄢智青以及学工办辅导员老师们亲临天河花市，与学院志愿者们进行交谈并送上节日慰问。

2018年已是天河花市志愿服务队连续开展志愿活动的第十五个年头。志愿者们积极投身社会服务中：陪伴福利院的小朋友逛花市、帮助市民运送大型盆栽、为市民指引方向及维持花市秩序。为保证花市工作顺利进行，志愿者们不辞辛苦，认真工作直至深夜。

天河花市志愿活动充分展现了外国语学院学子甘于奉献、服务社会的志愿精神，志愿者们用自己的态度和行动向这座城市献上了最真挚的祝福。

（外国语学院　学工办）

2 月 13 日　广州大学举办留校家庭经济困难学生春节茶话会

2 月 13 日上午，广州大学竹苑饭堂暖意融融，2018 年留校家庭经济困难学生春节茶话会在此举行。校党委书记屈哨兵，副校长吴开俊，相关职能部门负责人和学院领导、辅导员代表与寒假留校的家庭经济困难学生欢聚一堂，喜迎新春。会议由学生处副处长陈爱平主持。

茶话会上，校领导们为学生们派发新年红包及礼品，庆祝春节的到来，餐厅里洋溢着欢乐祥和的气氛。屈哨兵书记在会上致新春贺词，代表学校向留校学生致以新年的祝福，他回顾了个人成长经历，并与同学们分享近期电影佳作《无问西东》的精彩片段及思想内涵，勉励同学们“相信自己、感恩父母、融入学校、拥抱时代”，希望同学们奋发向上，健康地成长成才，为国家、社会发展的需要服务。屈书记引经据典、融通古今，其精彩的讲话引起在场师生的阵阵掌声。屈书记还关切地询问同学们对学校校园环境、学生宿舍管理及课堂学风等方面的评价，听取他们的建议。教育学院 2015 级本科生陈艳红、新疆学生努尔比亚·艾热提、法学院研究生叶嘉怡三位同学分别代表留校的家庭经济困难学生发言，表示感谢学校的关怀和培养，他们必将感恩于心、回报于行。

举办留校经济困难学生新春慰问活动是我校延续多年的传统，也是学校关心关爱家庭经济困难学生成长成才的缩影。学校今年为购买返家车票有经济困难的学生提供帮助，并在寒假期间为留校经济困难学生设立了学生公寓贵重物品看管等多种校内外勤工助学岗位，除夕之夜还将提供免费的年夜饭，让不回家过年的学子们欢度除夕佳节。

（学生处　葛泽胜）

2月19日　机械与电气工程学院领导看望慰问冬令营学员

元宵佳节（2月19日）下午，机械与电气工程学院院长助理柳晶晶、学工办主任裴九雄、电信系老师刘长红和2018级辅导员冯荣光等一行，走访慰问了节日期间仍然坚持学习的冬令营学员，代表学院向他们送去节日的祝福。

走访慰问中，柳院助等一行与冬令营集训学生进行了亲切交流，详细询问了冬令营集训工作计划和进展情况，认真了解各项目团队的比赛日程安排和后勤保障情况，对同学们寒假期间仍抓住机会刻苦奋战的意志和品质给予充分肯定，并感谢师生们的辛勤付出。对于即将到来的比赛，柳院助勉励全体学生在最后时刻更要细心谨慎，奋力争先，祝愿同学们在新的一年中身体健康、学习进步，以更加饱满的学习热情、更踏实的行动落实好各项竞赛任务，继续为学院增光添彩。

同学们对学院领导、老师的关心和祝福表示感谢，纷纷表示将认真学习，积极做好“挑战杯”“互联网+”等竞赛项目的准备工作，以饱满的精神面貌迎接新学期的到来，为广州大学的高水平大学建设贡献力量。

（机械与电气工程学院　冯荣光）

我们的大学

March 三月

3月8日 广州大学开展春季学生宿舍卫生大扫除活动

为共同营造干净卫生的生活学习环境，充分发挥学生的“自我管理、自我教育、自我监督、自我服务”作用，着力推进打造有品质的校园生活和良好的宿舍文化，进一步推进我校学生公寓实践育人新机制，充分发挥我校学生公寓“五室一站”项目党建育人、文化育人、制度育人、行为培养和品格培育的功能，3月8日下午，由“五室一站”发动各学院、勤工中心，协同学生公寓管理服务中心，共同开展了春季学生宿舍大扫除活动。

全校各学院几百名师生依托学生公寓“五室一站”，组织本楼栋学生在24栋学生公寓开展了学生宿舍、宿舍楼、卫生死角的清洁和环境整治。楼层长和宿舍长发动并组织宿舍成员开展宿舍内务卫生整治；宿舍楼走廊、宿舍楼楼道、宿舍内、宿舍门禁、宿舍大院，都成为师生们的“战场”。各学院副书记带领辅导员老师亲自拿起劳动工具与同学们一起清理卫生死角，营造良好宿舍环境。

广州大学学生自律委员会、学生自强社等也自发对校园内学校餐厅、人行天桥、宣传橱窗等公共区域进行清理整治，积极参与到统一行动中来。

经过一下午的劳动，整个校园处处展现新气象。草坪里的落叶不见了，不锈钢栏杆更亮了，卫生死角的垃圾被清理了，橱窗小广告被铲掉了，人行天桥更干净了……

据广州大学学生住宿管理委员会老师介绍，今后为努力打造有品质的校园生活，不断加强宿舍区的庭院建设，学校将着力改善和提升校园生活空间品质，让宿舍庭院成为学生校园文化生活和学校育人的一个重要场所，“五室一站”将协同学生公寓管理服务中心，切实把学生宿舍打造成宜居、宜学的高品质生活区。

（学生处　葛泽胜）

3月9日　广州大学“创青春”创业大赛校赛终审决赛结束

3月9日，广州大学2018年“创青春”创业大赛校赛终审决赛在图书馆副楼举行。经校内专家和来自校外的资深创业大赛专家、企业家及投资人评委的严格评审，大赛前后共产生7项金奖、10项银奖和32项铜奖。

学校为做好2018年“创青春”创业大赛省赛和国赛参赛准备，于2017年3月起开展大学生创业项目立项申报工作。经学生申报、学院审核、专家评定，共有121个大学生创业项目立项，吸引了近3 000名在校生和100名毕业校友参与。经初审，共有108个大学生创业项目顺利完成结题，34项作品进入2018年“创青春”创业大赛校赛终审决赛。终审决赛后，将有19项优秀作品代表学校参加2018年“创青春”广东大学生创业大赛。

本次终审决赛的评委会主任、校党委副书记张强在评委会全体会议中表示，近年来，我校在学生创业的培训和竞赛方面发展较快，在“创青春”创业大赛等赛事中取得了令人欣慰的创新创业教育体系，“众创空间”等孵化基地也先后获得国家级、省级立项扶持，为培育创新创业项目搭建了良好的基础平台，希望相关参赛团队能继续保持势头，在“创青春”等创新创业比赛中再创新高。

（广大新闻网　林秋年　李振）

3月13日　广州大学学生组织工作布置会议圆满举行

3月13日下午，由校团委承办的新学期学生组织工作布置会议于图书馆副楼5楼报告厅召开，校学生会、校青年志愿者协会、校社团联合会等11个团学校级组织的200多名干部及校团委全体老师参加会议。

校团委书记王国栋在讲话时对团学组织的发展提出三点要求：第一，需进一步加强组织联系，保持信息互通，实现资源共享，组织无分大小，形成差异性发展并互相共存的良好局面；第二，学生干部的个人发展要顺应时代发展要求，学会主动适应而不能被动接受；第三，学生干部应学会做时间的主人，努力平衡学业和工作。

会上，各组织代表逐一介绍本学期组织目标、工作计划和重点内容。发言中，代表们表示将深入贯彻落实习近平总书记新思想，以服务学校为中心，在广州大学校团委的指导下办好各类品牌活动，大胆创新工作形式，完善组织工作制度。全面推广i志愿系统、深入完善班团一体化管理体系、成立文化创意工作室等创新改革措施都将在本学期完成。

（校团委）

3月13日　法学院开展法律援助志愿服务活动

3月13日，广州大学法学院的志愿者们前往广州市妇女联合会，为来访的妇女提供援助和建议。他们主要负责接听热线、记录来访者信息并录入电脑等相关工作。

志愿者们来到接待室，坐在电脑屏幕前，开始为先前的来访者录入信息。她们发现来访者反映的问题大致有遗产分配、离婚财产分配、孩子抚养权等。

当理论与实际相结合时，志愿者们才明白只学习书本上的知识是远远不够的。虽然学习理论知识非常必要，但是每个人的实际情况多有不同，必须具体问题具体分析，采用不同的应对方法，从不同的角度去维护当事人的合法权益。

当日，有来访者寻求帮助，志愿者们有幸在现场旁听了专业律师为女性咨询者分析答疑。律师侃侃而谈，扎实的专业功底和面对法律问题的敏感触角，赢得了来访者的信任，使她更加了解自己当下的处境以及应该如何正确维权，这也让志愿者们非常佩服。

志愿活动结束后，志愿者们恋恋不舍地返校。这短短的三个小时，令他们更加坚定了自己内心的道路，同时认识到应更努力夯实自身专业基础知识，毕竟从事法律工作不只要有一腔热血，还必须有扎实的专业知识基础，才能帮助有需要的人。

（法学院　实践部　梁巧）

3月13日　广州大学师生代表参加“新时代红色文化讲习所”启动暨首场宣讲活动

3月13日下午，广州大学学生处组织师生党员、预备党员和入党积极分子等代表参加了在中共三大会址举行的广州市“新时代红色文化讲习所”启动暨首场宣讲活动。广东省委宣传部、广州市委宣传部的负责同志和老同志代表苏晋中、党的十九大代表周洁共同为“新时代红色文化讲习所”揭幕。

启动仪式过后，广州大学师生代表跟随讲解员瞻仰了中共三大史迹，参观了中共三大纪念馆的展览陈设，观看了中共三大历史短片。华南师范大学马克思主义学院院长陈金龙教授为广州大学师生作了主题为“科学认识和把握习近平新时代中国特色社会主义思想”的首场宣讲，同学们积极与其互动提问。广州大学组织师生代表参加此次活动，对贯彻落实习近平总书记关于弘扬红色文化的重要指示精神、学习习近平新时代中国特色社会主义思想和党的十九大精神以及了解广州红色历史和革命传统具有重要意义。

“新时代红色文化讲习所”的主要活动包括瞻仰一次旧址、参观一次展览、观看一场专题片、重读一段党章、重温一次入党誓词、参加一场宣讲辅导等。讲习所的宣讲专家团队由党委和政府部门中具有丰富理论研究和实践经验的领导干部、广州地区高校党校、党史研究和社科理论界的知名专家学者组成，旨在推动学习贯彻习近平新时代中国特色社会主义思想和党的十九大精神持续深入开展，激发党员干部不忘初心，牢记使命，传承红色基因和革命精神。

（学生处　旅游学院　葛泽胜　陈志明）

3月13日　全校齐动召开“学习《广州大学学生课堂行为准则》”主题班会

为深入学习《广州大学学生课堂行为准则》，引导学生自觉遵守校纪校规、明确学习目标、严守学习纪律、规范课堂行为、端正学习态度，形成人心向学、刻苦勤奋、求真务实的良好学风，营造勤学、奋进、文明、守纪的良好班集体氛围，促进学生成长成才，学校于3月13日下午在全校范围内开展了以“学习《广州大学学生课堂行为准则》”为主题的班会活动，各学院院长、党委书记、党委副书记、辅导员、班主任等走进课堂，热议《广州大学学生课堂行为准则》，共同探讨如何营造优良校风学风。学生处处长郑美玲巡查走访了部分班级。

班会上，师生积极学习、讨论《广州大学学生课堂行为准则》，并针对课堂上存在的迟到、早退、旷课、吃东西、玩手机、打瞌睡等不良现象进行剖析，分析班级学风建设存在的具体问题，充分认识到课堂学风建设的紧迫性和重要性。

班级的每位同学都结合自身情况进行了发言，并对自觉遵守课堂行为准则、共同创建优良学风班集体做出行动承诺。数学与信息科学学院161班武铁正同学表示：“其实绝大多数同学已经做到《广州大学学生课堂行为准则》所要求的，只有小部分同学不自觉，有上课迟到或旷课的情况，不仅不好好听讲，还影响到其他人，希望我们人人都能遵守《广州大学学生课堂行为准则》，共同营造一个良好的课堂氛围。”法学院163班王竞同学说：“法律的生命在于执行，《广州大学学生课堂行为准则》内容全面，且每一条都对我们有指导意义，希望该准则能真正得到贯彻执行，作为班长，我也将以身作则，带领同学们共同遵守该准则。”

各学院纷纷制订了相关工作计划，做到落实准则，培养学生良好学风，打造有品质的校园生活。

切实落实《广州大学学生课堂行为准则》是培育学生良好学风、打造有品质校园生活的重要环节。根据学校要求，未来全校各班级还要把学习《广州大学学生课堂行为准则》作为创建优良学风班集体的重要内容，并将该准则持之以恒落实到班集体每位同学的实际行动中。

（学生处　杜亚辉）

3月15日　广州大学组织开展《厉害了，我的国》青年专场大型观影活动

为进一步学习贯彻习近平新时代中国特色社会主义思想和党的十九大精神，让广大青年学子进一步了解党的十八大以来现代化建设的伟大成就，3月15—16日，我校开展“点赞新时代——《厉害了，我的国》”广州大学青年专场大型观影活动，集体为中国点赞！

影片以纪录片的形式生动再现党的十八大以来中国取得的跨越式发展和历史性成就。随着一幕幕壮观恢宏的大规模航拍镜头展现祖国的壮美山河、卓越成就，全场多次响起热烈的掌声，纷纷为祖国点赞。

观影结束后，有学生慨叹“生对了时代”，并表示还会“二刷”。对于广大学子来说，除了油然而生的民族自豪感以外，还多了一份参与建设的责任感。

自该影片在各大院线上映以来，已有不少学生表示对影片非常期待。学校观影活动开票信息一经发布，几百张票瞬间被抢空，可谓一票难求。该活动结合线上抢票和线下派票的方式，共覆盖1 400名学生，两场活动上座率均达到100%。

（校团委）

3 月 20 日　马克思主义学院召开“挑战杯”竞赛立项工作会议

3 月 20 日下午，马克思主义学院召开第十六届全国“挑战杯”竞赛立项工作会议，院长赵中源、院党委副书记朱晓军、校团委黄斌老师、思政系系主任刘莉、立项申报团队及师生代表近 60 人出席了本次会议。

会上，黄斌老师从“挑战杯”全国大学生课外学术科技作品竞赛的情况、我校历年来“挑战杯”取得的成绩、学校配套出台的管理及激励制度、竞赛流程和选题立项说明等方面给大家进行了详细介绍，并通过丰富的数据资料有针对性地分析了哲学社科类作品立项和竞赛的情况，使老师和同学们对“挑战杯”竞赛有了进一步的认识。

赵中源院长总结了学院在近两届“挑战杯”比赛中的收获和不足，并强调参与此类竞赛对学生创新能力培养、学校的综合实力排名以及学院专业建设都具有重要意义。他指出，人才培养是大学的根本任务，学院始终坚持把学生的成长与发展摆在第一位，学院教师应当明确自身的责任和义务，开阔思路，追求卓越。今后，学院对于此类竞赛会继续保持高度重视与支持的态度，也希望学院师生能够在各类比赛中继续取得佳绩。

刘莉主任作为 2016—2017 年度广州大学学生课外学术科技活动优秀指导老师，分享了她指导两届“挑战杯”比赛的经验，积极探讨如何更好地培育新项目、促进学生课外学术科技活动的蓬勃开展。

最后，朱晓军副书记对本次会议作出总结，她肯定了学院在近两届“挑战杯”中取得的成绩，并强调“挑战杯”竞赛对学校人才培养、科学研究以及学科建设都具有重要意义，学院将抢抓机遇，充分调动资源，积极培养学生的创新意识、创造精神和科研能力，切实落实立德树人的根本任务，为打造有品质的大学教育和建设高水平大学做出不懈的努力！

（马克思主义学院　学工办）

3月21日　工商管理学院召开全团全干培训大会

3月21日，工商管理学院全团全干培训大会在文新楼113教室举行，出席本次活动的有工商管理学院党委副书记甘健强、团委副书记邹婷以及院学生会、各社团的学生干部。

活动伊始，甘健强副书记向同学们展示了广州市委市政府大力支持广州大学硬件设施以及学术建设等方面的工作，校园面貌发生翻天覆地的变化，师资力量得到前所未有的提升；介绍学校将采取的一系列工作，如在学科规划方面，广州大学将逐步合并淘汰发展后劲不足且缺乏师资力量的学科、专业，开辟面向未来、更具有前瞻性、符合广州城市发展需要的学科、专业，以实现把广州大学建成“高水平大学”的目标。甘书记着重强调了学生干部在学生群体中的关键性作用，指出学生干部应带领学生群体在学习、学风、纪律、作风上不断前进，愈来愈强。

紧接着，邹婷副书记对全体学生干部进行培训。在培训中，她期望学生干部明确“定位必须清晰，立足工商，紧跟学校步伐，服务广大学生”的工作目标；树立“完善工作计划与总结、做好阶段性工作探讨、沟通反馈到位、活动责任到位”的工作意识。

学生干部对于学院的发展起着建设性作用，每一位学生干部都应该自觉严格要求自身，在工作中展现一丝不苟的工作作风，在职期间理应有所作为，更要不忘初心，砥砺前行。相信只要学生干部们的精神拧成一股绳，不懈上进，必使工商管理学院的明天更加耀眼！

（工商管理学院　新媒体中心）

3月21日　马克思主义学院院长、党委书记讲授思政第一课

为贯彻落实广东省教育厅和学校关于学院党委书记、院长上好第一堂思想政治理论课的有关制度，马克思主义学院院长赵中源、党委书记罗明星分别为学生呈现了一堂精彩的思想政治理论课。

3月21日，赵院长为2016级同学讲授了春季学期思政第一课。赵院长向同学们讲述了我国社会主义改造的道路和历史经验，带领同学们回顾了党在过渡时期的总路线及其基本内容，并从文化政策、经济政策、农业政策等方面加以阐述。赵院长的第一堂思政课深入浅出、事例生动，使同学们对我国的社会主义道路有了更深刻的认识，更加坚定了坚持走中国特色社会主义道路的信念。

3月29日，罗书记为2016级、2017级思想政治教育专业学生讲授第一堂思政课，主题为“做一个有道德的人”。罗书记向同学们提出了“人为什么要有道德”“怎样修炼我们的道德”两个问题，要求同学们在新时代大背景下，充分认识道德作为强大精神力量对中华民族伟大复兴的重要意义。罗书记强调“道德是人之为人的根本标志，道德高度标示社会文明高度，道德气概决定事业格局”，并详细阐述了道德修炼的具体方法。罗书记建议同学们保持对道德虔诚的敬畏，做生活中的道德有心人，学会发现并诠释道德行为的价值意义，这样才能做出更好的道德判断，采取更好的道德行动，从生活的道德走向道德的生活。

广大同学在学院主要领导的思政课的启发和引导下，进一步明确了当代大学生为国家和社会发展、为民族复兴和崛起所承担的使命和责任。同学们表示会珍惜新时代带来的新机遇，努力成为“德才兼备、家国情怀、视野开阔，爱体育、懂艺术，能力发展性强”的创新人才。

（马克思主义学院　朱晓军）

3月25日　创新创业学院与旅游学院“星火启创”创新班开班

3月25日下午，广州大学创新创业学院和旅游学院共同主办的“星火启创”创新班开班仪式在文俊东楼406教室举行。

广州大学创新创业学院院长王满四，旅游学院党委书记刘向晖、副书记刘绍东，旅游学院副院长吴水田，创新班班主任黄效平、陈志明、方建平，创新班导师李太迎、张祖瑞、侯志坤、刘芯怡、陈乐生、黄健乐、冯智泉、王彦雯、何丽静和优秀校友马创杰、吴彦华出席了开班仪式。创新班 19 名学员与领导、导师齐聚一堂，一同见证了“星火启创”创新班吹响起航号角。

开班仪式上，王满四院长、刘向晖书记为创新班导师颁发聘书，并为创新班揭牌。刘绍东副书记与李太迎、张祖瑞等导师签订了“星火启创”计划双创人才培养实践基地共建协议。王满四院长充分肯定了旅游学院为培养学生创新创业创意工作做出的不懈努力，表示将继续密切关注创新班发展动向，并提供必要的扶持。刘向晖书记在讲话中说道：“创业的主体在青年，创新的希望在青年，而培养学生创新思维离不开社会各界尤其是校友的指导、鼓励、示范和带动，校友投入的是真情实感，母校感受到的是满满的深情厚谊”。

“星火启创”创新班是由广州大学创新创业学院、广州大学校友办指导，旅游学院学生党总支主办，由学生三度创新创业工作室与本科学生第一党支部执行运作的创新创业人才培养项目。该班致力于整合校院实践教育资源和优秀校友、业界资源，打造一个以双创思潮为导向的人才孵化平台，培养具备创新创业意识和实践能力的优秀人才。创新班共邀请了 12 位在不同行业各有建树的行业新锐担任导师。

（旅游学院　肖洁文）

3 月 26 日　物理与电子工程学院院长、党委书记讲授思政第一课

为教育引导广大学生坚定理想信念，深刻理解领会新时代背景下全面从严治党的基本要求和重大意义，志存高远，脚踏实地，在实现“中国梦”的生动实践中放飞青春梦想，物理与电子工程学院党委书记陈泽龙讲授了思政第一课。

陈书记在理南楼 110 教室为学院入党积极分子上了一堂以“全面从严治党”为主题的思政课。陈书记从“四个全面”的关系来阐述了为什么要全面从严治党。全面建设小康社会是引领，全面深化改革是动力，全面依法治国是保障，全面从严治党是保证，以此来体现从严治党的地位，道出了本次课程的关键。接着，陈书记以“全面”“从严”“治党”三个关键词为切入点，详细解读了什么是全面从严治党。

学院院长张靖仪在 B22“五室一站”党团活动室为青马学员讲授了以“坚定理想信念，放飞青春梦想”为主题的思政课。张院长深入浅出地围绕“关于新时代的两个重要判断”“学院新气象”“如何实现人生理想”三个方面明确指出年青一代肩负实现中华民族伟大复兴的历史使命，广大青年要与时代和国家发展同行，不能满足于一时的安逸，要作出不负时代的贡献。

思政课引发了在场学生的共鸣，学生纷纷立志要树立短期目标、中期目标和长远目标，坚定理想信念，脚踏实地，为实现目标而不懈努力，为实现梦想而不懈奋斗！

（物理与电子工程学院　学工办）

3 月 26 日　生命科学学院院长、党委书记讲授思政第一课

3 月 26 日晚，生命科学学院院长田长恩上了一堂主题为“领会习近平总书记参加全国人大一次会议广东代表团审议讲话精神，为振兴生物科技生物产业积蓄创新动能”的思想政治课，学院 2017 级辅导员严哲和全体学生参加。

田院长指出，习近平总书记在参加第十三届全国人大一次会议广东代表团审议时的重要讲话为振兴生物科技和生物产业积蓄了创新动能，呼吁大家努力学习，积极创新，善于观察，从现象中发现新事物。田院长结合自己的经历，对学生们提出了几点要求：学习是第一要务，要在丰富知识的同时不断创新，在创新中不断发现，不断积累新知识；在实验中勤动手、多思考、多提问、多写作；积极参加“挑战杯”等课外科技活动，增强动手能力；要主动、积极、规律地锻炼身体，把身体健康放在第一位。

3 月 27 日下午，生命科学学院党委书记陈筠开展了主题为“聚焦 2018 全国两会，走进新时代实现新作为”的思想政治课，学院分党校第十四期党课全体学员及生物科技 162 班全体同学参加。

陈书记重点解读我校分“三步走”建成具有国际影响力的高水平大学的治学理念以及我校建设高水平大学的措施。随后，陈书记通过身边的例子，生动形象地讲解了我校的三个“有品质”建设——有品质的专业学习、有品质

的校园生活和有品质的实验与创新创业创造。最后，陈书记鼓励我院学生要重实践、勤动手，把握住身边的机会，努力完善自我。

（生命科学学院　郑蕴纯）

3月26日　工商管理学院院长讲授思政第一课

3月26日，工商管理学院第一堂思想政治理论课暨领导联系班级活动举行，工商管理学院院长薛小龙主讲了本次思政课。在本次课程中，薛院长以“学习两会——习近平总书记在广东团参加审议时的重要讲话”为主题，结合我校人才培养目标和我院发展战略，给同学们上了一堂生动的思政课。

会议伊始，薛院长向同学们传达了两会精神并分享了学习两会的体会，引导同学们关注国家大事，积极投身新时代发展大潮。他以两会期间习近平总书记在广东代表团参加审议时强调的“发展是第一要务，人才是第一资源，创新是第一动力”为切入点，重点向大家阐述了习近平总书记对广东“四个走在全国前列”的要求。

薛院长向同学们介绍了六大改革和发展重点：一是积极围绕学校发展目标，发挥管理学科交叉融合特点；二是努力对接社会经济发展需求，形成学科、学院核心竞争力；三是进一步做好学位点建设工作；四是不断改善师资队伍结构，提升教学科研质量；五是加强管理学科交叉融合；六是积极构建核心学科队伍。薛院长还提出了发展愿景：打造数字化时代有责任感的创新型管理学院；以培养数字化时代有责任感的管理领导者为使命；以服务广州城市建设与城市创新，服务广东、粤港澳大湾区高质量发展，建设有责任感的管理学院为特色定位；利用5年左右的时间发展成为广东省管理学院第一方阵（前4名）成员，逐年提高影响力。

薛院长的思政课既立意高远，视角宏大，紧扣国家发展大势，传达了习近平总书记讲话精神和全国两会精神，同时又与学校学院发展和学生培养紧密结合，深受同学们欢迎。

（工商管理学院　新媒体中心）

3 月 27 日　化学化工学院开展“名师大讲堂”活动

习近平总书记在全国人大广东代表团审议会议上强调：“发展是第一要务，人才是第一资源，创新是第一动力。”为了更好地培养学生的创新精神和实践能力，3 月 27 日下午，化学化工学院副院长蔡卫权给学生讲授“名师大讲堂”第十一讲，主题为“新工科背景下基于科技竞赛的大学生创新实践能力培养的探索与实践”。

蔡院长立足于新时代“新工科”人才培养的目标，分别从原创性创新和技术性创新着手，在介绍大学生科技创新现状的基础上，结合自身指导全国大学生科技竞赛获奖经验，向学生阐述了新时代科技创新的意义和要求。同时，蔡院长指出大学生课外科技竞赛是优秀青年人才脱颖而出的创新摇篮，鼓励广大师生积极参与。蔡院长通过介绍获得国赛一等奖的成功案例，从大学生创新项目的申请流程、选题方法、实践规模等方面给学生提出具体建议。他指出，学生可以按照自我兴趣来寻找相关课题，也可以选择咨询指导老师，与老师相互讨论确定课题，关键在于选择课题时要注重应用性和创新性，设计实验时也要注意规模适中，最重要的是要有敢为人先的科研精神和钻研精神。

（化学化工学院　学工办）

3 月 27 日　广州大学党建理论研究学会举办“坚定中华文化立场，促进多样文明交流”主题讲座

3 月 27 日，广州大学党建理论研究学会主办的主题讲座在文清楼 410 教室拉开帷幕，本次大会邀请了马克思主义学院的左康华老师进行以“坚定中华文化立场，促进多样文明交流”为主题的讲座，让学生对党的十九大有关文化软实力方面的论述有更深层次的学习。

讲座主要围绕三个方面展开：坚定文化自信，推动社会主义文化繁荣昌盛；尊重文明多样性，以文明互鉴超越文明冲突；贡献中国智慧，构建人类命运共同体。

谈及第一个方面时，左老师说，一个国家，特别是中国这样的大国，既要有硬实力，也要有软实力。她同时也说，如今存在个别与传统文化渐行渐远的现实状况，以及西方文化的强势流行，在这样的情况下，我们更应该重视传承中华优秀传统文化。

谈及第二个方面时，她说，西方人主要认同文明冲突论，并在现实世界中体现了出来，因此文明冲突论具有十分现实的意义。但是，在中国人看来，我们不主张冲突和排斥，更多的是提倡“求同存异”“和而不同”。她同时也引用了著名学者费孝通的名言“各美其美，美人之美，美美与共，天下大同”来进一步阐释中国人对文明差异的态度。

左老师在第二方面的基础上引入第三方面：贡献中国智慧，构建人类命运共同体。习近平总书记在全国文艺工作座谈会上提出，中华民族的伟大复兴离不开中华优秀传统文化。这告诉我们，西方的文化不见得就是解决世界上所有问题的良方益药，中国应该有自己的中国方案。在现实中，我们国家正在以

“一带一路”倡议为窗口，加强与沿线国家的文化交流与融合，这也是中国输出中国方案的重要举措。

在全场热烈的掌声中，本学期第一次党建主题讲座圆满落下了帷幕！同学们纷纷表示自己收获颇多，党研会表示日后会继续举办这样的活动来丰富同学们的精神生活。

（广州大学　党研会）

3 月 27 日　公共管理学院入党积极分子党课培训班开班

为了让入党积极分子对党有更加深刻的了解，不断追寻党的足迹，3 月 27 日下午，公共管理学院举行了主题为“社会主义有点潮”的入党积极分子党课培训班的开班仪式。出席本次大会的领导老师分别有：院党委书记刘雪明、院党委副书记何瑞豪、本科生党支部书记谢玲。

党课第一讲由刘雪明书记主讲，他以《中国共产党章程》的内容和修改历程，为我们铺开中国共产党的建立及发展历程的庞大画卷。中国共产党自 1921 年成立、1922 年拟定《中国共产党章程》以来，带领全国人民进行反对帝国主义、封建主义、官僚资本主义的革命斗争，取得了新民主主义革命的胜利，建立了中华人民共和国，领导中国人民走出了一条中国特色社会主义道路。这期间，中国共产党经历了很多艰难困苦，积累了许多宝贵的经验，对许多问题的认识在不断发展和完善，从而对党章也进行了多番修改，使之更适合党的实际，更适应时代的发展。在刘雪明书记的精彩讲授下，同学们获益匪浅，对党的历史有了更加深刻的认识与理解，更加坚定对共产主义的信念。

“不忘初心，砥砺前行”，本次讲座学习，能使各位党员树立对党的正确认识，加深对党相关知识的理解，熟知党的发展历程，铭记党的宗旨及其意义；入党积极分子则能在此次培训中端正自身的入党动机，积极地向党组织靠拢。

（公共管理学院　学工办）

3月27日　旅游学院分党校入党积极分子培训班开班

旅游学院分党校2018年第一期入党积极分子培训班于3月27日在文新楼223教室正式开班。参加此次培训班的入党积极分子共66人，学院党委委员、学生党总支书记陈志明主持开班仪式，学院党委书记刘向晖和副书记刘绍东分别进行主题党课授课。

本次培训班上，刘向晖书记讲授主题为“弘扬井冈山精神，坚定理想信念”的党课。她首先向入党积极分子分享井冈山的学习培训经历和个人感悟。紧接着，她从井冈山精神产生的历史背景、科学内涵、现实意义和大学生该如何发扬井冈山精神四个方面进行讲授。一桩桩革命先驱的英勇事迹体现了崇高的革命精神和坚定的革命信仰，教育学员们树立正确的理想信念，引导他们将个人价值的实现与国家、民族和集体的发展有机结合起来。

刘绍东副书记主讲了题为“青年大学生的成才梦与积极争取入党”的党课。他以“为什么要申请入党”这一问题来开始主题党课，引发入党积极分子的思考与积极讨论。然后，他又以近期逝世的两位知名人物霍金、李敖为切入点，引导青年大学生思考如何将自我成才梦与“中国梦”的实现有机融合，引导入党积极分子明确中国共产党的性质、目标、宗旨，进一步端正入党动机，积极争取加入党组织。他说，青年学生要通过持之以恒的奋斗成为国家和民族需要的人才，实现自己的青春梦，成就人生梦，助力实现“中国梦”，这既是青年大学生的梦想，也是青年大学生不可推卸的责任与使命。

两位书记精彩的党课让入党积极分子深切地感悟到革命先驱的献身精神，进一步了解了党的理论知识，这对于提升他们的理论水平、激发他们的担当意识起到重要的积极作用。

（旅游学院　严静雯）

3 月 27 日　教育学院入党积极分子培训班开班

为进行党性、党纪、党的基本知识教育和宣传党的路线、方针和政策，教育学院于 3 月 27 日下午在文新楼 708 教室举行了教育学院第十三期入党积极分子培训班的开班仪式，并开展了第一次党课，第十三期入党积极分子参加了本次党课。

首先，在陈毅光老师的主持下，全体成员肃立，齐唱《中华人民共和国国歌》。紧接着，在开班仪式上，陈毅光老师对入党积极分子进行了思想教育，对入党积极分子寄予厚望，希望入党积极分子形成正确的入党动机，并以一名合格党员的行为规范、思想要求来约束自我。

本次党课的主讲人为教育学院院长刘晖与院党委书记麻彦坤。刘院长以大学与城市发展的历史进程为切入点，和入党积极分子们探讨了高等教育现代化的中国经验。他向大家介绍了世界三大湾区的发展，同时展示了我国日益兴盛的粤港澳大湾区的雄厚实力，激发了大家的民族自豪感。麻彦坤书记则是采用了别具一格的授课方式，通过视频讲解的模式，和大家一起沉浸在祖国壮丽河山中，感受以习近平同志为核心的党中央带领下中国的兴旺发展。最后，全体入党积极分子在张方超老师的带领之下，激情澎湃地朗读了习近平总书记对青年要求的一段话。

本次党课圆满结束，相信通过本次党课学习，各个拥党、有志、向学的入党积极分子思想上会有很大的提升，对党的认识也会加深，同时能更加坚定自己入党的决心并为之不懈奋斗，为实现伟大“中国梦”助力！

（教育学院　学工办）

3 月 27 日　数学与信息科学学院举办教师技能大赛

一支粉笔，行云流水；三尺讲台，尽显风采。

3 月 27 日，数学与信息科学学院为有志于向师范方向发展的学生，举办了一场师范技能大赛。首先在文新楼 508 教室举办师范技能大赛之说题大赛初赛。比赛形式为笔试，共两个小时，题目以高考数学题目为主，试卷编排按照全国一卷的形式。初赛结束后，按照得分高低，选出得分高的前五十名进入决赛。

4 月 1 日举办师范技能大赛之实践交流会，由数学与信息科学学院的师兄师姐为大一学生答疑解惑。其中何菊珍师姐主要从三个方面讲解了师范生的做法：一是注重个人发展，打好基础，成绩好才有更多机会；二是注重社团活动，培养个人能力；三是多注意教师行情，提前准备，多寻求实践机会。

邓荣辉师兄的发言更多是关于实践方面的问题：实习生应该如何做好课堂教学的任务，让一节课上得有意义、有效率；面试的技巧；对教师这一职业目前形势的分析。

这个活动不只帮助同学们体验了当老师的感觉，也使同学们明白了老师平时的不易。

老师是一个伟大的职业，不管我们有多么大的成就，都离不开老师对我们的教诲。希望每个有教师梦的同学都可以将自己之所学传授给他人，将来能“桃李满天下”。

（数学与信息科学学院　肖宇）

3 月 29 日　环境科学与工程学院举行“生态文明，你我同行”校友专场分享会

3 月 29 日下午，环境科学与工程学院“生态文明，你我同行”校友专场分享会于文新楼 322 教室召开，此次分享会邀请了 05 届校友罗海中、区润桦和 06 届校友陈嘉瑜与大家进行交流分享。

在分享会上，罗海中校友与同学们分享了他的一些人生领悟：“时间一直走，没有尽头，过去的就让它随风，新的征程才刚刚开始，前方是需要我们去书写的辉煌，是需要我们齐心协力去面对的困难。既然选择了远方，便只顾风雨兼程，环境人，保持着自己前行的步伐吧！”他强调勤奋的重要性，并认为长期的自律自省对一个人品格的塑造是终生的。

区润桦校友向同学们简单介绍了如何管理公司内部人员，并且与学校班级管理进行对比，给同学们提供了许多值得借鉴的建议。令人尤为印象深刻的是他对“管理”概念的阐述——管理是为持续高效地达到某一目的而进行的一切有必要的活动。他给同学们留下了四句忠告：一是大事看能力，小事看品格；二是凡事有交代，件件有着落，事事有回音；三是平时少抱怨，多做事，多做等于锻炼；四是做人要心细胆大。

陈嘉瑜校友从专业能力要求和以后应对就业焦虑的方法这两方面为同学们进行了详细的解释。就专业能力要求而言，共有五个小点，分别是良好的沟通能力、跨学科的综合应用能力、基础计算能力、各类常用文种的写作能力以及组织协调能力。对于如何应对就业焦虑，陈嘉瑜校友也进行了详细的回答：正确定位好自己的发展方向；设计好职业规划并且定期反思和调整；多渠道了解行业动态，与时代接轨，寻找新突破。

分享会的最后，同学们用热烈的掌声表达了对各位校友的感谢，感谢他

们带来的宝贵经验。本次分享会的成功举行，增强了校友与在校生的交流，让同学们对环境专业的学习有了更加深入的认识，对未来道路的规划也更加清晰。

（环境科学与工程学院　秘书部）

3月29日　人文学院院长讲授思政第一课

3月29日上午，广州大学人文学院院长纪德君于文新楼205教室为汉语176班学生以“不忘初心，逐梦前行”为主题讲授春季学期思政第一课。

纪院长首先带领同学们回顾党的光辉历程，结合中国共产党由弱小走向强大的例子，说明人应当有梦想、有信仰，才能创造奇迹。纪院长还提到自己在革命根据地考察学习的经历，并将自己的心得体会与同学们进行交流分享。随后他指出，在当前时代发展背景下，很多国家都掀起学习中文的热潮，作为汉语言文学系的学生，应自觉传承、弘扬及发展中华优秀传统文化。他强调，当代青年学生应当树立文化自信，增强使命感。

课程的最后，纪院长讲述自己不断追求理想的故事，希望同学们可以“迎头努力，开创自己美好的人生，谱写人生美好的华章”。至此，人文学院春季学期思政第一课圆满结束。

（人文学院　新闻中心）

3月30日　外国语学院与广东外语外贸大学英语教育学院学工队伍交流学习

3月30日下午，广东外语外贸大学英语教育学院学工队伍在党委副书记徐昶斌的带领下，莅临B10“心情驿站”，与我校外国语学院学工队伍进行交流学习。外国语学院党委副书记鄢智青及辅导员、团学干部热情接待了徐书记一行。

交流会上，鄢副书记介绍了外国语学院学工队伍建设、学生管理、舍区管理和第二课堂活动等情况，指出了一些工作特色及需改进的地方。徐副书记除了向大家介绍了广外英语教育学院学工口的基本情况外，还特别介绍了院校际合作、校企合作的英语专业比赛等活动。与外校、企业的合作，能使本学院的学生活动更具有品牌效应，有利于向用人单位挖掘、推荐优秀的师范类人才。同时，他表示外国语学院的“五室一站”项目、团学干部培养模式和宣传策略值得借鉴、学习。

此次会议，双方充分交流了学工经验，有助于今后工作的改进。双方表示会继续加强交流学习。

（外国语学院　任洪蔚）

我们的大学

April 四月

4月2日　公共管理学院易班网薪兑换主题活动圆满结束

为了激发同学们积极参与易班活动的热情，丰富网薪兑换活动的内涵，提升网薪兑换活动的意义与价值，鼓励同学们在易班活动中奉献爱心与善心，4月2日，公共管理学院易班工作站在桂花岗校区五号楼举办了“以衣换薪，更显其馨”主题网薪兑换活动。此次“网薪兑换＋公益捐衣”特色活动联合“天使行动”大学生环保公益组织，旨在让同学们在参与兑换网薪的同时，将捐赠的旧衣送往贫困山区，为山区的孩子们带去温暖。

活动现场，公共管理学院易班工作站送出的易班公仔、布袋、文具、体育用品等实用又美观的礼品，深得同学们的喜爱。同学们通过公益捐衣的形式获取更多网薪，从而让兑换的礼品升级，更让兑换活动变成一种爱心行动。

一位2011级的公管理学院校友从该学院的媒介平台获知这个活动后，便立即与工作人员联系，把家里的一些旧衣物进行整理，亲自送往桂花岗校区摊位现场。虽然这只是她的一个小小举动，但这将帮助很多有需要的人，也感动了许许多多的公管学子。她谈到，“网薪兑换＋公益捐衣”特色活动可以培养师弟师妹们的环保意识，能够鼓励更多同学积极参加公益活动，从而将公益精神传承下去。除此之外，其他受采访的同学也表示，这个活动十分有意义：一方面可以把旧衣物再次利用起来，有助于保护环境；另一方面，同学们在整理自己的衣物时，也可以通过适当的“断舍离”来营造更好的宿舍环境。

据统计，本次活动共有65位同学参与，累计捐赠旧衣112件，公共管理学院易班工作站将与“天使行动”大学生环保公益组织进一步沟通联系，尽早将衣物送往山区孩子们的手上。

4月10日，该活动的新闻报道荣登全国易班首页头条，获得良好的反馈。

期待更多的同学参与到易班活动与公益活动中来。献一份爱心，送一份温暖，让一薪一衣，情暖你我！

（公共管理学院　学工办）

4月2日　环境科学与工程学院举行“环境人讲坛”

4月2日晚，环境科学与工程学院“环境人讲坛”第三讲于行政西前座638会议室召开。此次讲座邀请了刚刚参加完第十三届全国人大第一次会议的环境科学与工程学院副院长王筱虹与大家进行交流分享。讲座主题为“人大代表谈人大——传达十三届一次会议与习总书记重要讲话精神”，全体学生党员和部分入党积极分子参加了讲座。

王副院长首先简述了全国人民代表大会和中国人民政治协商会议的概念，以及两会在组成、职能、作用的不同。作为人大代表、作为高校环境专业教师、作为华侨，王副院长在自己第一次人大代表任期内格外关注三个方面的政策信息——民生、环保以及侨益。在新一届任期内，她参与审议了政府工作报告，报告中明确了今年经济社会发展总体要求、政策取向以及重点工作任务。其次，王副院长还围绕着环保攻坚战献言献策，提出了“关于严格执法，杜绝废弃物偷排”和“关于重视和强化拓宽应急救援资金工作”等建议。

最后，王副院长分享了自己参加这次人大会议的深刻体会和感触，并且希望同学们注重基础学习，因为越基础的课程对以后在工作岗位上就越有帮助。作为环境人，要为生态文明建设努力学习，要为建设美丽广东、美丽中国贡献力量！本次讲座促进了学院师生交流，拓宽了学生的视野，增长了学生的见识，激发了学生的学习兴趣，有利于促进学生全面发展和学院优良学风的形成。

（环境科学与工程学院　何进峰）

4月3日　法学院举行法考经验交流会

4月3日晚，法学院邀请到四位在法考中取得优异成绩的往届优秀学生代表，于文清楼107教室举行法考经验交流会，为即将踏上新一轮法考征程的学子们扬起闪光的旗帜，树立挺拔的标杆。

法考经验交流会还邀请到张芳老师和李娜老师到场。张芳老师作为教师代表，表达了老师们对本次活动的支持与重视，并留下了老师们对于这场活动的期待与对广大考生们的美好祝福。

四位前辈齐聚一堂，与各位同学分享法考经验：杨明辉强调“天道酬勤”，法考最难的是有大量的知识点要背，备考很辛苦，勤奋是必不可少的；陈紫恩认为法考备战关键是心态，自考不孤单，复习看的是深度，切莫囫囵吞枣；平一凡认为法考与留学不冲突，留学是资历，亦是一次开拓视野的机会，若要留学，需要学好英语；同时备考法考与考研的吴耀宏指出，“每一次选择都是转折点，一定要考虑清楚”，考研与法考并非不可兼得，但这条路会很艰辛，备考的关键在于坚持。

法考经验交流会意在加深同学们对法考内容、备考过程的认识，为同学们未来能更高效地准备法考提供实用的技巧，并且希望通过优秀前辈的分享，激励法学院的同学在今后的法考中取得成功。希望法学院同学能从交流中获益，也希望坚持不懈的精神和勤勉的学风在交流中不断传承。

（法学院　施淇奋　张琬玥）

4月3日　旅游学院2018年志愿服务创意设计赛圆满落幕

4月3日，旅游学院2018年志愿服务创意设计赛决赛于文新楼224教室举行。本次决赛的评委有海珠区志愿者行动指导中心主任、学院公益项目创新创业校外导师何丽静，学院学生党总支书记兼学工办主任陈志明，学工办辅导员热比艳木·亚森，研究生助理辅导员邓泽平、易静玉，学院团委副书记林咏思和学院学生会副主席杨明辉。

本次决赛上，共有8支队伍进行了精彩的展示和答辩。“巧克力梦工厂”团队在决赛的8支队伍中脱颖而出，获得本届志愿服务创意设计赛的一等奖。该团队以帮助广州的非洲裔群体为目标，以融入社区“共建共治共享”的社会治理理念为指导思想，围绕改善非洲裔群体在穗生活及社区融入问题策划了一系列活动。该策划的创新性、可行性都得到了评委们的肯定与观众的赞赏。

比赛结束之际，何丽静主任和陈志明老师分别对参赛队伍进行了点评。何丽静主任谈到，参与决赛的各支队伍项目方案阐述完整且内容具有理论支撑，创意出色有亮点，聚焦社会热点，总体质量非常好。她希望同学们进一步关注社会、善于接收信息，在公益志愿服务的路上志愿同行，不忘初心。

陈志明老师在点评中高度赞扬参赛选手在选择服务对象时思路开阔但又有明确目标，思维独立有想法，勇于探索和实践创新，部分作品能很好地体现对国家政策与社会治理理念的理解。

创意、创新在志愿服务活动中发挥了作用，顺应了“大众创业，万众创新”的社会潮流。志愿同行，创意相伴，让志愿服务活动更好地服务社会。

（旅游学院　谭舒琪　原一林）

4月3日　环境科学与工程学院入党积极分子党课培训班开班

为了响应党中央在高等院校中大力培养党的接班人的号召，适应新形势下发展党员工作的需要，充分发挥学院党总支对党员和入党积极分子的教育和培养作用，4月3日，环境科学与工程学院党总支举行第十三期入党积极分子党课培训班开班仪式暨第一讲。学院党总支书记常向阳和本科生党支部书记吴海威出席本次开班仪式。

首先，在开课之前，吴书记报告了本次培训班的出勤情况，介绍了入党积极分子加入党组织的考核标准，并对入党积极分子纪律问题提出相应要求。

随后，常书记作为本次党课第一讲主讲人，结合党的十九大精神，给培训班的入党积极分子们上了生动的一课。本次党课主题为"'五位一体'生态文明体系为世界文明发展作出了新的贡献"。在党课上，常书记明确了入党的严肃性，要求每一位入党积极分子树立正确的入党动机，坚定自己的入党信念，并引导他们探讨对党组织的认识。常书记重点结合环境专业的特色，介绍党的"五位一体"总体布局理论，其中将"生态文明建设"放在突出地位，表明国家对生态文明建设事业的重视。而作为环境学子，特别是入党积极分子的一员，应当积极适应党组织的需求，学好专业知识，为党的社会主义事业作贡献。

党课第一讲取得了很好的动员效果，希望培训班的入党积极分子们能够以党员的标准严格要求自己，积极向党组织靠拢，争取早日加入中国共产党。

（环境科学与工程学院　曹水慧　吴起楷）

4月8日　人文学院“粤动青春，相遇岭南”文艺会演晚会顺利举办

4月8日，人文学院汉国教171班与汉国教172班于文新楼206教室举办“粤动青春，相遇岭南”文艺会演晚会。

晚会以陈运炽同学一首《My Way》拉开帷幕，“I will find my way，I want a different way，我哪用去叹气，高温载我起飞……”英语与粤语在迷人的歌声中发生美妙的碰撞，一下子把同学们带入晚会氛围。紧接着，黄子睿同学以一首袅袅的古琴曲，让同学们躁动的心安定下来，沉浸在悠扬古音中。随后，罗晓玲同学一袭红色古装把同学们带回古代，伴随着音乐，她缓缓起舞。粤语及客家方言融合的古诗朗诵，别有一番滋味……晚会在同学们的万分不舍中落下帷幕。最后，邓永红老师为晚会做精彩的总结发言。至此，人文学院汉国教171班与汉国教172班“粤动青春，相遇岭南”文艺会演晚会圆满结束。

通过此次晚会，同学们充分感受到中国传统文化的博大精深，领略了岭南文化的多姿多彩。粤方言区及客家方言区文化的激烈碰撞为学生们展现了岭南文化包容开放的进取精神，同时为外省同学了解岭南地区打开一个突破口。此次活动也增强了班级同学的团结力及凝聚力，使同学之间的感情更加深厚。

（人文学院　黄文芳）

4 月 10 日　化学化工学院举办 2018 届毕业生专场招聘会

4 月 10 日下午，化学化工学院 2018 届毕业生专场招聘会在文清楼架空层举行。本次专场招聘会共吸引了 30 多家化学、化工、食品学科相关企业前来参加，总计提供了百余个就业岗位。学院 2018 届毕业生及部分其他年级学生约 200 人参加本次招聘会。

今年专场招聘会参会企业较往年相比，涉及的领域更加广泛，为毕业生提供了更多元化的就业选择；同时，除了广州百花香料股份有限公司、广州必维技术检测有限公司、广东省食品工业研究所等长期合作企业外，更多用人单位向学院发出了合作意向，希望成为学院长期合作的学生实习实践单位，建立更深入的校企合作关系，并愿意为学生专业性技能比赛等提供设施等方面的支持。

据了解，今年大部分毕业生对自身的专业认可度较高，倾向于从事专业相关工作；同时，他们对行业整体就业形势有一定了解，在岗位、薪酬等方面也有较理性的认识。其中，个别有创业意向的毕业生表示，会积极参加工作，先积累相关领域的工作经验，待条件成熟再开始创业。

学院院长董文、党委书记周海兵，以及学校招生就业处相关负责人等莅临现场指导工作。

（化学化工学院　学工办）

4 月 10 日　旅游学院召开 2017 级学生“认识实习”动员大会

4 月 10 日下午，广州大学旅游学院召开 2017 级学生“认识实习”动员大会。副院长吴水田、系主任刘相军到会指导，实习指导老师李晓莉、韩旭、陈丽坤、郑春晖、胡锦灿、周雯婷与 2017 级 175 名

同学参加“认识实习”动员会。

吴水田副院长总结了学院前期为实习所做的准备工作，为到场的师生们介绍了大学四年的实习类别，并在实习目的、任务布置、资料搜集、旅途安全、学院纪律等方面予以强调并提出要求。

“认识实习”是旅游管理专业教学计划的重要组成部分，是激发学生专业学习兴趣的重要环节，旨在提高学生对旅游产业吃、住、行、游、购、娱等要素的感性认识。通过“认识实习”，学生初步认识中国当前旅游业、会展业发展状况，进一步巩固专业思想，提高从事相关行业工作的荣誉感。

（旅游学院　陈志明）

4月10日　广州大学举办大学生心理危机干预理论与技能讲座

为提升大学生心理健康教育与咨询工作者在心理危机干预方面的专业性、规范性，丰富实战经验，增强实战能力，4月10日上午，广州大学心理健康教育与咨询中心诚邀南方医科大学心理健康教育与咨询中心主任、博士生导师、心理治疗师赵静波来我校图书馆讲学厅举行“心理援助——大学生心理危机干预理论与技能”培训。广州大学心理健康教育与咨询中心主任陶剑飞主持本次培训，参加活动的有学生处老师王国华，广州大学心理健康教育与咨询中心老师，各学院副书记、辅导员以及华软软件学院及纺织服装学院部分同行共150余人。

赵静波教授结合自身从事高校心理健康教育与咨询20年的丰富经验，理论联系实际，以生动活泼的形式，从大学生心理危机的种类及识别、学校积极开展大学生心理危机预防与管理、心理危机干预中的技巧和注意事项三个方面做了详细阐述。讲座上，赵静波教授一再强调，学校须高度重视学生心理问题，确保安全底线不突破，构建完善的学生心理危机预防与干预体系，做到早发现、早报告、早研判、早控制，才能尽可能对学生心理问题进行有效的防控。

讲座结束后，受训老师纷纷表示受益匪浅，不仅从“道”的层面更深刻地理解了大学生心理健康教育，而且从“术”的层面学习了危机应对的方法。他们表示将把学习到的内容运用到工作实践中，并不断加强对大学生心理危机干预的学习，帮助大学生保持身心健康、快乐成长。

陶剑飞主任表示，今后心理健康教育与咨询中心将进一步加强心理健康知识的宣传和普及，不断强化对学生管理工作人员的业务培训，推动我校大学生心理健康教育与咨询工作不断向前发展。

（学生处　葛泽胜）

4月10日　学生代表畅谈美丽校园建设

4月10日，我校2018年首期校领导午餐会如期举行。校党委书记屈哨兵、副校长吴开俊和15名学生代表共进午餐，围绕如何建设美丽校园这一主题展开热烈讨论。

“学校举办午餐会，就是要以此加强校领导与学生之间的沟通，共同讨论学校建设问题。”午餐会上，屈哨兵书记逐一认识参会同学，并详细介绍了出席午餐会的校领导、部门负责人及其工作职责，旨在让师生相互了解，便于反馈交流。以学校发展情况为切入点，屈哨兵书记介绍了学校近年来为改善同学们的学习场所、生活环境等方面所作的努力，同时希望青年学生珍惜学习时光，不断提高自身综合素质，为实现学校的人才培养目标作出积极贡献，争当德智体美劳全面发展的社会主义事业建设者和接班人。

关于宿舍庭院文化建设问题，学生代表们分别提出了利用架空层打造新功能室、张贴宿管员联系方式、妥善处理流浪猫狗等建议和意见。“大家所提的意见，恰好是学校正准备做的，你们的想法值得我们参考。”屈哨兵书记非常认可同学们的建议。

谈及垃圾分类工作，有学生代表说，绝大部分同学们都是支持垃圾分类工作的，但也存在同学们对垃圾分类知识储备不足等问题，建议通过分发倡议书和宣传手册等方式，加强同学们对垃圾分类的了解。对此，屈哨兵书记谈到，学校相关部门要多听取同学们的意见，加强沟通和服务，学生自律委员会要发挥积极作用，主动参与宣传、引导和推动垃圾分类工作，共同建设美丽校园。

围绕《广州大学学生课堂行为准则》的实施，数学与信息科学学院学生代表介绍了学院“无手机课堂”的实施情况和成效。屈哨兵书记表示，学生阶段最重要的任务就是学习，只有营造良好的课堂氛围，才能让同学们学有所获，希望老师和同学们加强沟通，不断增强课堂吸引力，提高课堂教学质量，从根源上提升同学们的学习动力。

午餐会接近尾声时，屈哨兵书记代表学校对同学们的建言献策表示感谢。

"有品质的大学教育一定包含有品质的校园生活，并且是一种共建共治共享的、有品质的校园生活。"美丽校园建设离不开全体师生的共同努力，屈哨兵书记希望同学们进一步明确使命，提升内生动力，自觉自律自强，为建设美丽校园、助力学校高水平大学建设贡献智慧和力量。

（广大新闻网　林秋年　李振）

4月13日　广州大学举行2019"何耀光助学金"颁发仪式

4月13日下午，广州大学举行2019年"何耀光助学金"颁发仪式。广州市委统战部港澳台工作处相关负责人，何世柱先生偕同何氏家族成员，广州大学党委书记屈哨兵，相关职能部门负责人以及受助学生邓鸿慧等26名研究生、黄慧荧等100名本科生参加了颁发仪式，仪式由广州大学副校长吴开俊主持。

本年度"何耀光助学金"共30万港元，分为特等奖和一、二、三等奖，由各学院各年级符合条件的126名品学兼优的家庭经济困难生获得，其中研究生26名、本科生100名。会上，学校相关负责人宣读了《广州大学关于公布2019年何耀光助学金受助学生名单的通报》，何氏家族各成员为获奖学生代表颁发了2019年"何耀光助学金"。

仪式上，发表感言的学生代表中有来自第一批获得"何耀光助学金"的1999级地理科学专业的刘灼行、现为中山市一名中学语文教师的2001级人文学院中文系的官燕珍、2016级生命与科学学院在校本科生余志英、保送本校的2019级研究生何俊峰、2018级应用心理专业硕士研究生邝佩莎，他们共同表达了对何氏家族诚挚的感激之情和对母校培育之恩的感谢，向何氏家族和我校未来的发展表达最衷心的祝愿，并表示会积极进取，努力造福社会与国家。

屈哨兵书记代表全体师生向何氏家族表示崇高的敬意和由衷的感谢。他鼓励所有受助学生向何氏家族学习"三个心"：一是信心，要学习何耀光先生相信只要不畏贫穷与困苦，奋力拼搏就终能有所成就的信心；二是初心，要学习何氏家族，永存奉献之心、永存爱国之心的家国情怀；三是爱心，要学习何氏家族对于慈善的传承之风，尽己所能，乐于助人。屈哨兵书记希望学子真正贯彻学校"德才兼备、家国情怀、视野开阔，爱体育、懂艺术，能力发展性强"的人才培养目标，博学笃行，与时俱进。

仪式最后，屈哨兵书记代表我校向何氏家族赠送纪念品，受助学生代表向何世柱先生献花，借此表达对何氏家族致力慈善、造福家国的真挚谢意。

今年是"何耀光助学金"在我校实施的第二十年。自 1999 年以来，"何耀光助学金"资助我校家庭经济困难学生金额共计 243 万港元及 50 万人民币，共有 1 678 名家庭经济困难学生受益。

（广大新闻网　徐晓盈　李振）

4 月 13 日　钟韶彬教授为广州大学师生做"新时代的乡村振兴战略"主题讲座

4 月 13 日上午，由钟韶彬教授主讲的"名师大讲堂"第十三讲在学校桂花岗校区综合楼报告厅举行，此次讲座也是公共管理学院"南国讲堂"第 151 讲。钟教授结合自身学术实践，围绕乡村振兴战略是什么、为什么要实施乡村振兴战略、如何实施好乡村振兴战略并充分发挥好大学及大学生的作用这三个主题详细展开。在公共管理学院副院长王枫云的短暂开场词后，此次名师讲堂正式拉开序幕。

钟教授首先对新时代乡村振兴战略的背景进行了介绍，将党的十九大报告和全国两会对于农村工作的部署相结合，来论述农村工作的重要性。

钟教授在介绍"乡村振兴战略是什么"这一内容时，强调学生们要牢记，乡村振兴要做到的是乡村产业兴旺、生态宜居、乡风文明、治理有效和生活富裕。在解释"为什么要实施乡村振兴战略"的部分时，钟教授则将现阶段农

村出现的一些问题和中央对于农村情况的重视程度进行了详细的讲解。

而此次讲座最核心的部分则是该如何实施相应的措施来实现新时代乡村振兴。钟教授通过对台湾地区农村的考察情况，向同学们说明实现乡村振兴需要把握乡村振兴战略的目标，进行城乡融合发展，并且要鼓励社会各界投身乡村建设，加大对三农的投入并完善三权分置。对于各高校则是要求政府出台相应的政策，鼓励支持高校进行定点人才培养，并且呼吁现代大学生积极投身新农村建设，将大学梦和乡村梦结合起来。

此次讲座有助于同学们了解新时代下农村的振兴发展之路，了解当前我国新政策的走向，并且有助于提高同学们的基本政治素养，拓宽自身知识面。通过钟教授深入浅出的讲解，同学们深刻地意识到，只有加强自身的成长成才意识，结合时代发展潮流，扬起希望的风帆，才可向目的地高歌前进。

（公共管理学院　学工办）

4 月 14 日　公共管理学院学生勇夺广州市属高校国家安全知识竞赛一等奖

4 月 14 日下午，2018 年广州市属高校国家安全知识竞赛于广州电视台演播厅隆重举行。本次竞赛以“新时代　新局面　新学子”为主题，由广州市国家安全工作领导小组办公室、广州市反恐怖工作小组办公室、广州市教育局和广州市国家安全局联合主办，广州日报报业集团和广州市广播电视台联合协办，广州大学、广州医科大学、广州番禺职业技术学院、广州铁路职业技术学院、广州城市职业学院、广州体育职业技术学院等广州市属十所高校各派出代表队参加。其中，公共管理学院钟金娴、吴梦鑫、陈一儀、郭晓盈四名学生代表广州大学参赛，广州大学保卫处副处长伍卫文，公共管理学院党委副书记何瑞豪，公共管理学院团委书记付艳、林曼曼等领导和老师给予参赛队伍专业指导与悉心关怀。

本次国家安全知识竞赛分为必答题和抢答题两个类型，由是非题、单选题、多选题和分析题四种题型组成，选手们围绕国家安全相关知识进行回答。场上十支队伍沉着应对，踊跃抢答，竞争激烈，而台下观赛的啦啦队们则不时为选手们的精彩表现鼓舞喝彩。在最后的分析题抢答环节，广州大学代表队通过具体阐释《反间谍法》第四条、第十九条和第二十一条规定的有关内容，详细分析案例，队员们回答规范简洁、逻辑清晰、论述深入，赢得了评委们的肯定。最终，广州大学代表队以 230：220 的比分，勇胜广州医科大学代表队，荣获 2018 年广州市市属高校国家安全知识竞赛一等奖。

本次国家安全知识竞赛有助于在高校之中营造学习国家安全知识的良好风气，加强大学生的爱国主义教育，提升大学生的国家安全意识，明确大学生在保卫国家安全方面的责任与使命，激励高校大学生为国家安全事业贡献力量。

（公共管理学院　学工办）

4 月 16 日　外国语学院举办“辅导员有约”活动

4 月 16 日晚，外国语学院在图书馆讲学厅举办了“辅导员有约”活动。本期活动主题是“解码大学生涯——优秀校友与你共叙大学时光”，活动特邀了四位校友与学院近三百名学生进行交流。学院党委副书记鄢智青和学工办主任李黎莅临现场，辅导员季美含和任洪蔚担任活动主持。

活动以访谈的形式开展。四位嘉宾围绕大学生涯中的部分问题展开讨论。

现为广州中医药大学专任教师的2006届毕业生曾俊敏就考研、学术科研提出了自己的看法；现为卡塔尔航空公司空乘的2016届毕业生姜源穗指出兴趣能更好地支撑学习和工作，应结合专业进行社会实践；现为意大利帕多瓦大学中国办经理的2016届毕业生蔡熙悦鼓励大家利用学校的出国交流平台，以求知的心态走出国门，增长见闻；在读本科生张嘉惠则分享了自己在英国剑桥大学交流时的经历，也介绍了参加“挑战杯”项目的工作情况。

在互动环节，同学们纷纷就遇到的疑惑请教嘉宾。四位嘉宾详细地给出了自己的看法和建议。

“辅导员有约”依托“五室一站”项目，是外国语学院自2015年以来精心打造的学生思想政治工作品牌项目，旨在加强辅导员与学生的交流，助力学生成长成才。截至目前，该活动由学院辅导员主持，已成功举办9期，其中包括“老逢说事之西藏骑行经历”“世界那么大，外院辅导员带你去看看”“青春不迷茫”等主题活动。本期活动从B10“五室一站”走到图书馆讲学厅，辅导员特邀了优秀校友与近三百名在校生展开交流，在形式、规模上都有一定的创新和突破。

（外国语学院　任洪蔚）

4月16日　法学院学生赴桂花岗小学进行普法宣传活动

“桂花花香满羊城，桂小小友学法周”，4月16日，广州大学法学院以走进桂花岗小学校园的方式，结合专业及年龄优势，以大哥哥大姐姐的身份开展寓教于乐的普法教育宣传周活动，助桂花岗小学的学生形成良好的习惯和价值观。

在桂花岗小学普法教育宣传周活动中，广州大学以“国旗下的演讲”活

动作为普法教育宣传周的开幕式，引导小学生积极参与到普法教育宣传周活动中来。随后，以主题班会的形式教授小学生重要的法律知识，在班会课上，以讲解 PPT、小游戏、情景模拟等有趣的环节，一步步强调禁毒的重要性，这些活动也为后续的级会以及法律游园会做好了铺垫。级会环节则以法律小品的方式来传播法治知识，通过幽默、生动的小品，让小学生在欢笑中感受到法律的力量。在游园会环节中，志愿者们准备了许多有趣的游戏，如毒品名词记忆大作战、禁毒知识判断、镜子戏法、蒙眼写字、禁毒知识问答和法律灯谜，于游戏中潜移默化地传授给小学生禁毒法律知识，从而提升小学生的法治观念和法律意识。

在此次活动中，桂花岗小学学生在各种有趣且嵌入法律知识的活动中对严肃枯燥的法律知识焕发兴趣及热情，并在潜移默化中学习了法律知识；而广州大学的学生们则运用自己所学到的知识，向小学生宣传法律知识，传播法制精神，学以致用。同时，通过普法志愿活动，使大学生切身认识到当今中小学生的法律意识情况，为以后的科研活动打好基础。不仅如此，普法活动也丰富了学生的课余生活，引导学生在帮助别人的同时不断充实自己。

（法学院　实践部　肖淑文）

4 月 17 日　工商管理学院举办“名师大讲堂”活动

4 月 17 日下午，由组织与人力资源管理系副主任朱伟春教授主讲的“名师大讲堂”第十四讲在桂花岗校区 5 号楼北 605 教室举行。工商管理学院党委副书记甘健强以及 2017 级各班学生代表共同参加。

本次讲座以“在中国构建‘人类命运共同体’的历史进程中努力把自己培养成为能创新的新时代有志青年”为主题。讲座伊始，朱伟春教授便直入创新型领导这一话题，提出创新就在日常生活身边，再从世界大趋势，包括经济、科技等方

面来讲述目前的大环境。

朱伟春教授指出，“人类命运共同体”这一概念深受“以和为贵”“协和万邦”等中国古代思想的影响，“人类命运共同体”的提出是中国对世界的贡献。

随后，朱伟春教授以互动的方式，让同学们从多个角度观察PPT上展示的多张图片并表达自己的观点。朱伟春教授还向同学们介绍创新思维、创新意志、包容不同与失败三方面内容。并通过分享谷歌打造创新团队这一具体案例来介绍创新的培养方法。

讲座中，朱伟春教授通过《道德经》的第八章“上善若水”谈到传统文化与成功及创新的关系，同时也引出百折不挠、海纳百川、以柔克刚、能屈能伸、哺育众生的水的特质与作用。之后，朱伟春教授以自己改编的一首《沁园春·广大》来结束此次演讲，同时也表达了对同学们热情参与的感谢之情。

最后，甘健强副书记上台总结发言，从三方面向大家分享他的心得体会：一是通过此次讲座更加深入地理解了“人类命运共同体”这一概念；二是指出在未来社会中，创造是每一个国家、每一个团队、每一个个体的第一动力；三是表达了对地球村的美好愿景。

至此，“名师大讲堂”第十四讲圆满落幕。希望同学们从现在就做好准备，拓展自身视野，在学习中积累丰富的知识与经验，储备自身的核心竞争力，做新时期的建设者与奋斗者！做能创新的新时代有志青年！

（工商管理学院　新媒体中心）

4月17日　三院联合举办书法大赛决赛

4月17日下午，广州大学数学与信息科学学院联合化学化工学院、土木工程学院在理北楼105教室举办了三院联合书法大赛决赛。

安静的教室里，笔墨飘香。从初赛中脱颖而出的同学们静心书写，一笔一画均是精华。笔起笔落，一个个字在纸上绽放，一幅幅作品在笔下呈现。这不但是一场活动，更是一次书法的盛宴。在翰墨飘香的教室里，不知不觉书写的时间已然结束。轻灵的音乐渐近耳畔，紧接着评委开始评选作品。

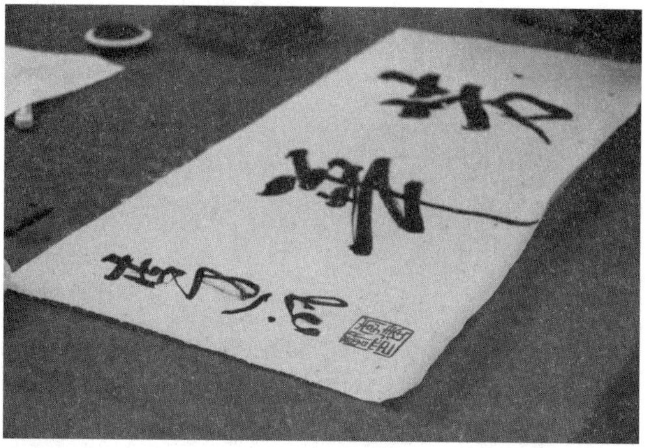

一块红布、几张方桌，专业评委开始给同学们讲解示范书法的真谛，行云流水间，一幅《芳华》就此而生。台上倾情而授，台下受益匪浅。最后是颁奖仪式，一张张合照记住了今天的这一刻，也愿同学们可以在书法探索学习的道路上越走越远，收获越来越多。

此次比赛不但促进了同学们之间的交流，而且在一定程度上提高了书法在大家心中的重要性，同时也为热爱书法的同学们提供了一个沟通交流的平台。

弘扬中华优秀传统文化，从笔尖做起。

（数学与信息科学学院　尹嘉琪）

4月17日　生命科学学院开展彩色环校跑活动

4月17日下午，生命科学学院彩色环校跑活动在何世杰体育馆前隆重举行，学院的领导、老师及全体学生出席了本次活动。

开幕式上，学工办老师林敏致辞，肯定了本次环校跑的重要意义，环校跑既能增强师生身体素质，拉近师生

间距离，又能丰富校园文化内容，营造健康、阳光的校园氛围。

接着，师生们为比赛做充分准备，摆手、压腿、扭腰，激情与活力洋溢全场。

比赛即将开始，参赛者在起跑线上整装待发，一声令下，彩粉飞扬，白T恤被染得五彩斑斓，选手们笑容灿烂，迎着骄阳向前奔跑。个人赛的选手专心致志，沿着比赛路线奋勇直冲，奔向终点。团体赛的选手则需经历重重考验，到相应游戏点完成任务才能前行，汗水与笑声相和，跑姿与呼声相应，彰显选手无尽风采。选手们并驾齐驱，不甘落后，呼啸而过的身影，冲刺终点的步伐，都展现了生科人的魅力。

闭幕仪式上，林敏老师为男子、女子、团体前六名进行颁奖并合影留念。活动就此落下帷幕。

运动无止境，愿同学们能坚持锻炼，挥洒青春汗水，“走下网络，走出宿舍，走向操场”，更多地投身到健身体育活动中。

（生命科学学院　陈奕君）

4月18日　人文学院新疆预科班经典百书导读活动顺利举行

4月18日下午，广州大学人文学院2017级新疆预科班于文清楼321教室举行“读书之道，品西游”经典百书导读活动暨领导、教授联系班级活动。

在主持人介绍作者吴承恩生平及《西游记》写作背景后，同学们依次就自己对《西游记》中不同人物的认识及看法进行分析说明。在分析过程中，同学们发现师徒四人的原著形象与影视作品形象中存在细微差别，认为电视剧对原著故事情节进行了新的艺术加工。关于这个问题，刘军军老师认为电视剧为塑造立体人物形象，有时会与原著有所出入。另外，她深入阐述了原著不同于电视剧及白话文的原因。紧接着，刘军军老师向同学们分享了《西游记》中她喜欢的优美诗词，并从不同角度对唐僧师徒四人的性格进行分析。

（人文学院　朱俏霞）

4月20日　四院联合“激昂青春”情景剧大赛完美落幕

4月20日晚，由公共管理学院、地理科学学院、音乐舞蹈学院、土木工程学院联合举办的“激昂青春”情景剧大赛在图书馆讲学厅拉开帷幕。本次比赛以心理情景剧的形式，为大学生提供一个通过表演解读自己、解读生活，促进心理健康的平台。通过心理情景剧的平台重现生活场景、展示心理现象、讨论新旧观点，以此促进同学们思考，认识自我，完善自我，提高自我。本次比赛汇集七个学院共九支队伍参加，学生们依次上台展示作品，风采卓然。

其中，公共管理学院行政管理171班的节目《佛系复习与儒系复习》以莎士比亚的名言“青春的特征乃是动不动就要背叛自己，即使身旁没有诱惑的力量”引入，以大学生考前复习为主题，用精彩的表演为在场的评委和观众展现了大学生之间因为复习法的不同而产生分歧，最终又走向和解的故事。剧中的主人公胖胖因价值观不同而与舍友发生冲突，但在历经审慎的思考后，最终还是很好地调解了与舍友的僵化关系。此剧向大家展示了同学之间相互理解和为他人着想的重要性，也为学生今后解决类似问题提供了方法借鉴。经过一番激烈的角逐，《佛系复习与儒系复习》荣获广州大学心理情景剧二等奖。

本次心理情景剧大赛有助于引导大学生主动关注自身心理健康，提高大学生心理素质，营造健康和谐的校园氛围。它能有效地帮助大学生树立正确的心理健康观念，预防和缓解心理行为问题，激励他们探寻自我价值和生命意义，为青春喝彩！

（公共管理学院　学工办）

4月21日　旅游学院青马班学员前往中共三大会址参观学习

4月21日早上，旅游学院青马班学员一行50人前往中共三大会址进行参观学习，重温中国共产党的发展历程和艰苦奋斗岁月。

在参观过程中，青马班学员们认真观看了大量的历史图片、文物、模型以及革命先驱人物的蜡像场景等，重温了中共三大召开的历史背景和党的光辉历史，再次感受中共三大的重大历史意义。

参观结束之后，本次活动采取简洁凝练的“百言谈”形式让学员们抒发自己的见闻与感受。同学们在“百言谈”中写道：“纪念馆中多年前的笔记和仿照当时做的人物蜡像、书籍、旧衣物，仿佛把大家带入了那个革命的年代，中共党员为了自己的革命理想冒着生命危险在奋斗！参观中共三大会址给学生们带来的是一些思考，作为当代青年，不能只看现在，不看过往，应该把会议的精神融入当代，继续发扬马克思主义。牢记使命，继续前行！”

旅游学院青马班学员们通过本次参观中共三大会址，对中国的发展与共产党的成立有了更深刻的了解和认识，大家纷纷表态作为年青一代更要坚定理想、坚定信念，要为社会发展贡献自己的力量，要为国家的发展和实现中华民族的伟大复兴的“中国梦”不懈奋斗！

（旅游学院　谢金艳）

4 月 23 日　物理与电子工程学院召开迎接本科评估学生干部动员大会

4 月 23 日中午，物理与电子工程学院在 210 会议室召开了全体班长、团支书会议暨迎接 2018 年本科评估学生干部动员大会。物理与电子工程学院党委副书记李燕

冰，学工办主任薛敏，团委书记王志杰，辅导员黄毓婵，全院各班班长、团支书共同参加了本次大会。

会上，李燕冰副书记对近期学生工作进行了部署。首先，本科评估动员方面，希望各班学生干部能够起模范带头作用，严格遵守课堂行为准则，做到上课不迟到、不旷课、不睡觉、不玩手机、不把早餐带入课室。其次，学风建设方面，鼓励同学们成立考研小团队，提升考研积极性，寻求更好的发展平台。再次在垃圾分类动员方面，她强调，垃圾分类既是响应国家“共建、共治、共享”的号召，也是落实学校建设有品质的校园生活的直接体现，同学们要发挥主人翁精神，维护好宿舍卫生，让生活环境更加整洁、舒适。最后，李副书记对学院宣传、心理、科技竞赛等工作提出了要求。

随后，薛敏老师和王志杰书记分别就学生工作和团委工作方面作了相关说明。薛老师强调，各班要重视本科教学评估和宿舍环境建设，开好主题班会，动员班上同学遵守课堂行为准则，共同维护好宿舍卫生。王老师强调，班团一体化是未来发展的趋势，希望各班能在下学期落实好这项工作。物电团委也将切实从同学们的学习和成长出发，搭建好科研人才库，更好地为广大同学服务。

本次会议让学院学生干部更加了解本科教学评估和垃圾分类工作，为学院2018年本科教学评估和学生生活垃圾强制分类工作的顺利进行做了充分的准备。

（物理与电子工程学院　学工办）

4月24日　外国语学院组织召开青马悦读会

4月24日下午，外国语学院以“灯塔引领成长，经典润泽人生”为主题的青马悦读会在B10“五室一站”党团活动室举行。鄢智青副书记、陈顺意博士和赵双双老师莅临现场进行指导。活动由学工办主任李黎老师主持。

悦读会上，青马班的学员围绕《习近平的七年知青岁月》《苦难辉煌》等书籍和纪录片《辉煌中国》展开了交流分享。胡焯凌同学结合自己的成长经历分享了个人感受，她认为安全感源自国家的强大和政府对社会治安的重视，需要科技作为支撑，需要法律法规作为保障。陈可丹同学向在场的学员们推荐了《苦难辉煌》，她谈到该书具备较强的可读性、文学性和哲学性，并诵读书中的经典片段，引得在场的师生们阵阵掌声。《习近平的七年知青岁月》是在场同学最为热爱、最乐于分享的一本书。黄文琦同学在分享该书时强调通过读此书，她能深刻地感受到青年习近平在困境中坚韧不拔的精神，深深地感动于青年习近平坚定的信念，由衷地敬佩其爱读书、孜孜不倦追求知识的热忱。

青马班的学员或深情款款，或幽默诙谐，或慷慨激昂的分享，让在场的师生们见证了思维的碰撞。点评环节中，陈顺意博士盛赞了同学们流利的语言表达能力，叮嘱大家苦学专业课的同时要保证每日一小时的课外阅读时间以扩充知识面、保证阅读量，要养成边读边记笔记的习惯，让知识渐渐内化为能力。赵双双老师在点评中谈到读书可以让我们在众声喧哗中不迷失自己，读书所做的深厚积累可以孕育出出众的气质和过人的智慧，读书可以获得知识的滋养和心灵的慰藉，读书应当是每个人毕生坚持的习惯。

鄢智青副书记进行总结发言。她谈到读书和旅行一样都是为了遇见自己，"灯塔引领成长，经典润泽人生"悦读会在世界读书日前后举行，目的就是让大家以此为契机，让上大学回归于读书的本真，希望在场的青马班学员们能成为爱读书的表率，引领全院学子养成多阅读、爱阅读的好习惯，收获充实有意义的大学生活。

（外国语学院　赵双双）

4月24日　人文学院"五室一站"举行"风从新疆来"彩绘活动

4月24日，广州大学人文心协"风从新疆来"彩绘活动在B8"心情驿站"顺利举行，出席此次活动的有人文心协指导老师吕延明，以及人文学院团委书记张立。

活动流程分三个部分：绘画、小组展示和合影留念。

外师造化，中得心源。预科班的每个同学都在认真地进行创作，在绘画的海洋里驰骋，绘下他们内心的世界。被同学们绘画的场面感染，吕延明老师和

张立老师也认真地创作她们的作品。

每一小组的同学都向彼此展示了他们用心创作出来的作品。他们脸上的笑意也让人感受到绘画给他们带来的欢乐。

彩绘活动落下了帷幕，但美好的瞬间不会消失，它定格在每一位参与者的心中。

（人文学院　心理卫生协会）

4月24日　广州大学举办考研经验分享会

为响应学校高水平大学建设，进一步营造人心向学的良好氛围，充分发挥广州大学学生先进个人的典型示范带动作用，引导和激励同学勤奋成才，提高广州大学学生的考研热情，提升学生考研深造率，广州大学“身边的榜样”优秀学生事迹宣讲系列活动之考研经验分享会于4月24日下午在图书馆一楼讲学厅举行，由广州大学“十佳学生”等先进个人代表为同学分享海外留学及保研、考研的相关经验。学生处副处长陈爱平参加了分享会，来自不同学院的400余名学生聆听了分享。

陈爱平副处长做了开场发言。她总结了今年的考研情况，介绍了本次考研分享会的目的和学校针对考研的奖励机制，她还鼓励同学们积极准备考研，祝愿每位同学都能考上理想学府。

第一位分享人是来自机械与电气工程学院的林俊杰。林俊杰同学成功保送华南理工大学自动化科学与工程学院研究生。他分享了自己的保研经历，介绍了保研流程，并对想保研的学弟学妹提出建议。

第二位分享人是来自土木工程学院的武思帆。武思帆同学成功考取中山大学研究生。她分享了自己的考研经历，尤其是备考的方法、心态。她认为考研是一场“信息战”，也是对心理素质的一次重大考验。她鼓励想考研的学弟学妹下定决心，奋战备考。

第三位分享人是来自教育学院的程歌星。程歌星同学成功考取了华东师范大学的研究生。她从“前期准备”“公共课建议”“个人问题及处理”三个方面分享了自己的备考经验，强调决心的重要性，鼓励学弟学妹一旦选择了考研，就要全力以赴。

本次分享会对同学们明确考研目标、掌握相关考研技巧、了解更多考研信息都很有帮助，为同学们解决了考研的相关疑问。近年来，我校毕业生考研深造率不断攀升，为此学校出台了相关奖励政策，修订了《广州大学本科学生评奖评优和奖励办法》，将考取研究生的本科生纳入评奖评优范围，并设立了考研奖励金，鼓励同学们考研深造。

（学生处　葛泽胜）

4 月 26 日　工商管理学院开展青马沙龙活动

4 月 26 日晚，以“新时代下社会主义核心价值观在大学中的培育与践行”为主题的青马沙龙在广州大学大学城文新楼有序举行，出席此次活动的有团委副书记邹婷、辅导员梁世健以及青马班的全体同学。

在我国，当前社会的主要矛盾已由过往的“人民日益增长的物质文化需要同落后的社会生产力之间的矛盾”转化为“人民日益增长的美好生活需要和不平衡不充分的发展之间的矛盾”。梁世健老师通过引用前两年日本马桶盖疯狂抢购事件，引申出中国国民对更高生活品质的追求。

梁世健老师通过引用习近平总书记在十九大关于高校建设的观点，陈述了高校发展特征体现为追求教育公平、教育质量，高等教育更是以“立德树人”作为教育的核心，而高校的发展由扩张式发展向内涵式发展转换，对高校的评估由静态评价转化为动态评价，由定性评估转化为写实性评估。

当代大学生在践行“爱国”这一社会主义核心价值观时应该做到理性爱国，注意识别非真实的社会言论，先理性思考，再进行发言，拒绝做“键盘侠”，从自身做起，给身边同学带去正能量。对于大学生来说，“业”指学业，学生应该以学业为主，在认真完成学业的同时，对待学生干部的工作、学生活动和社会实践活动等都应该有“敬业”的态度。“诚信”是市场经济和现代社会顺利运行的基石，大学生应该遵纪守法、谨防网络诈骗。“友善”则体现在大学生活的方方面面，跟他人相处应该做到互相尊重、互相关心、互相帮助、和睦友好，与他人形成良好的人际关系，在参与社会活动的过程中，热心公益服务，提高自身的文明修养。

青马之人更应该将博学笃行、与时俱进的广州大学精神和社会主义核心价值观结合起来，不忘初心，为中国更好地迈向中国特色社会主义新时代贡献力量。

青马，加油！

（工商管理学院　新媒体中心）

4月26日　生命科学学院举行“五室一站”垃圾分类智能投放学习分享会

4月26日，生命科学学院2017级辅导员严哲带领B17“五室一站”勤工的同学们，在“五室一站”二楼开展了关于垃圾分类智能投放的学习分享会，指导同学们开展分类工作。

为了让同学们了解广州大学垃圾处理所面临的严峻形势，引导学生自觉参与垃圾分类，分享会一开始，严哲老师先给大家讲述了垃圾分类所面临的问题：广州大学每天产生的垃圾量远远超过整个大学城分给广州大学的配额，垃圾的去向及处理问题亟待解决；大量的垃圾堆积不仅恶化了学生们的生活环境，而且也增加了环卫工人的工作负担。由此，垃圾分类处理势在必行。

分享会上，志愿讲解员丘小娜同学从智能收集箱投放垃圾的使用、垃圾的分类以及积分兑换规则三个方面向学生们做了分享。同学们通过刷“一卡通”正确分类投放垃圾到回收箱，即可获得相应奖励性消费积分。同学们都听得很认真，也在纸上仔细地做了笔记。

随后，广船环保科技有限公司的林女士带领着“五室一站”的同学们到宿舍楼下进一步介绍智能收集箱的使用步骤，恰好有同学带着宿舍垃圾下楼投放，林女士借此给大家做了一个很好的示范。

经过分享会的学习，同学们不仅初步掌握了垃圾分类智能投放的方法，而且对垃圾分类也有了更进一步的认识。生活垃圾分类是践行绿色发展、贯彻落实党的十九大共建共治共享社会治理理念的重要举措，同学们应从做好校园生活垃圾分类入手，培养自身的生态文明素养，为打造有品质的校园添砖加瓦。

（生命科学学院　信宣部）

4 月 27 日　外国语学院学子参加广州市“青年中国诵”活动

近日，由中共广州市委宣传部、广州市社会科学界联合会和广州广播电视台主办，广州大学协办的“青年中国诵”活动正式启动。活动发布后，外国语学院积极响起，掀起了一股诵读热潮，仅一天时间，就有将近 200 名同学报名。为了更好地组织同学们参加“青年中国诵”活动，展现外院学子的精神风貌，外国语学院组织党员教师对报名的同学进行面试，并对入选的同学进行专业的朗诵培训。

4 月 27 日，胡焯凌和李林蓓同学首先前往电视台录制《习近平谈治国理政》第二卷的中英文版音视频。录制过程中，该院专业教师进行了认真的校听。其中，胡焯凌同学负责录制整本书的开篇，并接受了中央电视台《新闻联播》和广州电视台等媒体的采访。电视台监制对录制效果作出高度评价，认为广州大学学子精神饱满，语音纯正。

据悉，共有 54 名外院学子参加该活动的录制。音视频于 5 月 2 日在花城 FM 融媒体平台陆续播出。

（外国语学院　任洪蔚）

我们的大学

May 五月

5月4日　广州大学开展“五四”主题教育活动

5月4日，为纪念第69个“五四”青年节和“五四”运动99周年，广州大学各级团组织纷纷开展主题鲜明、形式多样的实践活动，向“五四”献礼，向青春致敬。

该日，广州大学基层团支部结合专业特色，创造性地开展主题纪念活动，在全校掀起了一阵“五四”新风，各学院相关人员出席活动。

“五四”青年节前夕，由校团委主办、图书馆协办，校学生艺术团和校学生会文娱部承办的主题艺术表演在图书馆隆重上演。活动结合“快闪”形式，通过多种表演形式，营造出良好的校园文化艺术氛围。在马克思诞辰200周年纪念日即将到来之际，校团委组织师生集中观看纪念马克思诞辰200周年大会视频和习近平总书记在纪念大会上的重要讲话视频。今后，广州大学还将开展一系列贴近实际、贴近青年的主题教育活动，进一步弘扬和传承“五四”精神，培养德才兼备、具有家国情怀的优秀青年。

（校团委）

5月4日　新闻与传播学院举行“凝聚五四力量，点亮灯塔之光”主题教育活动

为了纪念“五四”运动，弘扬“五四”精神，凝聚青年力量，新闻与传播学院党委书记李雁、副书记林仲英和团委书记邹演枚带领学院优秀团员代表参与的“凝聚五四力量，点亮灯塔之光”主题教育活动于5月4日下午在团一大广场举办。

参加本次活动的学院领导和团员代表首先来到团一大广场进行参观，接着由共青团员佩戴团徽诵读入团誓言。宣誓仪式结束后，邹演枚老师向团员们讲述了举办本次活动的意义，并祝愿大家在本次活动中有所收获，度过一段快乐的时光。

随后，李雁书记联系自己在党团工作上的经验，呼吁团员代表们做把握青年时代的中坚力量，珍惜美好的青年时光，奋斗不止。她要求团员们深入到日常行动中去，坚持各方面的学习和自我提升，在今后的国家建设中争当栋梁之材。最后，学院领导和团员代表有序参观了中华全国总工会旧址，在历史的余温中深切感受“五四”精神。至此，本次“五四”青年节主题教育活动圆满结束，参加本次活动的团员代表们都表示收获满满。

（新闻与传播学院　项晗）

5月4日　外国语学院举行“促语言学习，兴爱国情怀”系列活动启动仪式

5月4日上午，外国语学院在学生活动中心举行纪念马克思诞辰200周年、“五四”运动99周年暨“促语言学习，兴爱国情怀”系列活动启动仪式。校学生工作部（处）处长郑美玲、校团委副书记周臻、外国语学院院长肖坤学、党委书记李暖均、副院长苏远连、党委副书记鄢智青及学院教师党员、辅

导员、青马班学员、学生党员、入党积极分子、团干代表等近百人参加了启动仪式。

启动仪式上，全体人员奏唱国歌、校歌。肖坤学院长首先致辞。他表示当前全国上下正兴起学习贯彻习近平新时代中国特色社会主义思想和党的十九大精神的热潮，为了展现外国语学院青年学生良好的专业水平和蓬勃向上、积极进取的精神风貌，特举办以“促语言学习，兴爱国情怀”为主题的师生外文诵读学习《习近平谈治国理政》第二卷系列活动。他希望外院学子在接下来的《习近平谈治国理政》第二卷外文诵读比赛和知识竞赛中，踊跃报名，认真准备，全力以赴，在比赛中表现出较高的外语专业水平，也要求大家通过读原著、学原文、悟原理，深入领会习近平新时代中国特色社会主义思想，提高政治素养，立远大志向，担负起实现中华民族伟大复兴的光荣使命。

随后，教师党员代表、学生党员代表、各专业学生代表、青马班学员分别用英语、法语和日语诵读了《习近平谈治国理政》第二卷的部分篇章。与会领导给学生党支部、青马班、团支部代表分别赠送《习近平谈治国理政》第二卷（英、日、法版）书籍。鄢智青副书记详细介绍了活动中的相关比赛的细则，鼓励大家积极参与，展现良好的专业素养和精神风貌。

最后，启动仪式在奏唱中国共产主义青年团团歌中落下帷幕。

（外国语学院　任洪蔚）

5月4日　广州大学第四届书画作品大赛开幕

5月4日上午，广州大学第四届书画大赛作品展在演艺中心举行开幕式。广州大学公共艺术教育中心主任、音乐舞蹈学院院长罗洪，校团委副书记林焕清，美术与设计学院党委书记吴宗敏、副书记蔡琼生，评委林小燕副教授，以及院学工办的老师们出席了本次活动。

第四届书画作品大赛旨在深入贯彻学习落实党的十九大精神，进一步发挥校园文化活动的育人功能，坚定文化自信，增强校园文化活力，落实广州大学人才培养目标。本次活动由校团委、校公共艺术教育中心联合主办，美术与设计学院团委承办。

大赛共收到来自全校本科生及研究生的275件作品，经评委评审，选出了一、二、三等奖及优秀奖作品。获奖作品涉及的题材丰富、形式多样、风格鲜明，充分展现了广州大学师生的艺术才华和审美情趣，也表达出师生们对学校、对生活、对祖国的无限热爱。

（美术与设计学院　学工办）

5月5日　公共管理学院青年志愿者参与中国进出口商品交易会志愿服务活动

5月5日下午，公共管理学院青年志愿者协会组织40名学生志愿者参加了在琶洲展馆举办的第123届中国进出口商品交易会志愿服务活动。

中国进出口商品交易会（The China Import and Export Fair），简称广交会，每年春秋两季在广州举办，是中国目前历史最长、层次最高、规模最大、商品种类最全、到会采购商最多且分布国别地区最广、成交效果最好的综合性国际贸易盛会，被誉为“中国第一展”。为协助广交会的顺利开展，海珠区青年志愿者协会每年均向高校、社会招募大量高水平志愿者提供志愿服务，历年来广州大学公共管理学院均有一定名额。

在公共管理学院青年志愿者协会的带领下，志愿者们到达目的地。在海珠区青年志愿者协会工作人员的安排下，志愿者们分为两队四排，有序地跟随领队抵达志愿服务岗位。志愿服务内容主要包括为中外客商、游客指路。虽然服务时长较长，比较辛苦，但志愿者们始终保持微笑，坚守岗位，运用在培训课上学到的专业知识服务有需要的人。

广州被喻为“志愿服务之城”，而立足于广州本土的广州大学公共管理学院也一直坚持对学生进行志愿服务精神的培育，提倡学生们充分运用自身所学知识为改善社会、促进社会进步服务。

（公共管理学院　学工办）

5月5日　广州大学电子商务协会承办全国大学生电子商务挑战赛校赛

5月5日，全国大学生电子商务“创新、创意及创业”挑战赛（简称“三创赛”）校赛在广州大学文新楼206教室举行。比赛时间为14：30—17：30。本届“三创赛”共有26支队伍报名参加并上交了初赛策划书，经过评委们的评定以及商议后，评出12支队伍进入决赛。进入决赛的队伍按照赛前抽签顺序依次上台展示，上下半场各6支队伍。比赛分为6分钟PPT展示和4分钟现场答辩两个环节，每队用时10分钟。

黄丽娟老师肯定了此次比赛选手的表现。作品中展现的创新意识、创意思维和创业能力无不体现学生的出类拔萃。同时，她也对“三创赛”校赛的主办单位——电子商务协会给予了高度的肯定和支持。

此次承办尽管还存在着许多不足，但也给大家留下了宝贵经验，为电子商务协会以后更好发展做了铺垫。

（广州大学　电子商务协会）

5月5日　广州大学“阳光伴你行”研究生志愿服务活动圆满举行

5月5日下午，广州大学研究生院联合广州粤穗社会工作事务所在站前街社区开展了第三期“阳光伴你行”研究生志愿服务活动。在研究生院学工办主任唐爱真的带领下，30余名研究生志愿者深入到17户残疾人家庭中进行探访。

活动当天，志愿者们带着事先准备好的新鲜水果去探望孤寡老人和残障儿童。在站前街社区负责人的介绍下，志愿者对残疾人家庭的基本情况有了初步了解。在深入探访的过程中，志愿者为这些家庭打扫卫生，营造整洁的生活环境，同时亲切地与老人、孩子交谈，耐心倾听他们诉说，大家脸上洋溢着幸福的笑容，不时发出爽朗的笑声。

本次志愿活动旨在引导广州大学研究生深入学习习近平总书记关于青年成长成才的一系列重要论述，引领和帮助广大青年在社会实践中受教育、长才干、作贡献。本次活动也反映了广州大学研究生助人为乐、甘愿奉献的时代风貌，相信在未来的日子里，广州大学研究生将更加积极参加到志愿活动中，培养社会责任感，传递社会正能量，引领青年学生在实践中锤炼本领。

（研究生院　梁嘉齐）

5 月 6 日　人文学院与土木工程学院联合干培晚会顺利举行

5 月 6 日晚上，人文学院团委、学生会与土木工程学院团委学生会联合干培晚会在学生活动中心顺利举行。两院团学主席团及全体干事出席了此次晚会。

晚会伊始，土木工程学院团委学生会主席张峻珲上台致辞。紧接着，晚会在人文歌咏队与土木声乐队带来的节目《我要你的简单爱》中拉开了帷幕。两院各部门在接下来的表演环节中，充分展示了合作部门之间的默契。既有“high”翻全场的舞蹈串烧《一起摇摆》和《反转TV》，也有精彩的小品《皇帝与刺客》《秋秋炫舞》和《拜师》，还有动人心弦的歌曲《为你建凉亭，为你写情诗》和《Season in the Sun》。各部门的节目让晚会高潮迭起，赢得在场观众的阵阵掌声。表演期间，主持与观众互动不断。抽奖与趣味问答轮番上场，现场气氛被推向高潮。各部门的表演结束后，人文学院团委、学生会主席利梓淇与土木工程学院团委学生会主席张峻珲上台为获奖节目颁奖。

颁奖环节结束后，人文学院团委、学生会主席利梓淇向在此次干培晚会中付出了心血与汗水的全体人员致以深深的谢意。他认为人文与土木的同学的交流合作，使双方都能学到非常多的东西，因为文科生与理科生的思维存在差异，但这种差异在干培晚会的交流与碰撞下，却可以两者互补发挥出更大的作用。同时，他表示期待明年的同一时间同一地点，人文学院与土木工程学院的朋友们能够再次度过一个难忘的夜晚。

此次干培晚会不仅维系了两院团学之间的良好友谊，还促进了两院团学工作上与感情上的交流。在全体工作人员合影留念后，此次晚会圆满结束。

（人文学院　新闻中心）

5月8日　公共管理学院召开垃圾分类宣讲会

实施生活垃圾分类是贯彻落实党的十九大“共建共治共享”社会治理理念的重要措施，是建设美丽中国的重要途径。2018 年广州地区高校生活垃圾强制分类启动仪式在广州大学举行，全市 80 多所高校代表共同见证了广州大学智能垃圾分类项目的正式启动。

为了更好地将学校“互联网 + 垃圾分类智能投放”工作落实到个人，公共管理学院 B4“五室一站”积极响应学校号召，着力改善和提升学生的校园生活品质，通过垃圾分类宣讲会和志愿者引导学生使用的形式，让 B4 的同学们更好地了解智能垃圾分类系统的操作方式。

公共管理学院党委书记刘雪明、副书记何瑞豪和学工办主任谢玲等领导老师高度重视垃圾分类工作，并于 B4 进行现场指导；“五室一站”工作人员安排志愿者值班，在现场给舍区学生进行使用指导，确保学生能够及时地了解操作步骤；B4“五室一站”成员认真学习垃圾分类知识，并针对各宿舍楼栋出现的垃圾分类问题进行反馈。

让我们一起参与垃圾分类，用实际行动建设美丽广大！

（公共管理学院　学工办）

5月8日　广州大学举办博学讲坛青年榜样励志讲座

5 月 8 日，博学讲坛青年榜样励志讲座（系列第一讲）在行政楼西楼二楼会议厅举行。科大讯飞股份有限公司品牌管理部总经理、科大讯飞华南有限公司副总裁吴骏华为师生作主题演讲。

吴骏华用实际行动追寻“让机器能听会说、能理解会思考”的产业理想，不断扩大科大讯飞人工智能产业的国际影响力。在讲座中，吴骏华先从“人工智能对时代的影响”等方面畅谈人工智能的未来与发展。他结合自身在科大讯飞的奋斗经验和对人工智能领域的长期钻研，用案例和数据介绍语音识别与大数据结合的时代特征。对于大学生创业，吴骏华提出要有决心、恒心和信心去面对一切挑战。

大学生应学习掌握一定的人工智能等科学常识，培养科学意识和科学思维。为响应广东青年大学生思想引领行动——“灯塔工程”，校团委启动“灯塔工程·广大行动”，并策划开展博学讲坛青年榜样励志讲座系列，邀请校内外青年榜样、知名人士开展主题演讲，分享成长经历。

（校团委）

5月8日　广州大学“五四红旗团委”现场评选大会圆满举行

5月8日下午，2017—2018学年广州大学“五四红旗团委”现场评选大会在行政楼西楼二楼报告厅举行，校党委宣传部、统战部、招生就业处、机关党委、校团委等相关部处领导作为大会评委出席会议，校团委全体团干、学院党委副书记、团委书记以及团员代表参加会议。

本次“五四红旗团委”评选分为前期评分与现场展示。现场展示由学院团委书记演讲为主，结合视频、PPT、宣传手册等手段，介绍本年度学院团委的重点工作、突出特色和亮点。评审现场打分，再综合前期分数当场公布评选总分。最终，经济与统计学院、工商管理学院、外国语学院、公共管理学院、教育学院、物理与电子工程学院、化学化工学院团委七个单位荣获“五四红旗团委”称号。

在过去的一年中，各基层团组织在校党委和各机关部处领导下高举旗帜，依托“千千工程”“青马工程”、主题团日、“挑战杯”、环校跑等系列品牌活动，做到明理与服务并重，文、体、艺并举，为广州大学打造有品质的教育服务、建设高水平大学增砖添瓦。

（校团委）

5月9日　广州大学2018年征兵工作打响第一枪

5月9日，由我校承办的“下一站，军营！——2018年广州市暨越秀区大学生征兵启动仪式、羊城街坊学堂当兵光荣”专场活动在学校商业中心广场举行。活动当日，广东省征兵办、广州市征兵办和越秀区征兵办等单位相关领导，广州大学副校长周云及师生代表300多人出席，打响了我校“2018年征兵工作第一枪”。

活动通过播放自拍征兵宣传片，武装部队官兵表演，现役和退役代表现场采访演说，优秀入伍大学生个人先进事迹展，轻武器展示与体验，军装试穿及发放《广州大学2018年征兵宣传册》等活动，向同学们展现了军人英勇严谨的作风。

我校入伍学生魏雅朋、徐晓钏、李宁、莫汝东和李伟文等，在此次活动分别通过影片、宣传海报及现场采访等不同方式亮相，为此次

征兵宣传活动摇旗呐喊。

魏雅朋现为南部战区空军某部中尉排长，入伍前为我校土木工程学院学生，于2011年入伍服役空军某部，后经考学提干。他也是本次越秀区征兵办首播《当兵，让你成为更好的自己!》宣传片主角之一，片中高大帅气的他说“当兵，实现了我的人生理想”，引起了现场同学们的共鸣。

徐晓钏、莫汝东和李宁三位同学现场接受采访，各自讲述当兵锻炼的经历。他们认为参军入伍既可保家卫国，为国防作贡献，同时又磨炼了个人意志，另外在部队还有考学提干的发展机会。李宁同学为我校体育学院2015年毕业生，同年作为应届毕业生经学校报名参军，服役于广东边防武警部队，2017年从士兵直接提干为副连职警官，继续在边防部队服役。徐晓钏和莫汝东同学在现场还表演了擒拿等格斗术，赢得在场同学的喝彩。会场还展示了徐晓钏和李伟文同学作为优秀入伍大学生个人先进事迹宣传海报。最后，由副校长周云、省军区征兵办和警备区等相关领导上台打响了“2018年征兵工作第一枪”，为今年征兵工作打下良好基础，争取征兵工作再上新台阶。

（保卫处）

5月11日　教育学院举办心理情景剧大赛

5月11日晚上，教育学院于图书馆副楼一楼讲学厅成功举办了心理情景剧决赛。决赛邀请学院党委书记麻彦坤、党委副书记宇红担任嘉宾，同时邀请到了心理学的专业老师担任评委。

本次心理情景剧大赛由共青团广州大学委员会主办，教育学院团委学生会承办。本次活动面向教育学院大一至大三本科生，围绕“韶华与你，戏梦人生”的主题，以班级为单位自行组队，进行心理情景剧的表演。

经过激烈的角逐和专业评委的评审，大赛评出了团体一等奖一名——学前151班；团体二等奖两名，分别是应心151班和教育161班兼学前161班；团体三等奖三名，分别是小教161班、应心172班和应心171班；最佳编剧、最

佳导演、最佳男演员以及最佳女演员各一名，分别是吴林库、袁嘉仪、曾宇和周慧琳。

本次比赛通过将各种不同的心理及教育现象转化成情景剧的模式，旨在引导同学们用情景剧的方式将生活中常见的问题演绎出来，并用专业的心理学相关知识解决问题。演员们的演绎让同学们学会了思考如何合理地解决问题，正确认识生活中的矛盾和挫折，端正自己的人生观、价值观，正确处理人际关系，通过科学正确的方式排解自己内心的苦闷，做一个活泼健康、开朗向上的当代大学生。

在本次心理情景剧大赛中，教育学院学子踊跃报名参加，表演出色。此次心理情景剧大赛在加强同学们交流的同时，也锻炼了同学们的编排和表演能力。

（教育学院　学工办）

5月12日　广州大学红十字会人文学院分会于广州动物园开展志愿讲解活动

5月12日上午，广州大学红十字会人文学院分会组织第十四批志愿者前往广州动物园参与志愿讲解活动。

活动以“亲吻自然，心系广动”为主题，旨在培养大学生的社会责任感，增进大学生与大自然的交流，提高大学生对动物的热爱和关注度以及交流沟通能力、表达能力和社交能力。广州大学红十字会人文学院分会在本学期与广州动物园展开为期一年的志愿活动合作，每周派3至5名志愿者前往动物园参加志愿讲解工作，专门为科普馆和熊猫馆服务。

志愿者们凭借出色的表现获得动物园的官方认可。至此，广州大学红十字会人文学院分会广州动物园志愿讲解活动圆满结束。

（人文学院　伍佩怡）

5月13日　人文学院“研途有你”考研经验分享会顺利开展

5月13日下午，人文学院“研途有你”考研经验分享会于文新楼113教室顺利开展。出席本次活动的老师有人文学院团委书记张立及学工办陈楚敏。本次考研分享会的主讲嘉宾为詹舒丹、郭颖晞、谭天来、韩舒玮及梁逸云五位同学。

主讲嘉宾从考研心路历程及考研准备两方面进行分享。詹舒丹同学建议师范生慎重考虑支教问题。郭颖晞同学指出推免经验是整个大学期间的积累。谭天来同学根据自身考研经历，建议在场听众考虑海外留学，并表明雅思与托福是境外留学必不可少的考量指标。韩舒玮同学则分享自身的备考经验。梁逸云同学在择校方面着重表明自己的看法，并从复习周期与记忆方式两方面提出了独特看法及建议。

分享环节结束后，现场同学收获了满满“干货”。最后，陈楚敏老师上台总结发言。至此，人文学院“研途有你”考研经验分享会圆满结束。

（人文学院　新闻中心）

5月13日　公共管理学院举办“公考有约”暨第六届公务员模拟考试决赛

5月13日，由公共管理学院举办的“公考有约”暨第六届公务员模拟考试决赛在广州大学文新楼215教室举行，杨芳老师、杨佰强老师和肖生福老师作为评委出席了本次大赛。

决赛共分为两个环节。第一个环节是结构化面试环节。在本环节中，各位选手先上台进行1分钟的自我介绍，3位评委老师分别对选手进行提问。他们

提出了“对于大学逃课率越来越高，很多大学为保证出勤率，开始使用各种手段逃避被点名现象的看法”“对于当今大家对明星私生活关注度很高，但是对于国家政策之类的关注较少这一现象的看法”等问题，并要求学生们现场模拟某市政府的业务窗口工作人员就面对纠纷时的场景进行作答。各位选手们从容不迫的表现，充分展现了大学生的综合素质。

第二个环节是无领导小组讨论环节。此环节先由小组进行内部讨论，随后小组成员展示讨论的方案。最后，综合初赛和决赛的成绩，黄晓婷同学表现突出，获本次比赛的一等奖，张慧慧、曾翠婷同学获二等奖，梁茵岚、吴剑霞、罗浩奇同学获三等奖。

“公考有约”活动是公共管理学院一个极具专业特色的经典品牌活动。比赛分为初赛和决赛，全校各学院学生均可报名参加。“公考有约”活动的举办可以使同学们提前了解公务员考试的流程和考试内容，为有志于考取公务员的同学找准学习方向，规划职业生涯。

（公共管理学院　学工办）

5 月 14 日　教育学院成功举办优秀班级评比大赛

5 月 14 日晚，教育学院第二届优秀班级评比大赛决赛于讲学厅成功举行，本次比赛以“协力·攀顶”为主题，对各班级的风采进行展示。比赛邀请了教育学院三位辅导员——陈毅光、张方超和蔡冰作为本次比赛的评委。

本次活动共有八个班级进行决赛。首先，由每个参赛班级进行 10 分钟的展示环节。展示的内容分别是班级的思想建设、学风建设、班级文化建设、创新活动建设四个方面；每个参赛班级都结合了本专业的特色，进行了风格各异的展示，有幽默的“心理咨询”、独创的配音动画、有趣的“精灵故事”等，这些都得到了评委老师以及现场观众的一致好评。在轻松愉快的中场成语接龙游戏环节过后，由其余的四个班级进行展示。特色的班级活动拉近了同学们的距离，大大小小的奖项彰显了同学们的能力，过千小时的班级志愿时长体现了同学们的公益热心，这一切都给人留下了深刻的印象。

所有班级展示完毕后，由现场的观众投票并产生最高人气奖。最后终场游戏——“听歌识曲”进行的同时，评委老师也将评分结果进行汇总，诞生了比赛的前三名，同时还评选出优胜奖、杰出新人奖、最具创意奖，以及“全场 MVP”个人奖项。

本次比赛增强了班级凝聚力，共同营造了良好的班级氛围，充分展现了学院各班级团结进取、健康向上的精神风貌与优秀的班级文化。

（教育学院　学工办）

5 月 15 日　广州大学心理卫生协会第十二届心理嘉年华圆满落幕

5 月 15 日上午，由广州大学心理健康教育与咨询中心、广州大学心理卫生协会主办的第十二届心理嘉年华于红棉路盛大开幕。本次活动以“心海扬帆”为主题，旨在帮助学生更好地认识心理学、关注自身心理健康、解答心理困惑、树立正确的心理健康观念、培养积极的心理品质，营造阳光、健康的校园氛围。

活动现场一片火热。同学们在不同心理学家流派分区中，运用自己的聪明才智收集心理效应卡、心理流派代表人物卡。集齐4张心理流派代表人物卡或4张心理效应卡就可以参与大本营的抽奖环节。此外，许愿瓶环节更是精彩，同学们既实现了他人的愿望，也在许愿瓶留下了自己的小愿望，通过这样的形式让大学生们懂得爱与分享爱。

本次活动不仅设置了四个心理流派区、许愿瓶和时光箱摊位，还设置有心理咨询摊位，为学生们解答相关心理咨询问题；老师们也亲临现场指导工作，慰问工作人员，给予了工作人员莫大的支持和鼓励，使活动进行得愈发顺利。

晚上20：00，夜场嘉年华表演正式开始，活动组织方特别邀请了广州大学管弦乐团、吉他协会、青穗口琴社带来精彩表演，现场观众陶醉其中，悠扬的音乐带走了大家一天的疲惫。表演结束后，主持人总结致谢，在大家的欢呼声中，心理嘉年华圆满落幕。工作人员陆续开始收场工作。他们配合默契，一顶顶帐篷、一张张桌子慢慢地收起，随着一批批物资被运回存放处，第十二届心理嘉年华也圆满结束了。

这次心理嘉年华活动共吸引了1 000余名同学参与，送出400多份奖品，摊位前集卡、咨询、抽奖的学生络绎不绝。心理嘉年华受到了学生们的欢迎，激发了学生们对心理学知识的兴趣，营造了阳光、健康的校园氛围，达到了心理健康教育与咨询中心、心理卫生协会举办本次心理嘉年华的目的。

（心理卫生协会　葛泽胜）

5月15日　美术与设计学院“七彩人生”志愿服务队赴广州市第十六中开展亲子课程

5月15日下午，美术与设计学院“七彩人生”志愿服务队与广州市第十六中联合开展了一次非常有意义的亲子课程。这次的彩绘课，不仅增加了家长与孩子的互动，还让家长们通过孩子的作品去了解孩子内心真实的想法。

现场同学与家长们围绕“感恩”这一主题，以亲子合作形式共同完成作品。本次彩绘活动为中学生提供了对父母表达感恩的机会，也为家长提供了进一步了解孩子的机会，同时对志愿队成员来说也是一次非常好的社会实践尝试，加强了学院与社会的交流，展现了美术与设计学院学子的人文情怀和良好的精神风貌。

（美术与设计学院　学工办）

5月16日　广州大学游泳队在广东省大学生运动会夺首金

5月16日下午，广东省第十届大学生运动会游泳项目比赛在华南师范大学大学城校区游泳馆举行。经济与统计学院张裕君同学获女子甲组200米自由泳金牌，为广州大学夺得本届省大运会首枚金牌。

同时，人文学院麦子晴同学获得女子甲组100米蛙泳银牌，体育学院姚豪烨同学获乙A组女子乒乓球单打银牌。

本届省大运会我校共派出354名运动员参加甲组、乙A组、乙B组三大组别的田径、游泳等11个项目的角逐。篮球乙A组比赛将于5月24日在我校何世杰体育馆开赛。

（广大新闻网　徐晓盈　李振）

5月17日　人文学院第十一届师范技能大赛顺利举行

5月17日晚，人文学院第十一届师范技能大赛决赛于图书馆讲学厅顺利举行。出席本次大赛的老师有广州大学教学督导徐国荃、人文学院党委书记王琼等。

十位参赛选手被分为三组，依次进行模拟授课、情景问答和即兴演讲。三个环节过后，人文学院歌咏队的陈姿汶同学为观众带来歌曲表演，缓解了大赛紧张的气氛。接下来，人文学院文学系林晖老师为本次大赛致辞。经过激烈角逐，比赛结果如下：罗晓润与周志方获得一等奖，邹贤兰、张泽琳与张婉萍获得二等奖，黄晓华、赖思娜、钟晓燕、钟玉娇与刘秋榕获得三等奖，罗晓润获得最佳授课奖，张泽琳获得最佳教案奖。参赛选手们在技能大赛中树立了人文学子的师德模范，彰显了人文学子的授业风采。本次师范技能大赛活跃了校园专业技能学习氛围，为大学生提供展现自我的舞台。

至此，人文学院第十一届师范技能大赛决赛圆满落下帷幕。

（人文学院　新闻中心）

5月19日　广州大学红十字会人文学院分会宠之谷志愿活动顺利开展

近年来，关注流浪动物的人越来越多，各种收容流浪动物的机构和组织也如雨后春笋般出现。为关注与关爱流浪动物，5月19日，广州大学红十字会人文学院分会干事带领志愿者前往广州宠之谷救助

站，为关爱流浪动物贡献自己的一分力量。

活动中，志愿者秉承人道、博爱、奉献的红会精神，积极为动物打扫房舍，清洁它们的生活环境，陪它们玩耍，了解它们的故事。在活动过程中，志愿者还遇到一位年过六旬的婆婆，给救助站送来八只可爱的小狗。救助站的负责人表示，这位有爱心的婆婆自己也在收容流浪猫狗，这使志愿者们十分感动。志愿者和动物们度过了一段亲密的互动时光，随行干事用相机记录了这些温馨的画面。

至此，广州大学红十字会人文学院分会宠之谷志愿活动圆满结束。

（广州大学红十字会　人文学院分会）

5 月 20 日　广州大学 ERP 协会斩获省企业经营模拟沙盘大赛二等奖

2018 年“新道杯”企业经营模拟沙盘大赛广东省决赛于 5 月 20 日圆满结束。在本次大赛中，经过层层挑战与选拔，广州大学 ERP 学术交流协会在郭成老师的带领下，获得省赛二等奖的优异成绩！感谢郭成老师的辛勤指导与协会优秀成员的艰苦付出！

本次比赛有广州大学与深圳大学等全省 44 所本科高校、广东食品药品职业学院等 51 所高职院校的 475 名学生进行竞逐。在这场比赛中，协会成员们认真地对比赛市场进行了分析研讨，制订了多套经营方案，精益求精，以科学严谨的态度，不断进取、不畏艰难的精神，最终斩获奖项。

（广州大学 ERP 协会）

5月20日　工商管理学院举办“助残行动，你我参与”助残日活动

5月20日是全国助残日，工商管理学院青马班、青协联合金花街家庭服务中心，在邹婷老师的带领下齐聚金华文化广场，举办了一场以“助残行动，你我参与”为主题的助残日活动。此次活动旨在增加社区居民对特殊残障人士的理解，推动社区居民积极参与到关爱特殊残障人士的服务中。

5月20日，工商管理学院志愿者在将近一个多小时的路程之后，抵达了目的地——金花街道居委会。在工商管理学院青协会长介绍本次活动的目的和内容之后，工商管理学院负责人员对志愿者们进行了培训，包括学习手语和折纸、制作中国结等。

在经过短暂的培训以及场地布置之后，志愿者们正式上岗。青马班以及青协志愿者们坐在游戏摊位等待社区居民到来，负责宣传的小分队向往来的居民派发传单。

居民们需要在志愿者们的各个游戏摊位分别完成“制作中国结、折纸”“助残知识我最叻”“助残出行我知晓”“手忙脚乱”“手语体验”五个游戏，以此获得印花。

玩完游戏并获取印花的居民在分享区为爱心行动献上祝福并对本次活动进行了反馈。

（工商管理学院　学工办）

5 月 21 日　广州大学举行“广大朗读者”活动

5 月 21 日，第十五届校园文体艺术节之“广大朗读者”第二期活动在文新楼 501 教室如期举行。本期“广大朗读者”活动由广州大学公共管理学院团委学生会承办，特邀 2017 年国际潜水小姐中国区冠军、国际海洋环保推广大使何灏浩分享阅读心得。公共管理学院团委书记付艳以及来自不同学院的选手和观众参加了本次活动。

活动开始后，何灏浩从容自若地走上台，分享了她的心得感悟。她娓娓道来，细说自己在旅行中的感悟、在生活中的思考以及在职场上的经验。也许是因为她毕业于广州大学新闻系，面对台下那么多的同学，她很乐意把自己的故事讲述出来。台下不管是观众还是参加本期“广大朗读者”活动的参赛选手，都凝神聆听，时不时因何灏浩幽默的话语而会心一笑。互动环节中，观众和选手踊跃向何灏浩提问，或关于读书的体会，或关于职场的技巧，或关于那未知而美丽的海底世界。

参赛选手卢玲、黄文玲、钟金娴、黄晓琳、陈若丽、董转红、蔡成、袁元秋、陈香丽依次上台朗读自己最有感悟的一段。他们的声音抑扬顿挫，饱含深情。在这安静的课室里，他们给台下的观众带来了一次听觉之旅，而大家通过聆听，慢慢品味书中的内容。这次活动之后，无论是观众还是选手，都收获颇多。评委老师仔细记下每位选手的特点，时而点头表示赞同，给予台上选手充分的支持。

琅琅书声后，在活动的尾声，公共管理学院团委书记付艳分享了自己的阅读体会和对本次活动的感悟。她指出，学院十分支持此类学生活动，现进入新机遇、新挑战时期，学生更应该多参加校园活动，提高自身综合能力素质，响应学校培育高素质创新人才的号召。

（公共管理学院　学工办）

5月21日　工商管理学院召开习近平总书记在纪念马克思诞辰200周年大会上的讲话学习会

为了做好各党支部队伍的基层建设，加强理论学习，提高党性修养，5月21日晚上7点30分，工商管理学院各党支部的党员和入党积极分子在文新楼623教室开展了近两小时的关于习近平总书记在纪念马克思诞辰200周年大会上的讲话学习会。

首先，曾梅华老师主要围绕马克思的生平、马克思主义的国际影响、马克思主义中国化历程以及如何学习马克思主义四个方面展开介绍。

然后，李芬书记发表讲话。李书记紧紧围绕生活实际，从青年树立大志、刻苦钻研、真诚待人三个方面阐述了马克思的宝贵精神。她还引用了马克思《青年在选择职业的考虑》中的一段话，劝告学生要结合生活实际，树立远大志向，具备正确的价值取向，规范自身行为，不断提高自己，为周围的人、为社会作出自己的贡献。

随后是各个党支部代表对马克思及其思想进行介绍。学一党支部从现实出发，阐明学习马克思主义须学精、悟透、用好；学二党支部介绍了马克思的生平，阐述了马克思的一生都在曲折中追求真理，为解放人类而奋斗；学三党支部介绍了马克思主义的国际影响，并以各国马克思纪念活动阐明马克思在当今世界的持续影响力；学四党支部解读了马克思主义中国化的历程，强调了马克思主义的应用不能照搬照抄，要紧密结合国情。

最后在曾梅华老师的引领下，基于每个人对生活实际的不同见解，各个支部都派代表发表了对此次学习会的感受和看法。曾梅华老师最后还强调同学们作为一名党员或入党积极分子，要端正自己的思想，提高自身的党性修养，要具备为大家谋幸福、为更多人服务的大格局。

5月21日 人文学院举办学术研究方法与学术论文写作指导专题讲座

5月21日晚，人文学院学术研究方法与学术论文写作指导学术讲座于文新楼206教室顺利举办，此次讲座主讲人是人文学院文学系教师杨柳，出席本次讲座的老师是人文学院2016级辅导员陈楚敏。

杨柳老师将此次讲座分为基本常识与选题、文献选择与阅读、写作思路与语言以及基本规范与常见错误四个部分。他希望通过这些基础知识的讲解帮助同学们更好地写作学术论文。讲座开始时，杨柳老师为同学们解释学术论文写作中涉及的基础常识以及写作学术论文的目的。而针对学术论文的选题，他认为同学们要学会从具体的、刁钻的角度切入。另外，他提倡同学们好好地利用学术期刊，多看好论文，逐步培养自己的学术思维。

最后，他要求同学们在论文写作过程中多注重细节及与指导老师多沟通和交流。至此，本次人文学院学术研究方法与学术论文写作指导学术讲座圆满结束。

（人文学院　朱俏霞）

5月21日 广州大学第二届师生环校跑活动顺利开展

5月21日下午，广州大学隆重举办了第二届师生环校跑。学校党委书记屈哨兵、副书记张强，副校长孙延长、吴开俊和近两千名师生齐聚演艺中心A1广场，共赴这场体育盛宴。

优秀学生体育类社团带来热情的表演后，现场师生由体育学院专业健身教练带领，一同开展热身运动。屈哨兵书记鸣枪示意，环校跑正式拉开序幕。此

次环校跑以 A1 广场为起点，途经广州大学南门、电子信息楼、计算机楼、何世杰体育馆，最终回到起点，全程共计 3 000 米。活动预告一经推出便吸引大批教职工和学生踊跃报名，选手分别以个人、搭档等多种形式参赛，特为此次环校跑活动设计的纪念版 T 恤也广受师生好评。

广州大学积极响应党的十九大报告中提出的健康中国战略，大力提倡“每天锻炼一小时，快乐学习一整天”的生活理念，持续开展“三走”活动。自本学期 3 月以来，学校团委多次组织开展“三走”环校跑接力活动，共覆盖 24 个学院 2 万多名学生，这是广州大学体育传统最好的体现和诠释。

（校团委　校工会）

5 月 21 日　化学化工学院开展科研讲坛系列讲座

为配合化学化工学院“凌云工程”的开展以及拓宽同学们的科研视野，5 月 21—23 日，学院举办了科研讲坛系列活动，邀请学院具有丰富科研经验的三位老师为同学们带来了三场精彩的科技讲座。

化工系新引进的学科带头人彭峰教授给大家带来的是“‘碳’科学之美”主题讲座。他向同学们介绍了近年来世界科技界对碳的研究发展情况，从 C_{60} 到碳纳米管再到石墨烯，每一段“碳”历史的讲解，都诠释了“碳”结构中的美。彭教授的讲座围绕着“科学美”这一主题，介绍了科研中存在的“美景”，让科学研究也变得富有艺术性和趣味性。

食品系青年教师袁杨博士的讲座从科学的角度出发，让同学们正确认识肥胖及其危害，并给同学们提出了科学合理的减脂方法及膳食要求。爱美之心人皆有之，袁博士幽默风趣的语言和贴近生活的科学知识，受到了同学们的欢迎，也使大家受益匪浅。

学院新引进的国家优青人才韩冬雪教授的讲座通过介绍抗氧化和光电化学的理论知识，从如何有效减缓衰老，怎样判断、选择健康且性价比高的商品等方面给同学们提出建议。韩冬雪教授还和同学们分享了其科研团队所取得的成果，阐述了科学研究的目的和意义，以帮助同学们尽快找到感兴趣的科研方向。

本次科研讲坛活动吸引了学院248名学生参与其中，同学们对这顿“科技大餐”也深表满意。有参与活动的同学表示是冲着这些老师在科学研究上取得的成绩来听讲座的，他们的讲座确实为自己拓宽了视野，而最大的收获是认识到科研这条路看似枯燥、辛苦，但仍能发现其中的美。

（化学化工学院）

5月22日　公共管理学院“贯彻十九大，爱党荣校我争先”党团知识竞赛顺利举行

5月22日下午，公共管理学院“贯彻十九大，爱党荣校我争先”第五届党团知识竞赛在文清楼510教室开展。学院党建办主任谢玲，学工办辅导员刘志东和全体学生党员、入党积极分子出席了本次活动。

比赛伊始，主持人做开场致辞并介绍比赛规则。此次比赛由轮流作答、抢答、主观陈述三个环节组成，题型涉及单选题、多选题、判断题、填空题、问答题等多种形式。第一环节一开始，各个队伍便进入了如火如荼的答题状态，队员们准确精彩的回答赢得在场评委和观众的连连赞叹。经过一轮又一轮的激烈角逐，最终确定了比赛的三支优胜队伍，获得三等奖的是“16度”队，获得二等奖的是“只有我们”队，一等奖的桂冠被“布尔

什维克”队摘取。

谢玲老师首先表扬了组织本次活动的工作人员，并肯定了参赛同学的现场表现。同时，她指出现代社会是信息碎片化的社会，希望同学们能够利用碎片化的时间阅读更多的书籍。此外，刘志东老师也表示希望同学们能够关注更多的国内外时事，勇于表达自己的观点，不断拓宽视野。

本次党团知识竞赛不仅丰富了同学们的党团文化知识，激发了同学们的政治热情，还加强了同学们的思想政治教育，提升了同学们的政治素养，取得了良好效果。

（公共管理学院　学工办）

5月22日　物理与电子工程学院在广州大学“五四”表彰大会中喜获佳绩

5月22日晚上，广州大学2018年“五四”表彰大会在演艺中心隆重举行。物理与电子工程学院党委副书记李燕冰、团委书记王志杰代表学院出席本次大会，学院受表彰的集体和个人到会参与颁奖仪式。

在过去一年中，物理与电子工程学院以“心系青年，凝聚青年”为宗旨，立足保持和增强政治性、先进性、群众性，依照共青团“凝聚青年、服务大局、当好桥梁、从严治团”的工作格局，始终把握思想政治引领这一核心任务，坚持立德树人，服务学生成长成才，着力推进组织创新和工作创新，在学校和学院党委、校团委的正确领导和亲切关怀下，取得了累累硕果。本次大会上，物理与电子工程学院2017级物联网工程团支部获评国家级奖项“活力团支部”

（全校唯一）、物理与电子工程学院团委获评“广州市五四红旗团委”（全校唯一）、2017级物联网工程团支部获评“广州市五四团支部”（全校共3个，理工科唯一）、物理与电子工程学院团委获评“广州大学五四红旗团委”（全校7个）、物理与电子工程学院

获评广州大学优秀实践服务队、王志杰老师获评广州大学优秀团委书记（全校8个）、2015级物理学专业151班团支部获评广州大学先进团支部。

此次表彰大会取得的荣誉，是学校对物理与电子工程学院团委一年来各项工作的充分肯定和认可，是学院坚持全程育人、全员育人、全方位育人各项工作稳步推进、不断创新的成果，亦是全院师生携手共创、团结奋进的结果。物理与电子工程学院团委将继续凝聚青年加量，服务大局，当好桥梁，从严治团，做大家身边的共青团。

（物理与电子工程学院　学工办）

5月22日　旅游学院举办升研学生经验分享交流会

5月22日，旅游学院在文俊东楼501教室举办“我心飞翔，研途有你”升研学生经验分享交流会。2018年分别成功考进社科院、中山大学、香港浸会大学、美国纽约大学的升研代表王瑞婷、陈志斌、谢嘉琪、任思奋四位同学为参加活动的同学们带来了考研与申研的技巧和方法等经验。

考入社科院的王瑞婷同学告诉大家：“分享是一种感恩，因为考研这条路单枪匹马太难走，分享传承不只是技巧传授，更是精神传递。”在备考技巧上，她从科目与题型两方面进行分享交流。

考入中山大学的陈志斌同学有两年兵营生活经历。他通过引用数据的方式展示考研的人数逐年递增的现实和发展趋势。他给大家分享了“进入状态——自修室、番茄钟法”“如何学习——费曼技巧”“如何记忆——艾宾浩斯记忆曲线”“如何休息——间歇学习，定期娱乐”等经验及方法。

2018年考入香港浸会大学的谢嘉琪同学侧重分享申研的经验。她通过分享自己申研的定位、计划及复习历程，告诉同学们要学会针对自己的方向和兴趣选择专业和地区，坚持自己的热爱和方向，要有规划地按步骤阶段进行准备。

即将前往纽约大学进修的任思奋同学向在场的同学们分析了在面对学校与专

业的选择时所必须考虑的因素，例如学校的地理位置、学校的权威排名及个人对未来的规划等。她认为，“鱼与熊掌不可兼得”，既然选择考研或申研，就要有所取舍，在有限的时间与精力里做最有价值的事情；也要懂得审视自己，适当适时放弃有些不利于自身发展的计划或决定。

主题分享结束后是热烈的交流互动环节。同学们积极向升研学生请教各种疑问。此次升研学生经验分享交流会大大提升了同学们考研的热情和信心。

（旅游学院　刘兆欢　许瑞文）

5月22日　人文学院举办《厉害了，我的国》观影分享会

5月22日晚，人文学院心理卫生协会在B8“心情驿站”举办了《厉害了，我的国》电影分享会。协会指导老师吕延明、人文学院2016级辅导员陈楚敏与人文学院学生以及B8舍区学生一起观影。

分享会上，大家全神贯注地观赏电影，并在电影播放结束后纷纷发表自己的感言，或感祖国多年之变，立鸿鹄之志；或感祖国茵茵之绿意，慨环境勃勃之生机；又或是赞叹祖国风华正茂，有青年才子，有未来曙光。在聆听部分同学发表的感想后，其余观众也纷纷陷入深思并参与到激烈的讨论中。

飞机操作杆凝华夏之技术、FAST天眼聚国人之才智、闽宁脱贫现人文之关怀。寥寥的荒野，蓬勃的生命是祖国维护地球母亲茵茵绿意的微毫之举。人才在流动、技术在发展、血液在迸发、祖国在进步。中华儿女，肩负重任，继往开来，任重道远。

希望学生能更深刻了解祖国近年来取得的辉煌，以及祖国的飞速发展变化，立下“今日我以祖国为自豪，明日祖国以我为骄傲”的雄心壮志。

（人文学院　心理卫生协会）

5 月 22 日　人文学院举办第六届心理知识竞赛

人文学院心理卫生协会第六届心理知识竞赛于 5 月 22 日在文清楼 710 教室顺利举行。出席本次心理知识竞赛活动的嘉宾有人文学院党委副书记刘军军，协会指导老师吕延明和韩宝玉。本次心理知识竞赛活动主要通过心理知识笔试、情景分析和车轮战等环节，普及心理健康知识，关爱大学生心理健康。

在情景分析环节中，参赛选手根据屏幕播出的情景和问题作答。前三名的参赛小组可以上台就自己的理解回答问题并且获得额外的加分，竞争格外激烈。

在车轮战环节中，参赛选手轮流答题，一共有三次答题机会，答对加分，答错不加分不扣分。在这一轮比赛中，参赛选手们绞尽脑汁，努力让自己的队伍战到最后。经过三轮比拼，最终有三组战队夺得前三名。比赛结束后，嘉宾老师上台就此次活动作出总结，并就这次活动给出了建议，指出了应该改进的方面。

本次心理知识竞赛活动秉持广泛宣传心理知识、保护大学生心理健康的理念。在同学们的积极参与和工作人员的辛苦付出中，第六届心理知识竞赛圆满落幕。希望广大学生能多关注一点心理健康方面的知识，促进自身发展。

（人文学院　心理卫生协会）

5 月 22 日　广州大学 2018 年“五四”表彰大会暨“同唱一首歌”第四届学生校歌合唱比赛隆重举行

5 月 22 日晚，我校 2018 年“五四”表彰大会暨“同唱一首歌”第四届学生校歌合唱比赛于演艺中心隆重举行。广州大学党委书记屈哨兵、校长魏明

海、党委副书记张强、副校长孙延明、副校长郭兴蓬、副校长吴开俊、纪委书记刘晋生，相关机关部处及各学院领导、老师、学生代表近 700 人参加表彰大会并观赏精彩演出。

表彰大会上，屈哨兵书记在讲话中向青年提出三点希望：一是希望青年团员坚定理想信念，永葆蓬勃向上之朝气；二是希望青年团员练就过硬本领，永存勤学善思之才气；三是希望青年团员勇担历史使命，永持砥砺奋进之志气，并鼓励青年学子勇做实干者、奋斗者、开拓者，以永不懈怠的精神状态和一往无前的奋斗姿态，勇敢追梦圆梦。党委副书记张强宣读表彰决定，分别表彰全国、省、市、校级优秀集体和个人，有近 120 个集体和 1 700 名个人接受表彰。近年来，学校共青团累计获市级以上奖励近 200 项，受表彰多达 1 000 余人次，各项工作走在全省高校共青团前列。

表彰结束后，晋级决赛的 9 支学生校歌合唱队伍依次上台角逐，音乐与舞蹈学院队伍压轴表演。参赛队伍以学院为单位，分别演唱指定曲目《广州大学校歌》和一首自选曲目。

各学院队伍歌声激昂，唱出了心中的阳光，跳出了脚下的力量，《西风》《雪花的快乐》《我爱你中国》等曲目赢得在场观众阵阵掌声。

最终，音乐与舞蹈学院以其出色的节目编排和震撼的舞台表现，荣获最佳表演奖，美术与设计学院荣获一等奖，建筑与城市规划学院、教育学院、经济与统计学院荣获二等奖，外国语学院、法学院、工商管理学院、研究生学院、新闻与传播学院荣获三等奖。

5 月，是对青年奋发进取的礼赞，更是对青年重任在肩的期许。全校师生一同传唱校歌，传递爱校荣校的精神力量，既展现了我校青年学子良好的青春风采，同时又是对我校艺术底色的最好体现和诠释。

（学生处　黄梓滢）

5月22日　第五届广州大学足球超级联赛开幕

广州大学足球超级联赛从2012年开始举办，赛事底蕴深厚，是广州大学最具代表性的足球比赛。5月22日，第五届广州大学足球超级联赛在北区田径场开幕。出席本次开幕式的领导嘉宾有广州大学副校长郭兴蓬，校体委秘书长、体育学院院长刘学谦，体育学院党委书记何蕴华，体育学院副院长周二三，学生体育活动中心主任、体育学院副院长祝振军，学生体育活动中心副主任、教务处副处长李卓勇，裁判长杨大轩。

工商管理学院足球队对阵土木工程学院足球队的揭幕战为第五届广州大学足球超级联赛拉开了序幕。

本次开幕式活动负责人、广州大学球迷协会会长刘逸瑜表示，本届超级联赛经过长时间的策划，在完成前期报名工作以及赛程赛制的安排后，举行了此次开幕式。比赛采取联赛制，根据积分进行排名和晋级。

开幕式后，学生体育活动中心主任、体育学院副院长祝振军在采访中表示，学校通过改善场地设施、创造比赛条件等方式，让同学们可以更好地感受到学校浓厚的运动氛围，提高同学们的运动热情。学校的重视以及学生们对于足球的热情，让更多同学融入足球运动中，落实了广州大学“爱体育”的人才培养方针。

最后，无论是作为在绿茵上挥洒汗水的运动员，还是在观众席上呐喊助威的观众，希望同学们都能够积极参与到接下来的精彩赛事中，感受体育活动带给我们的乐趣。

（球迷协会　吴上清　陈力嘉）

5月23日　学生摄影和美术作品精彩展出

为贯彻落实学校高水平大学建设人才培养专题工作会议精神，培养更多懂艺

术的当代大学生，近日，我校“广韵万象——人文关怀在岭南”学生优秀摄影作品展和美术与设计学院2018届本科毕业生作品展分别在图书馆二楼和演艺中心举行，数百幅优秀摄影和美术作品充分展现了我校学生良好的艺术素养。

在“广韵万象——人文关怀在岭南”系列摄影比赛中，学生以人文纪实为主线，突出人文关怀在岭南的文化现象，充分展示了当代大学生的艺术追求和家国情怀。大赛作品主题分为人文、城乡景观和民俗三类。其中作品《糖画》聚焦了一位手工艺人的糖画制作过程，老人满布皱纹的手握着汤勺，流露出他对传统手艺的坚守；《夜愿》展示了广州塔下万家灯火的生活缩影，强烈的对比中蕴含着大都市下慢生活的人文情怀；《古港集市》把镜头定格在一位街角卖菜的老妇身上，城乡发展中农民对自然的执着悄然溢出了画面。

美术与设计学院2018届本科毕业生的作品则涵盖了从美术到设计的诸多门类，以及从平面到影像，从二维到三维的多元艺术表现形式和手段。琳琅满目的作品凝聚了教师和学生的辛勤汗水，也蕴含了年轻人的敏感和灵性。《广州南海神庙民俗典故立体绘本设计》以南海神庙建筑与民间传说典故为基础，通过裁切、折叠等方法完成书籍的立体形态制作，强调对形态造型、书籍装订、材质印刷的创新思维体现，旨在传达对岭南文化的传承与推广。

（校园网　林翊民　李振）

5月23日　广州市属高校大学生第七届“中华经典诵读”知识竞赛在广州大学举行

5月23日，由广州市教育局主办、广州大学承办的广州市属高校大学生第七届“中华经典诵读”知识竞赛在广州大学举行。广州大学、广州医科大学以及广州城市职业学院等10所广州市属高校组织队伍参赛。

广州大学党委书记屈哨兵、广州大学副校长于欣伟、广州市教育局宣传

交流处调研员王明金出席比赛活动。屈哨兵书记在致辞中首先回顾了广州大学和广州市属高校大学生“中华经典诵读”活动的发展历程，指出“中华经典诵读”知识竞赛的开展能有效促进大学生“读经典、用经典”，进一步提升大学生的阅读素养和人文素养，坚定文化自信，有助于当前更好地贯彻落实与践行习近平总书记在党的十九大报告中提及的创造性转化、创新性发展中华优秀传统文化的精神。屈书记最后希望大学生能在老师的指导下，读更好的书，走更远的路，更深层次地加强“经典”学习，弘扬和传承中华优秀传统文化。

本次知识竞赛设诵读题、表演题、必答题、抢答题四种题型，内容涉及古诗、词、曲、赋、古文等方面。比赛设团体奖、最佳选手奖和最佳组织奖，团体奖分为一等奖 1 名、二等奖 4 名、三等奖 5 名、最佳选手奖 2 名、最佳组织奖 3 名。经过激烈角逐，广州大学代表队获得团体一等奖，广州番禺职业技术学院、广州城市职业学院、广州体育职业技术学院和广州医科大学代表队获团体二等奖，广州卫生职业技术学院、广州工程技术职业学院、广州市广播电视大学、广州铁路职业技术学院和广州科技贸易职业学院代表队获团体三等奖；获得组织奖的代表队为广州医科大学、广州城市职业学院和广州市广播电视大学代表队；最佳选手奖的获得者为广州大学代表队的曹沁楠和广州番禺职业技术学院代表队的曾若林两位同学。

“中华经典诵读”知识竞赛活动最初由广州大学图书馆于 2012 年发起，因活动取得了较好成绩，社会反响较大，从第三届起，竞赛活动改由广州市教育局主办，广州大学承办，每年“世界读书日”期间举办，至目前已成功开展了七届，影响了 20 多万大学生。

举办广州市属高校大学生“中华经典诵读”知识竞赛，旨在通过大学生对经典文化的诵读、展演，大力弘扬中华优秀传统文化和传统民俗文化，引导学生爱经典、读经典，借此不断提升他们的审美情趣和文学修养，进一步培育和践行社会主义核心价值观。

（图书馆　吴上清　杨运）

5月24日　广州大学第十五届校园辩论赛圆满落幕

5月24日，以“展理性睿智　铸智慧人生”为主题的广州大学第十五届校园辩论赛决赛在图书馆副楼五楼报告厅举行。比赛特邀资深专家与辩手担任评审，相关部处、学院领导、老师和学生代表400余人出席观赛。

经过前期小组赛、八强赛、半决赛，工商管理学院和土木工程学院突出重围争夺冠军。双方围绕“对世界的认识越深，越像世界的宠儿还是越像世界的孤儿”同台激辩。陈咸瑜老师在点评中表示要将辩题上升到哲学层面，最终讨论知识与自由的关系。吴小强老师在点评中表示，双方需进一步深入发掘辩题内涵。经过两个小时的智慧交锋，正方土木工程学院获得本届校园辩论赛冠军，反方工商管理学院获亚军。正方四辩夏星宇获最佳辩手称号。

此次辩论赛于3月全面启动，历时近3个月，24个学院300多名辩手分别进行了33场对弈，现场观看人数多达3 000余人。比赛首次采用公开征集辩题、全民票选冠军赛辩题的方式，吸引了上万人通过线上关注，营造了良好的学习文化氛围。

（广州大学　校团委）

5月24日　广州大学第七届篮球联赛暨第十二届校园篮球赛顺利举行

5月24日下午，由共青团广州大学委员会、广州大学工会、广州大学学生体育活动中心主办，广州大学学生会、广州大学体育学院承办的广州大学文体艺术节之第七届篮球联赛暨第十二届校园篮球赛男子甲组总决赛在何世杰体育馆举行。

学生体育活动中心主任兼体育学院副院长祝振军，团委副书记周臻、林焕清莅临指导。

本届比赛历时近两个月，来自学校各单位54支球队（其中教工6支队、学生48支队）中的近千名运动员，进行了123场激烈角逐。最终由体育学院篮球队和公管高水平篮球队两支队伍争夺男子甲组竞赛总冠军。

经过长达1个多小时的鏖战，本届校园篮球赛终于落下了帷幕。公管高水平篮球队以五分的领先优势夺得桂冠，再续辉煌，体育学院篮球队获得亚军。两支球队都发挥出了高超的水平，为我们呈现了一场精彩绝伦的比赛。

道德风尚奖方面，学生男子组奖项获得者是土木工程学院等，学生女子组奖项获得者是美术与设计学院等，教工组奖项获得者是体育学院。

在全体运动员、教练员、裁判员及工作人员的共同努力下，我校第七届篮球联赛暨第十二届校园篮球赛圆满结束。

（学生处　刘加勋　彭名益）

5月25日　教育学院举办课堂教学技能大赛

5月25日晚，教育学院成功举办第十二届课堂教学技能大赛的决赛。本次比赛由刘百里老师、张东老师、梁斌老师以及余胜美老师担任评委，教育学院党委副书记陈宇红和蔡冰老师以特邀嘉宾的身份出席。

本次比赛选手共六位，比赛内容包括说课授课、评委提问和教案审查三大部分。

本次比赛进展顺利，六位选手依次展示模拟教学过程。在说课方面，选手针对整个教学流程中的一些重点进行了解析，有条理地完成了课程总纲的展示；在授课方面，选手以自己的方式，与学生扮演者一同给评委和观众展示了一堂生动的小课程，赢得评委老师以及现场观众一波波热烈的掌声。在评委提

问环节中，评委老师们分别对选手的教学内容设计作出评价，提出了改进的建议。选手们认真聆听，虚心接受。六位选手展示完毕后，张东老师对整场比赛进行总结。

本次比赛通过选手模拟授课的形式，旨在加强师范生教育工作管理队伍建设，促进师范生专业化发展水平，全面提高师范生的素质修养，探索教师在教育指导学生过程中可行的新方法和新途径。

本次比赛不仅提高了学生的教学能力、增强了学生的自信心，还为学生提供了展现自我风采和优点的舞台。选手和观众都在这次比赛中获益良多。

（教育学院　学工办）

5 月 25 日　工商管理学院四个创业团队参加“挑战杯”全国大学生创业计划竞赛省赛

5 月 25—27 日，工商管理学院的四个创业团队在经过院赛和校赛层层选拔后，代表学校参加“挑战杯”全国大学生创业计划竞赛省赛。

省赛期间，学院党委副书记甘健强、团委副书记邹婷，项目指导老师朱慧、李睿贤等亲临现场，与参赛团队进行了深入交流，并针对参赛过程中的环节提出建设性的建议，鼓励他们在比赛中要沉着自信，为工商管理学院“挑战杯”历史再度谱写辉煌篇章。

学院向来重视对学生创新意识的培养。在工商管理学院师生的共同努力之下，同学们在历届“挑战杯”都取得了优异的成绩。

“挑战杯”创业计划竞赛的省赛已经落下帷幕，但是工商管理学院学生积极探索，开拓创新的道路还在继续。希望工商管理学院师生立足于已取得的成果，秉承广州大学“博学笃行，与时俱进”的校训，在全国大学生创新创业的比赛中步履不停，为广州大学建设高水平双一流大学贡献力量。

（工商管理学院　新媒体中心）

“挑战杯”获奖团队

奖项	项目名称	项目负责人	队员	指导老师
银奖	3T 新学院创业计划	肖广德	林素娜、林鸿锐、蔡美琪、杨华宜、胡鹏辉、范睿娟、翁映华、刘家烨、梁婉仪	李睿贤、莫寰
银奖	鸿鹄汉语网络科技公司创业计划	曾伊琳	彭冠华、曹嘉琪、岑汶芪、卢少杏、陈炫彦、李惠娴、陈嘉怡	詹茜
银奖	日晞研学项目计划	叶梓雯	王晓蓝、李景安、郑汶珠、许安平、张室生、姚铭昕、吴浩文、李子扬、	朱慧、邬文帅

5 月 26 日　美术与设计学院赴四川大学访学

5 月 26 日，美术与设计学院赴四川大学开展为期一周的访学活动。在访学的过程中，我院学子步入宽敞明亮的四川大学美术馆，参观四川大学优秀毕业设计展览。展馆内陈列了四川大学艺术学院各专业学生的优秀毕业创作，最令我院学子印象深刻的是视觉传达设计专业的一件毕业设计：一组书籍设计作品命名为“小雨的一天”，讲述了一个脑瘫儿童跟他家庭的日常生活，旨在引发观者对社会特殊人群的关注。整组书籍设计细节考究，运用镂空、插页等手法，结合灵动的排版、特殊材料，让故事的叙述非常有感染力。好的设计，不管是何种题材和表现形式，一定是触动人心、具有感染力和思想深度的作品。

此外，我院学子还参观了成都当代美术馆，它的宗旨是：展示国内外当代艺术；持续收藏中国不同时期的当代艺术；为中外学者提供直接和深入研究中国当代艺术的机会和条件；为成都市民提供参观当代艺术、接受艺术教育的空间；通过学术研究和高端展示推动成都地区当代艺术的繁荣与发展。此次参观成都当代美术馆给我院学子留下了深刻的印象，收获颇丰。

七日成都，流连忘返。盼有机会回头细品，望有机会再来求学。四川大学的访学之旅实在让人感触良多，受益颇丰。学校为适应广州城市发展需要，拓宽学生的国际化视野，吸收国内外名校的先进教育理念，不断加大这方面的投入，给予学生很多外出学习和交流的机会。

（美术与设计学院　学工办）

5月27日　旅游学院召开2018届毕业生专题工作会暨教育大会

5月27日下午，旅游学院在文新楼206教室召开2018届毕业生专题工作会暨教育大会。本次会议主要内容为毕业生安全防范教育、爱校荣校、文明离校等。学院党委副书记刘绍东出席会议并作教育讲话，辅导员陈志明主持会议。

会议的第一项议程是详细说明2018届毕业生就业派遣相关手续办理、毕业季学生安全教育和管理要求、参加学校毕业典礼暨授位仪式、毕业照工作安排等。

在此过程中，陈志明老师为同学们解惑答疑，强调毕业生要有强烈的意识和高度的责任感，要以优秀的表现和高效的执行力，按照学校各项工作的要求，完成好毕业相关工作和手续，让文明离校成为毕业生爱校荣校的一种优秀传统。

会议的第二项议程是学院党委副书记刘绍东发表讲话，他充分肯定了2018届毕业生四年来取得的优良成绩和为学校学院取得的诸多荣誉。他强调，毕业生安全教育重于泰山，必须严抓毕业生在毕业季期间的安全防范工作。同时，他对毕业生提出了殷切的期望："所有的毕业生们要持续不断充实和提升自己的核心竞争力，积极展示广州大学毕业生的优良精神面貌和积极向上的风采！"

会议最后环节，陈志明老师对学生党员、学生干部一直尽心尽力工作与付出表示感谢，希望学生党员、学生干部继续站好岗位，为学院2018届毕业生工作顺利、更好地开展做好坚强后盾。现场全体毕业生以热烈的掌声表达了对一直默默付出的师生团队们的衷心感谢！

（旅游学院　周磊　陈志明）

5月27日　广州大学6项作品获“创青春”广东大学生创业大赛金奖

5月25—27日，2018年“创青春”广东大学生创业大赛终审决赛在华南理工大学举行。广州大学党委副书记张强及部分学院领导、老师、各项目指导老师亲临现场指导学生参赛。广州大学以18项作品获奖、总分全省第三的成绩创下我校参加“创青春”省赛的历史最好成绩。

此次大赛，广州大学共有6项作品喜获金奖，金奖数创下历史之最，获奖项目分别为创业计划竞赛项目《美丽乡村规划设计工作坊创业计划书》《智能骑行健身系统创业计划书》《慧玩科技有限公司创业计划书》《广州腾云智能装备有限公司创业计划书》；创业实践赛项目《广州毛毛虫网络科技有限公司》；公益创业赛项目《三只虫草援藏助学项目》。

自开赛以来，广州大学共收到121份项目申报书，全部立项并结题。经过层层选拔，最终报送19件作品。在终审决赛中，百余名相关领域的专家学者、企业家和3 000余名师生相聚校园，在思想碰撞中，在校园与市场的实践互动间，展现出越来越多的创新元素。

（校团委）

5月27日　教育学院在“创青春”创业大赛省赛取得佳绩

5月25—27日，2018年“创青春”广东大学生创业大赛终审决赛在华南理工大学举行。

在本次大赛中，教育学院共获得银奖1项、铜奖1项。创业实践赛银奖：《广州书林熊网络科技有限公司》，指导老师张延平、詹茜，团队成员为莫济焱、罗子凤、叶心弦等10人；公益创业赛铜奖：《童叟公益——老人院牵手幼儿园计划》，指导老师余胜美、马大卫，团队成员为陆婉莹、夏雨璇、王芳颖、张兢、张陶然、陈文钗。

“创青春”创业大赛为每个普通大学生提供了白手起家筑造梦想的机会，让梦想实现成为可能，希望同学们在参与比赛的过程中磨炼意志品质，成为优秀的大学生。

（教育学院　学工办）

5月28日　广州大学举办第二届学生趣味运动会

5月28日，广州大学第二届学生趣味运动会在大学城校区北区田径场顺利开展。本次活动由广州大学体育运动委员会、青少年体育活动中心和学生工作部（处）主办，由学生资助管理中心、体育学院团委学生会及B25“五室一站”社区办等承办。活动在于贯彻学校“德才兼备、家国情怀、视野开阔，爱体育、懂艺术，能力发展性强”的人才培养目标，营造良好的体育锻炼氛围，引导我校青年学生积极主动走出宿舍、走向操场，凝聚团队实力，享受运动乐趣，不断提升身体素质，促进身心健康发展。

体育学院副院长周二三、学生资助管理中心老师陈月文、体育学院群体竞赛管理中心主任周坚等出席了开幕式并观看比赛。机械与电气工程学院的陈伯川同学代表全体运动员宣誓，体育学院的谭伦球同学代表全体裁判员宣誓。18

个学院代表队500多名学生参加了比赛。

趣味运动会分上午和下午两场，设置了“八戒抢亲”“快乐传递”“彩虹奔月”“同舟共济”“一举成名”“开心麻花”“并肩同行”“飞龙特工”及激光枪射击九个团体项目，比赛的过程既充满挑战性，又趣味性十足。

尽管烈日炎炎，同学们仍然兴致勃勃，参赛选手团结协作、配合默契、顽强拼搏，充分享受着趣味运动的挑战和乐趣，汗水顺着脸颊流下，笑容却始终挂在脸上。下午场的比赛过程中虽然下起了瓢泼大雨，但也没有浇灭同学们的兴致，助威声、笑声、掌声此起彼伏。

经过紧张激烈的比赛，研究生院、环境科学与工程学院以及机械与电气工程学院等代表队荣获一等奖，建筑与城市规划学院、物理与电子工程学院、数学与信息科学学院、生命科学学院以及土木工程学院5个代表队荣获二等奖，法学院、公共管理学院、化学化工学院、地理科学学院、计算机科学与网络工程学院、教育学院、外国语学院以及新闻与传播学院8个代表队获得三等奖。

活动结束后，有学生表示：学校举办趣味运动会，别开生面、趣味十足，让同学们克服害羞，体验到团结协作的重要性，并从中感受到运动带来的快乐。

（学生处　葛泽胜）

5月29日　化学化工学院举办入党积极分子党课

5月29日下午，化学化工学院第十三期入党积极分子党课第五讲在文清楼120教室进行。学院党委副书记谭启亮以“端正入党动机”为主题，深刻解析了在新时代背景下如何成为一名共产党员。

谭副书记从“什么是入党动机”“端正入党动机的意义”“如何树立正确的入党动机”三个方面展开阐述，强调了正确的入党动机是在思想上承认党的纲领和章程，并在行动上努力实践，积极投身于社会主义建设的事业中，并以此告诫入党积极分子，只有端正入党动机，才能经受住党组织的考验，才能处处起模范带头作用，才能忠诚于共产主义事业。为加深理解，谭副书记还以钱学森、孔繁森、焦裕禄为例，用他们的生平经历讲述了端正入党动机的意义。

谭副书记还带领同学们回顾了党的十九大的奋斗成果，提出在新时代背景下，入党积极分子如何树立正确的入党动机，成为一名合格的共产党员。他希望同学们能坚定理想信念，奋力拼搏，努力学习和工作，自觉接受党组织的考察和教育，以实际行动争取早日入党。

通过此次党课，同学们深受鼓舞，更加深刻地了解到要想成为一名共产党员，不仅要在组织上入党，更要在思想上入党，要坚定实现共产主义理想的信念，在实践中不断提高思想觉悟，端正入党动机，向优秀的党组织靠拢。

（化学化工学院　学工办）

5 月 30 日　数学与信息科学学院举行“一树一花”毕业晚会

5 月 30 日，数学与信息科学学院“一树一花”毕业晚会于何世杰体育馆隆重举行。出席的嘉宾有数学与信息科学学院院长曹道民，党委书记黄志凯，党委副书记孙凌，学工办张昭老师、胡啟岚老师、陈婷老师、何燕惠老师。

数学与信息科学学院舞队的舞蹈《I Should Keep You》正式拉开了毕业晚会的帷幕。随后曹道民院长上台讲话，为毕业生献上寄语，希望毕业了的孩子们常回家看看。一份寄语，是留念，也是祝福。一场毕业晚会，是心血，也是对所有毕业学子的深深祝愿。钢琴古筝合奏《青花瓷》，具有中西合璧的韵味，琴声与筝音交融如清雨，使人仿佛置身其中；歌曲《独家记忆》，唱出了毕业生这四年心中终生难忘的记忆；孙凌老师朗诵伴着合唱《送别》，一声同学，一声关切；班级节目歌曲《Friends》，劲歌热舞，处处洋溢着青春的魅力和风采；学院乐队表演的《与你最后的夏天》，不只是伤感，更是希望。任时光荏苒，我们的记忆不会褪去。

祝数学与信息科学学院毕业生毕业快乐，愿你们前似锦。

（数学与信息科学学院　尹嘉琪　肖宇）

5月31日　化学化工学院深入学习贯彻习近平总书记在纪念马克思诞辰200周年大会上的重要讲话精神

5月31日中午，化学化工学院化学系本科生党支部开展以“深入学习贯彻习近平总书记在纪念马克思诞辰200周年大会上的重要讲话精神”为主题的组织生活会，学院副院长蔡卫权及支部全体党员参加本次学习汇报。

首先，党员同志们通过观看关于纪念马克思诞辰200周年纪录视频，直观了解习近平总书记对马克思的高度评价，同时，李老师详细地介绍了马克思在困境中精益求精的治学精神以及两大主要成就：创立马克思主义学说和为共产主义者同盟起草纲领——《共产党宣言》，带领党员同志走进马克思年代，深入了解马克思艰难和伟大的一生。

随后，党员同志们从不同的角度分享了学习心得。黄嘉容同志简述了马克思主义思想对我国的影响以及她眼中的马克思主义；郭晓璇同志则概述了马克思主义关于人与自然的关系，并通过列举“绿岛计划”和“西藏支教”来说明大学生在生态文明建设中所起的作用；陈安娜同志从国家层面和群众层面分享了对人民民主的看法；潘秋任同志就“世界历史”发表了看法：只有学习和实践马克思主义关于世界历史的思想，才能正确认识到现在世界处于全球化的大势，正确认识国家与国家之间的关系，正确认识中美贸易战的问题；邹莹同志就作为一名学生党员和学生干部如何更切实地学习马克思主义进行发言，她认为当好学生干部要深入了解学生所需，做好服务和引领，提高活动质量，将辩证唯物主义和历史唯物主义运用到思想引领和学生权益工作中，全心全意为同学服务。

最后，蔡卫权副院长作总结发言。他指出，马列主义是思想基础，也是不忘初心的一种体现，开展学习马克思主义的学习分享会能够唤起信仰，这也是非常重要的一点。同时，他指出这样的学习分享会立意很好，能够让老师、学生党员都获益匪浅。

（化学化工学院　化学系本科生党支部）

5月31日 物理与电子工程学院召开2018届贷款毕业生会议

5月31日晚，物理与电子工程学院召开2018届贷款毕业生会议。本次会议由物理与电子工程学院负责资助工作的黄毓婵老师主持，学院12名贷款毕业生参加。会议旨在加深毕业生对还款知识的了解，加强贷款毕业生诚信教育，督促其按时还款，并掌握贷款毕业生的就业去向及联络方式。

会议主要内容包括：第一，国家助学贷款的相关政策和基本知识；第二，学生在线服务系统、支付宝的操作；第三，提前还款和贷款展期办理流程；第四，贷款诚信教育。黄老师强调了贷款学生严格履行还款义务的重要性，并与毕业生确定毕业后固定联系人和本人联系方式。讲解结束后，所有与会贷款毕业生现场填写《还款确认书》、签名和按手印，并现场完成“学生在线服务系统”中的个人信息变更以及毕业确认申请。

本次会议的召开，不仅使贷款毕业生进一步了解国家助学贷款的政策及还款知识，了解不按期履行合同约定还款义务可能产生的严重后果，而且帮助学生牢固树立诚信还贷观念，有助于学生将诚信内化于心，外化于行。

（物理与电子工程学院 学工办）

我们的大学

June　六月

6月1日　生命科学学院赴北京大学开展“第二校园访学”

6月1日，生命科学学院赴北京大学开展“第二校园访学”。上午，访学团分为两组分别去听了胡家志老师的免疫学和陈晓伟老师的生物化学课程。胡家志老师这节课讲授的是肿瘤免疫，他由浅入深地从肿瘤的定义、分类、发生部位开始讲起，又讲述了肿瘤发生的机制，免疫系统如何帮助我们克服癌症，并对肿瘤的免疫治疗以及20世纪以来人类在肿瘤免疫领域取得的成就等多方面进行介绍，让大家对肿瘤免疫学有了基本了解。陈晓伟老师则通过全英教学，讲解了脂质的生物合成的主要途径。

中午吃过午餐，访学团在金光生命科学学院楼集合，怀着激动的心情听了知名专家 Caroline Dean 教授所作的 Epigenetic Switching and Antisense Transcription 学术报告，了解了拟南芥开花和春化作用自然变异的 FLC 调控机理，开阔了自身的科学视野。

紧接着访学团有幸参与了北京大学生命科学学院第六届优秀毕业生“沈同奖学金”答辩评审会，12名优秀的北大生科院毕业生对他们四年的充实经历和感悟进行了回顾。听完12位优秀的北大师兄师姐的分享，访学团的同学们都收获颇丰。

以梦为马生科路，不忘初心踏歌行，北大的优秀学子是我们的榜样。人生路很长，在人生的马拉松上，我们要找到自己的节奏与方向，并顽强地朝着自己的目标前进，好好抓住身边可以利用的资源，机会总是留给有准备的人。

利用晚餐时间，访学团与北大生命科学学院团委、学生会成员组成的交流小组就学生工作方面进行了简单的交流。同学们相互介绍本学校的特色活动，互通有无，相互借鉴。

（生命科学学院　焦加艺）

6月1日　广州大学学生再次当选广东省学生联合会执行主席

6月，共青团广东省委员会联合广东省学生联合会公布2018—2019年度广东省学生联合会执行主席名单，广州大学2015级学生梁铭升成功当选，任期一年。这是广州大学连续三年推荐学生成功当选省学联执行主席。

广东省学生联合会实行驻会执行主席制度，每年从全省高校选拔6名优秀学生干部，经高校推荐、省学联选拔和考察，并报团省委党组审议通过后发文任命。梁铭升同学在省学联笔试、面试中脱颖而出，并通过试用期考察顺利当选。

梁铭升为广州大学建筑与城市规划学院2015级学生，历任广州大学学生会副主席等多个职位，是广州大学学生干部的优秀代表。该同学在校期间多次获得奖学金，赴云南腾冲等地参与社会实践活动，曾获广东省优秀共青团员等多项荣誉称号。

近年来，广州大学高度重视学生干部队伍建设。学校团委大力实施青马工程，在校级层面成功开设七期青马班的基础上，全面推行二级学院和社团青马班，有效建立健全团学各级学生骨干人才培养机制，取得了良好收效。

（校团委）

6月1日　公共管理学院2018年表彰大会暨“锦瑟年华　毕生公映”2014级毕业晚会圆满结束

为表彰公共管理学院2017—2018学年学生先进集体和个人，欢送2014级本科毕业生，6月1日晚，公共管理学院在演艺中心举办了2018年表彰大会暨“锦瑟年华　毕生公映”2014级毕业晚会。出席此次大会的领导和老师有公共管理学院院长陈潭、学院党委书记刘雪明、副院长谢建社、副院长王枫云、学院党委副书记何瑞豪以及学院各系各办教师代表。

表彰大会伊始，何瑞豪副书记宣读“五四”表彰决定，陈潭院长、刘雪明书记、王枫云副院长、谢建社副院长等分别为受表彰的学生代表颁奖。随后，刘雪明书记为大会致辞，他充分肯定了在过去一年里，学院对良好院风学风的推进以及各类优秀校园文化活动的开展，并鼓励受表彰的先进集体与个人要再接再厉，勇创佳绩。

接着，王文巧同学与李梦田同学分别作为受表彰代表和毕业生代表发言。王文巧呼吁同学们要培养“海绵精神”，在四年的学习生活中不断积淀专业素养以及积累学生干部工作经验，成为优秀的未来之才；而李梦田则与2014级其他毕业生代表以常青树赠礼母院，祝盼“公管常青，桃李天下”。在发言中，他动情地表达了对母校的眷恋，并希望2014级毕业生不忘师恩，常回家看看。

在陈潭院长致开幕辞后，“锦瑟年华　毕生公映”2014级毕业晚会华丽开幕。其中，4AM舞队带来的舞蹈《Light It Up》和歌唱队、模特队带来的节目《Vivid》燃爆全场，引起阵阵叫好；话剧社的话剧《朋友》不仅勾起了同学们对过往生活的回忆，也让同学们深入思考友情的真正含义；朗诵节目《致中国青年》以铿锵有力的气势和充沛饱满的感情，寄语中国青年牢记使命，不忘初心。

毕业晚会高潮迭起，行政管理171班全体同学所带来的大合唱《广州大学校歌+青春战线联盟》令在场的所有同学热泪盈眶；而由大四歌唱队倾情演唱的歌曲《各站停靠》，则唱出了离别的伤感，唱出了对母校、恩师与同学的留恋与不舍。随着闪烁的荧光棒和全场大合唱，此次晚会圆满拉下帷幕。

（公共管理学院　学工办）

6月2日　生命科学学院举行男子足球赛

6月2日下午，生命科学学院举行的男子足球赛在北区田径场拉开了序幕，对阵双方分别为鹏程万里队和青春永驻队。经过一场激烈比拼，最终鹏程万里队以9：5的优势比分战胜青春永驻队，赢得了这场比赛。

随着裁判的一声哨响，比赛开始，双方球员很快进入状态。双方队员同样表现出不俗的水平，因此陷入胶着状态。当比赛进行到后半段时，双方比分差距逐渐拉开，面对落后的局面，青春永驻队球员们并未受影响，而是稳扎稳打，以默契的配合和缜密的队形部署，很快对对方的球门发起了一次次极具威胁性的进攻。到了最后，双方都显得有些破门乏术，尽管青春永驻队队员们发挥出了高超的水平，但始终未能突破对方门将的把关，比分最终被锁定在9：5。

虽然青春永驻队输掉了比赛，但是他们细腻的脚法、默契的配合以及缜密的战术部署已在我们心中留下了深刻的印象。在这场比赛中，我们看到了在绿茵场上奔跑的队员们的运动精神、团队精神与他们那蓬勃的朝气和不服输的刚毅。两队奉上的这场精彩的足球盛宴，让我们看到了他们的风采、激情与精诚协作的团队精神。

随着时光的推进，队员们的大学校园生活在逐步远离，但是青春的聚会并没有散去，飞扬的风筝依旧在天际。只要毕业后拥有像这场比赛中表现出的执着的勇气、永不服输的劲头，梦想便有希望成为现实。

（生命科学学院　信宣部）

6月2日　人文学院“岁月长流，繁花依旧”毕业晚会顺利举行

6月2日晚，2018年人文学院“岁月长流，繁花依旧”毕业晚会在广州大学A1广场隆重举行，人文学院党委书记王琼、党委副书记刘军军、历史系党支部书记王睿、文学系党支部书记李丽华、秘书系党支部书记邓海涛，2014级班主任胡梅仙、吕延明、张立，以及2014级辅导员邱锦泉莅临现场观看晚会。

本次毕业晚会汇集各路重量级表演嘉宾，来自不同年级的同学，以及Goulee、人文uni艺术团及Toma四小天王联袂在现场打造了一场视听盛宴。

晚会以 Goulee 的《Fascinating》拉开了序幕，极富节奏感的舞蹈迅速燃起了在场观众的热情。人文 uni 艺术团器乐队动情演奏《纸短情长》，老师代表带来了《给同学们的一封信》，信中寄托着对毕业生们最深情的嘱托与最真挚的祝福，现场气氛十分温馨。人文 uni 艺术团歌咏队带来歌曲串烧，舞蹈队的热舞《Show》则“high 翻”全场，话剧社爆笑上演《归雏》，模特队带来精彩走秀，将武术与舞蹈完美融合。人文巨 sing 联盟的歌曲串烧作为最后一个节目，将晚会的气氛推向高潮，也为此次毕业晚会画上完美句号。

在掌声与祝福声中，2018 年人文学院“岁月长流，繁花依旧”毕业晚会圆满落下帷幕。

（人文学院　新闻中心）

6 月 5 日　化学化工学院第六次团员、学生代表大会顺利召开

6 月 5 日，化学化工学院第六次团员、学生代表大会顺利召开。153 名学生代表齐聚一堂，共同审议第五届团委、学生会工作报告和收支情况，并选举第六届团委、学生会委员。化学化工学院党委副书记谭启亮，校团委老师杨艺，学工办老师李燕兴、王雅丽、祝梦婷出席会议。

谭副书记对化学化工学院团委学生会近两年的工作成果表示了充分肯定，并对未来的化院团委学生会提出更高的期待和要求——希望团委学生会能够做“大”，在完成常规工作的基础上，不断摸索、敢于创新；希望团委学生会能够成为化学化工学院的“黄埔军校”，真正锻炼和培养出优秀的学生干部，提高化学化工学院学生的综合素质。

（化学化工学院　李孜孜）

6 月 5 日　工商管理学院举办“五四”表彰大会

6 月 5 日下午三点，工商管理学院 2017—2018 学年度“五四”表彰大会在文清楼 707 教室隆重召开。

大会伊始，全体人员在奏唱国歌后，观看了过去一年的大事记视频，过去一年国家级、省级、市级、校级、院级奖项的获奖者依次上台接受表彰。

另外，大会还邀请了主持队的同学带来诗歌朗诵《相信未来》，声乐队陈涛同学带来了歌曲《理想》。优秀毕业生代表唐柳青同学发言，她从自身经历讲起，就如何度过大学四年生涯分享了个人的经验：绩点和英语很重要，课堂内外要多与专业老师沟通交流。她鼓励同学们将学习与社团活动相结合，做好规划，管理好时间，朝着自己的目标不断努力前进。

优良学风班级——2014 级工商管理 4 班代表劳科源同学向我们展示了支部建设成果，他提倡各支部要建设完善管理制度，多听取团员的意见，号召全体团员积极参与支部活动，有事一起做。

大会的尾声，工商管理学院党委副书记甘健强总结发言。他号召团干部要起示范带头作用，全体团员要弘扬三气——“朝气、志气和勇气”，紧跟党团步伐，提升自己的创造力，将所学知识灵活地运用于实践当中，运用在祖国现代化建设中，弘扬“五四”精神，将青春奉献给祖国、奉献给社会。

大会在一片热烈的掌声中圆满结束。本次表彰大会展现出工商学子积极向上、斗志昂扬的一面。“五四”，是青春的符号、活力的象征；“五四”，散发着激情、蕴藏着力量。愿工商学子继续弘扬“五四”精神，为学校和祖国的建设发展奉献出自己的一分力量。

（工商管理学院　新媒体中心）

6 月 7 日　工商管理学院开展研究生支部党课学习活动

6 月 7 日，工商管理学院研究生党支部在文新楼 205 教室开展了本学期的党课学习活动，本次党课邀请了工商管理学院党委副书记甘健强主讲，支部书记梁世健主持此次党课学习活动，支部全体党员和入党积极分子认真聆听了党课。

甘副书记以学生党员要学会“讲政治、讲学习、讲成长”为主题展开此次党课。他从马克思“人的本质是社会关系的总和”的论述出发，指出政治是人与人、群体之间的关系，政治是无处不在

的。对学生党员来说，最重要的就是要认识到政治的内在关系，与同学建立和谐关系、与社会搭建协作关系，从而培养大局观和全局意识，从小我变成大我。讲学习与讲政治是一脉相承的，我们应该抱着开放、好奇的心态去学习，不断提升能力。讲成长就是每个个体通过自身努力最后发展成为自己所设想的样子，在这一过程中离不开内在基因和周围环境两方面的作用。通过自身努力提升自己的认知能力，利用周围的环境不断塑造和打磨自己，这是每个学生党员都应该有的觉悟。

甘副书记还讲到“从学习的自觉性角度，人大致可分为三类：第一类是自燃，不需要被点燃，自己有明确的追求，自觉行动，这是少数；第二类需要更多地借助外力才行动，通过外力帮助，可以达到较好状态，这是多数；第三类是自觉性很低，往往难以做出行动”。广州大学学生大多属于第一类和第二类，但是我们应该争做第一类。成长是我们的目的，学习是成长的途径，政治会为我们提供好的环境。最后，甘副书记强调，政治、学习、成长是三位一体、相辅相成的，是大学校园里面的核心要素，也是学生党员应该坚守的原则。

此次党课内容发人深省，既是一次对研究生党员人生观、价值观和世界观的教育引导，也是对学生党员如何发挥党员先进性的实际指导。

（工商管理学院　新媒体中心）

6月7日　广州大学第七届舞蹈大赛决赛举行

为学习贯彻党的十九大坚持文化自信精神，推动大学生“爱体育、懂艺术、能力发展性强”的培养目标，为丰富学生校园生活，营造良好的校园艺术文化氛围，响应校团委号召，6月7日晚，由广州大学音乐舞蹈学院和机械与电气工程学院联合举办的第七届舞蹈大赛决赛在演艺中心大剧场拉开帷幕。

出席本次大赛的评委老师有音乐舞蹈学院舞蹈系黄蕾、佟树声、王志刚、孟尧以及金燕，到场领导嘉宾有校团委副书记周臻，音乐舞蹈学院副书记刘小燕和老师廖争荣。决赛分为非专业

甲组和专业乙组，竞赛环节有舞蹈剧目表演和即兴创作表演。本次比赛的参赛节目有群舞《奇妙之夜》《拐》《军伴》以及《纳格曼达卜》，独舞《铜雀女》《鱼儿》《傻子》，芭蕾舞《艾斯米拉达》，双人芭蕾舞《花节》，街舞《E－sharp》，中国舞《千红》，双人舞《孤独》等。评委老师对选手们的表现给予了赞赏，并提出艺术作品需要反映社会现实，从而让艺术带来更大的影响力。

感谢所有选手精彩的舞蹈表演，感谢评委老师以及工作人员。

（音乐舞蹈学院　学工办）

6月7日　广州大学开展禁毒宣传教育宣讲会

6月7日下午，保卫处联合学生处邀请了广州市禁毒办专家钟穗双女士在图书馆副楼五楼报告厅开展青少年毒品预防教育的禁毒宣传教育宣讲活动，来自24个学院的400余名师生代表参加了宣讲会。

宣讲会上，钟穗双女士以“无毒青春，慧眼识毒”为题，向同学们介绍了毒品以及毒品的危害。毒品是指鸦片、大麻、冰片、摇头丸等以及国家管制的其他能够使人形成瘾癖的麻醉药品和精神药品。她强调部分毒品属于药品，但必须由国家管制许可使用，否则就会产生极大的危害。

钟穗双女士用视频、图片等形式介绍了毒品对个人和社会的危害，吸毒不仅会对人的身体造成巨大损害，而且会破坏人的中枢神经，导致精神上的损害。此外，毒品贩卖会危害国家安全，影响社会安定。

钟穗双女士也对当今大学生提出了几点建议：一是不要盲从，要提高毒品鉴别能力；二是不接受吸毒人员的诱惑，不中圈套；三是不要吸烟，因为烟是毒品的后备军；四是慎重交友，杜绝攀比；五是用坚强、积极的态度面对挫折，善于从失败中吸取教训，塑造良好的性格。

宣讲会最后，钟穗双女士对同学们提出了期望：大学生是社会的栋梁，要有一种国家未来主人翁的精神，国家需要青年学生去做一些有正能量的事情，去做对社会有贡献的人，努

力实现自己的人生价值。

大一学生赵超奇同学说："听了宣讲会后才知道毒品可能就在我们身边，一定要加强防范意识，坚决抵制毒品。"

本次宣讲会是广州大学落实中共广州市委办公厅、广州市人民政府办公厅关于印发《广州市全民禁毒工程实施方案（2017—2019）》的举措之一，旨在提高同学们拒毒防毒和参与禁毒的能力。接下来，学校还会在各学院深入开展禁毒预防教育活动，切实让毒品远离校园。

（学生处　葛泽胜）

6 月 8 日　外国语学院举办第十一届外语短剧大赛

6 月 8 日，第十一届外语短剧大赛决赛在演艺中心隆重举行。出席当天比赛现场的领导和嘉宾有院长肖坤学、书记李暖均等领导以及部分班主任、辅导员和外教。现场 600 多名师生观看了比赛。

本届大赛以"生活中的美好"为主题，通过对经典的二次创作和演绎，诠释生活中的真善美。比赛开始前，肖坤学院长作了致辞。他表示，外语戏剧表演对于外语专业的同学来说，是一个锻炼专业技能的难得机会，希望各位演员全力以赴演好角色。当晚，共有 7 个班级的剧目参加了角逐，分别是英语 172 班的《威尼斯商人》、英语 178 班的《过五关斩六将》、法语 171 班的 *To Be or Not to Be*、英语 176 班的《悟空》、日语 171 班的《江边的兄妹情》、英语 179 班的《木兰从军记》、日语 172 班的《取经道上的小美好》。除了以上参赛剧目，法语 151 班和风帆话剧团也作为表演嘉宾，奉上了精彩的演出。

比赛结束后，陈顺意老师作了点评。他认为戏剧与生活存在关联，可利用生活中的点点滴滴来诠释每个角色。戏如人生，生活中的酸甜苦辣需要体会、感受，悟出人生价值。最后，经过评委打分、观众投票，评选出了一、二、三等奖，最佳人气剧目奖，最佳男女主角和最佳男女配角等奖项。

本次大赛是外国语学院第二届外语文化节暨“经典百书”阅读推广活动的子活动。从 2017 年 11 月开始，历经了剧本创作大赛、演绎大赛的初赛、复赛和决赛等环节，每个环节都有专业教师进行指导和点评，有效提高了剧本和表演的质量。该比赛也成为外国语学院的品牌活动，在师生中形成广泛影响。

（外国语学院　任洪蔚）

6 月 10 日　广州大学学子在全国大学生电子商务“三创赛”省赛斩获奖项

6 月 10 日，第八届全国大学生电子商务“三创赛”（即“创新、创意及创业”挑战赛）广东赛区选拔赛在中山大学南方学院举行。经过上午的分组初赛，广州大学斩获佳绩，有三支队伍获得了省赛三等奖，两支队伍获得了省赛二等奖，其中日晞教育队以小组分数第一挺进下午的特等奖角逐并且脱颖而出勇获特等奖第一名，打入国赛！

全国大学生电子商务“三创赛”是激发大学生兴趣与潜能，培养大学生创新意识、创意思维、创业能力以及团队协同实战精神的学科性竞赛。

“三创赛”是由教育部主管，教育部高等学校电子商务类专业教学指导委员会主办，“三创赛”竞赛组织委员会、全国决赛承办单位、分省选拔赛承办单位和参赛学校组织实施的全国性竞赛，竞赛分为校赛、省赛和全国总决赛三级赛事。

本届“三创赛”省赛在获奖的喜悦欢腾中落幕，广州大学旗开得胜。国赛无弱旅，希望日晞教育队在国赛的朝晖中冲破云霄，一举成功！

广州大学其他队伍在省赛创新、创意及创业的展示亦得到了评委老师的青睐和鼓励。希望莘莘学子积极参加“三创赛”，挑战自我，不断尝试，焕发蓬勃朝气。

（广州大学　电子商务协会）

6月10日　生命科学学院举办2018届毕业生晚会

6月10日晚，生命科学学院在学生活动中心举行了以“一生壹肆”为主题的2018届毕业生晚会，节目精彩纷呈，现场气氛热烈。学院党委书记陈筠、教授潘顺波，学工办老师杨敏、林敏、严哲应邀出席了本次晚会。

晚会开始，随着灯光渐起，音乐组的《柳叶笺》和《Summer Time》闪亮登场。毕业生伤感思绪被抽离，转而投向绚烂的舞台。歌曲饱含深情，让人不禁回忆起四年的如歌岁月。

歌曲结束，陈筠书记借用《无问西东》的经典语句“爱你所爱，行你所行，听从你心，无问西东”为2018届每一位毕业生送上美好的祝愿。

紧接着，生工161班献上舞蹈《跆舞青春》，舞蹈与跆拳道的结合，完美展现出青春的激情飞扬。还未回过神，研究生带来了歌曲《Mixed Blessing》，他们浅浅的吟唱，蕴藏着深深的祝福。

“好一朵美丽的茉莉花，芬芳美丽满枝桠”，熟悉的旋律在舞台响起，生科162班的扇子舞在期待中亮相。随后，党员带来的《第三套大学生党员广播体操——为党增辉》掀起高潮，节目设计俏皮有趣。生科161班演绎《不说再见》，在动人的歌声中诉说着对未来的憧憬和希冀。生科151班呈现的《我怀念的（广大生科版）》，又勾起了多少让人怀念的点点滴滴。

晚会上，舞蹈组带来的《Bio Swaggy》活力四射，AC舞团展现的《黑人忍者去夏威夷》动感酷炫。生技162班准备的节目《小人国舞会》形式新颖，赢得观众的一致好评。话剧组《直男相亲记》直击全场笑点，引起欢乐笑声。

中场的问答环节，互动紧密，获奖的观众乐不可支，很好地增强了晚会效果。最后，团委学生会《光阴不再见》为本场晚会画上圆满的句号，其中独具韵味的皮影戏一幕幕回放大学四年故事，又悄悄触动了多少人的心弦。

“时光的河入海流，终于我们分头走。”临行前让我们再相互拥抱一下，照一张合照，合唱一曲，期待下一次更好的相遇。愿诸位在未来的日子里能够蹁跹起舞，在属于自己的舞台上赢得满堂喝彩。

（生命科学学院　庄嘉欣）

6月11日　广州大学学子获广东省大学生结构设计竞赛一等奖

近日，“中辰杯”2018年广东省大学生结构设计竞赛暨第十二届全国大学生结构设计竞赛广东选拔赛举行。我校土木工程学院派出学生代表学校参赛，所制作的模型最终以自重167.4g、承重76.5kg的成绩荣获一等奖。

本次比赛吸引了广东省内19所高校共40支代表队参赛，旨在展现学生的计算机集合建模能力及对土木工程结构知识的综合运用能力等。参赛选手要在16个小时内，用竹条设计并搭起一个大跨度空间屋盖结构模型，接受横向、纵向的荷载测试，几轮测试下来还能稳定不塌即为挑战成功。

（广大新闻网　林秋年　李振）

6 月 12 日　物理与电子工程学院举行征兵动员会

6 月 12 日晚上，物理与电子工程学院于文新楼 213 教室举行了 2018 年征兵动员会。会议邀请了广州大学武装部林俊福老师和退伍优秀学生代表李伟文担任主讲嘉宾，物理与电子工程学院辅导员老师黄毓婵和全体入库生参加了本次会议。

首先，林俊福老师向大家宣读了习近平总书记给南开大学 8 名新入伍大学生的回信。然后，林老师从大学生应征入伍的重要意义、大学生征集类型和参与情况、广州大学历年征集情况、大学生参军入伍优惠政策、入伍条件和流程等方面向大家细细地讲解。

退伍学生代表李伟文是生命科学学院的应届毕业生，也是 2018 级中山大学的准研究生，曾服役于原第 14 集团军。李伟文同学结合自身经历，向在场同学分享了他的军旅历程和收获。会上，李伟文还为现场同学派发了今年广州大学的征兵宣传手册。同学们认真阅读，提出问题，积极与林俊福老师和林伟文同学交流。

本次宣讲会让物理与电子工程学院同学们更加了解大学生应征入伍的政策，以及应征入伍的流程，激励广大物电青年学生投身火热军营大舞台施展才华，进入大熔炉淬炼成钢，谱写无悔青春！

（物理与电子工程学院　学工办）

6月12日　人文学院第五次学生代表大会暨第四届团委委员增补大会顺利举行

6月12日晚，人文学院第五次学生代表大会暨第四届团委委员增补大会于文新楼113教室顺利举行，人文学院党委副书记刘军军、团委书记张立、团委副书记韩宝玉、学工办老师艾克拜尔及学生干部和代表一起参与本次大会。

本次大会在激昂的国歌与校歌中拉开序幕。人文学院党委副书记刘军军、校学生会副主席李欣颖相继为本次大会致辞。刘军军副书记对团委书记张立及团委副书记韩宝玉的辛勤工作表示感谢，同时也对人文学院团委、学生会全体成员将人文学院团委、学生会打造成一个能够提高学生综合素质的团体表示高度的赞扬。校学生会副主席李欣颖则代表广州大学学生会提出：希望人文学院团委、学生会能够在过往取得的不凡成就上，继续做好学生工作和深化学生会改革工作。紧接着，人文学院学生会主席利梓淇作人文学院学生代表大会第四届委员工作报告，他在报告中讲道："人文学院学生会工作坚持正确的政治方向，围绕学院的工作中心，开展了一系列有意义的活动，为广大同学的个人发展起到了积极的促进作用，同时以求真务实的工作理念为广大同学服务，扎实开展了一系列卓有成效的工作，受到广大师生的认可与好评。"随后，与会老师相继为人文学院团委、学生会主席团、各部部长们及各部门的每月之星代表们表彰颁奖。

颁奖过后，演讲竞选环节开始，主席团候选人及各部部长候选人一一上台开始自己的竞选演讲。主席团候选人表达了自己想继续为人文学院团委、学生会服务的愿望，而各部部长候选人则表明了自己对部门的热爱和竞选的信心。大会结束前播放了人文学院团委、学生会主席团、部长寄语视频，让团委、学生会的干事们感动不已。

至此，人文学院第五次学生代表大会暨第四届团委委员增补大会圆满结束。

（人文学院　新闻中心）

6 月 12 日　广州大学举办学生艺术团第二届成果展演暨第 15 届校园文体艺术节闭幕活动

6 月 12 日晚，由共青团广州大学委员会主办，广州大学学生艺术团承办的广州大学学生艺术团第二届成果展演暨第 15 届校园文体艺术节闭幕活动，在广州大学演艺中心隆重举行。

本场晚会是对广州大学学生艺术团一学年来学习成果的检验，展演首次采用校内直播技术，吸引了千余名校内外师生及艺术爱好者线上观看。作为公共艺术教

育的主力军，近年来，校学生艺术团整体实力有了大幅提升，在艺术展演等多项国家级、省级比赛中斩获大奖，成为传播校园高雅艺术文化的重要力量。

本届校园文体艺术节以“青春礼赞新时代，修文强体展风采”为主题，分为四个板块，涵盖了“青春榜样”系列讲座等校园文化品牌活动和“中华文化经典品读大赛”等学院承办活动共计22项，在历时三个多月的时间里为广大师生提供文体活动交流和展示的平台，助力培养广州大学学子“爱体育、懂艺术”，展现出学生们的青春风采，打造有品质的校园生活。

（校团委）

6月14日　生命科学学院举行“懿行社”学生励志座谈会

6月14日，为切实做好2018—2019学年度家庭经济困难学生申请认定工作，让学生熟悉网申操作流程，便于成功入库，推动学院资助工作顺利进行，生命科学学院召集2015级、2016级和2017级三个年级的入库生和有意向入库的同学于文新楼113教室召开新一轮的家庭经济困难认定工作布置大会以及“懿行社”学生励志座谈会。学院负责资助工作的林敏老师、严哲老师，大四的两名优秀毕业生以及一百多名家庭经济困难生出席了本次会议。

会议过程中，林老师和严老师就网上“服务中心”申请困难认定的操作流程、如何填好认定申请表、如何成立班级家庭经济困难学生评议小组等几个方面给大家做了详细说明，指引学生做好申请认定的相关事宜，以免大家在填表过程中犯错导致入库失败。

通过此次会议，大家对广东省家庭经济困难学生认定的网络申报工作有了一定的了解，并明确了网络操作规范。

紧接着，由两位品学兼优的2018届毕业生房祖业、洪豪分享他们大学四年的学习以及考研经历，鼓励大家要有目标，并为之不断努力。

（生命科学学院　信宣部）

6月17日　计算机科学与网络工程学院第四次双代会圆满结束

6月17日上午，计算机科学与网络工程学院举行第四次双代会。出席本次双代会的嘉宾有学院党委副书记李小华、学工办主任郭梅芳、辅导员胡颖、团委书记胡鉴源、校团委老师白鹤云飞、校学生会副主席廖亮、各兄弟学院的代表们，以及学院学生会主席团。

会议伊始，由校团委老师白鹤云飞和校学生会副主席廖亮分别为本次大会致辞。议程的第二环节，由计算机科学与网络工程学院团委书记胡鉴源作第三届团委工作报告。报告分为两部分：第一部分，回顾和总结计算机科学与网络工程学院共青团工作取得的成就与存在的问题；第二部分，对计算机科学与网络工程学院共青团工作的规划与展望。未来三年，学院共青团工作的总体思路是：全面贯彻党的十九大精神，以习近平新时代中国特色社会主义思想为指导，紧紧围绕学校高水平大学建设根本任务和人才培养目标。

接着，校学生会主席叶冠杰作第三届学生会工作报告，报告分为两部分。第一部分为工作回顾：在过去的一年，学院制度结构不断完善，学术科技水平不断提高，学院努力培育“爱体育、懂艺术”的学子；第二部分为对未来的展望：学生会将会建立更好的制度和带头完善个人素质，并且用创新的管理方法推动学生个人发展。

随后，进入选举第四届团委委员和学生会委员的重要环节，选举方式采取现场代表投票，票高者入选。投票结束后，现场清点票数，并得出最终选举结果。

最后，由党委副书记李小华作总结发言，宣布本次大会圆满结束。

（计算机科学与网络工程学院　学工办）

6月18日　物理与电子工程学院学生在首届华南区大学生光电设计大赛中获佳绩

6月16—18日，由广东省光学学会主办，中山大学和华南光电创客实践基地承办的首届华南区大学生光电设计大赛在中山大学举行，本次比赛吸引了来自华南三省区11所院校的35支队伍同场竞技交流。物理与电子工程学院光电信息科学与工程专业派出了三支队伍参赛，经过激烈的角逐，最终获得一个二等奖、两个三等奖的好成绩。

全国大学生光电设计大赛系由中国光学学会和教育部高等学校光电信息科学与工程专业教学指导分委员会联合主办，旨在通过光电竞赛平台，云集全国光电信息科学与工程专业及其相近专业的在校学生，通过互相交流、学习，展示才华，突出能力，促进光电知识的普及，加强对大学生实践、创新能力和团队精神的锻炼和培养，推动高等教育人才培养模式和实践教学改革，提高学生的培养质量。华南区大学生光电设计大赛是其重要的地区性分赛。

（物理与电子工程学院　学工办）

6月19日　教育学院师生党员参观中共三大会址纪念馆

6月19日，教育学院全体师生党员前往广州市党员教育基地——中共三大会址纪念馆开展参观学习教育活动。

中国共产党第三次全国代表大会（简称“中共三大”）于1923年6月在广州召开，是迄今中国共产党唯一一次在广州召开的、有重大历史意义的全国代表大会。中共三大确立的国共合作是中国历史上的一个创举；中共三大的召开标志着革命统一战线的政策正式形成，通过不断发展和完善，在和平时代的今天，巩固和发展最广泛的爱国统一战线，依然是我们党战胜困难、夺取胜利的重要法宝。

全体师生党员参观学习了馆内“中共三大召开的历史背景”“中共三大的召开”“国共合作的实现”“中共三大的历史作用和深远影响”四个主题的展览，馆内展出的文物、画像、场景沙盘和珍贵历史图片，真实再现了中国共产党在革命年代为实现民族独立、人民解放和国家富强而进行艰苦奋斗的历史征程。

通过参观学习，师生重温党的光辉历程，深刻认识到中共三大的重要历史意义，增强了历史使命感与党性观念。大家一致认为在新时代更要继承发扬党的优良传统作风，坚定理想信念，牢记党纪党规，严守政治纪律，立足本职工作，在高水平大学建设的征程上不忘初心、砥砺前进。

（教育学院　党委）

6月20日　化学化工学院开展“读原著、学经典、作表率”活动

6月20日，化学化工学院在B19“五室一站”党团活动室开展了“读原著、学经典、作表率”系列读书活动，学生处副处长孟强、老师宾晶，化学化工学院党委书记周海兵、副书记谭启亮，学工办全体辅导员以及部分学生党员、入党积极分子代表参加了活动。

首先，孟强副处长在充分肯定学院的党建工作的基础上，提出更高要求，希望要继续走在前列，争当党建工作标杆学院。宾晶老师分享了自己读《共产党宣言》的感受，指出我们应当坚持共产主义信仰，深刻领会《共产党宣

言》的精神实质。

在阅读分享环节，与会党员代表以饱满的热情和昂扬的精神，紧密结合读书会主题，踊跃发言，分享心得体会。大家多方面、多层次理解马克思主义思想的科学原理和精神内涵，更加深刻体会到习近平总书记讲述的“不忘初心，牢记使命”的内涵，进一步坚定了理想信念。

随后，周海兵书记对《共产党宣言》进行导读。周书记提到重读名著对于党员同志树立正确的理想信念具有重大的意义。同时，周书记跟同学们分享了读书的技巧。例如可以带着“马克思是什么样的人”“《共产党宣言》为什么可以成为全世界共产主义革命者的宣言与行动指南”等问题去阅读。此外，周书记还分享了她在阅读时发现的比较有趣的四个问题，提出了共产主义在当今的一些应用和变化，激发党员同志积极思考。

最后，谭启亮副书记强调应继续利用好“五室一站”的丰富资源，充分发挥党建办和舍区办的作用，让党员先锋模范带头作用更加深入舍区，让“读原著、学经典、作表率”真正成为舍区风尚。

（化学化工学院　陈少丽）

6月22日　化学化工学院举行“人心向学，交出我的成才计划书”主题班会

6月22日，化学化工学院2015级化学1班举行“人心向学，交出我的成才计划书”主题班会，魏明海校长应邀到会参加。

活动中，魏明海校长倾听了2015级化学1班的班风及学风建设所取得的成果、班级建设经验总结与反思，见证了全班同学交出的“成才计划书”。

魏明海校长对同学们的精神风貌、学业成绩、科研成果以及创新精神等表示了充分的肯定，并对班风建设和个人成长成才提出三个重要建议：一是精神

风貌很重要，人的精神风貌源于怀揣梦想的自信、持之以恒的坚持以及积极面对的向上精神，它们是个人成长成才的“三大法宝”；二是读书很重要，魏明海校长用自身求学经历告诉同学们，读研经历贵在独立思考、探索未知的体验，抓住青春时光提升自己，才能不留遗憾；三是班风很重要，着力打造整体向上、相互尊重、相互学习、相互支持的班级氛围，才能凝聚力量，实现集体进步，个人成才。

在师生交流互动环节，魏明海校长与同学们共同探讨了如何提升学习效率、学校如何服务学生成长成才、坚定理想信念的重要性、如何平衡事业与家庭的关系等问题。他亲切朴素、机智敏锐的回答赢得了同学们的阵阵掌声。

最后，魏明海校长希望今后全班同学都能以优异的成绩继续深造，或者找到自己理想的工作，成为全校毕业生班级的标杆，成为学校的骄傲。

（化学化工学院　学工办）

6月22日　广州大学举行2018级新生导生培训会

为进一步加强导生培养工作，明确导生岗位职责与要求，协助做好学风建设及新生入学教育工作，提高导生对易班平台的认识和操作技能，充分发挥导生在新生教育、学风建设和易班建设中的重要作用，

为2018级新生入学做好充分准备，6月21日晚，学校在图书馆副楼五楼报告厅举办了2018级导生工作培训会。学生处副处长孟强、易班发展中心指导教师葛泽胜分别为全体2018级新生导生、各学院易班工作站的学生负责人、各学院负责导生工作及学院易班工作站的指导教师做培训。培训会由学生处老师冯荣光主持。

本次培训会主要围绕明确新生导生工作职责、学风建设及新生入学工作要求和易班功能应用培训三个部分开展。

培训会上，孟强副处长分别从导生基本素质、导生主要工作、团体活动指引、导生注意事项、导生评优五个方面为导生做了培训。他强调导生都是学校精挑细选出来的，思想政治素质过硬、品学兼优、德才兼备、综合能力较强的学长学姐；导生应该要协助学校对新生进行思想政治教育和学习生活指导，通过朋辈教育的方式，影响感染新生，激励新生积极进取，不断进步，同时，还要通过组织各项活动，帮助新生更好地融入新环境，打破陌生和地域的隔阂，凝聚一体。

随后，葛泽胜老师分别从学生的需求、易班与其他网络软件的差异等方面介绍了易班的便利性与服务校园的精准性。他从个人、班集体、学校三个不同角度述说了易班的便利和功能的强大，并向同学们介绍了具备“阳光、勇敢、聪慧、爱心”等特质的易班吉祥物——易小羊。他还介绍了学校开展易班建设以来所获得的多项荣誉，希望导生能够主动使用好易班，并引导新生使用好易班。

培训会最后是互动环节，导生通过易班App扫描培训轻应用二维码留言参与互动。导生们可通过这种体验式、参与式的方法感受易班的实用性、易用性、趣味性。

培训会结束后，导生们纷纷表示获益匪浅。经济与统计学院2018级新生导生蒋燕惠说：“通过培训，我更深刻地认识到导生的重要性，更加明确自己的职责；同时也认识到易班的重要性和便利性，在以后的工作中，我会带领我所带的2018级新生主动使用易班，提高工作效率。”

（学生处　葛泽胜）

6月23日　广州大学举行校园开放日暨高考招生咨询活动

6月23日，广州大学在图书馆广场举办“走进大学城，成就理想人生”校园开放日暨高考招生咨询活动，吸引了众多考生与家长。

本次活动主要是给家长和考生们提供参观校园和部分教学、生活设施的机会，并且有广州大学在内的近30所高校在现场接受咨询，派发招生宣传资料，开设招生政策解读讲座等，让考生和家长及时、深入地了解高校招生情况，为考生填报高考志愿提供指导和帮助。

虽雨天出行不便，但这丝毫不影响考生和家长们的热情，各个咨询摊位前都被考生和家长们围得水泄不通。有招生办工作人员表示，当天共有两万多名考生及家长到场咨询。

对于学生的报考，有家长表示，比较希望孩子可以报考省内高校，但是他们的兴趣和选择才是具有决定性的。

（广大新闻网　钟晓潼　林翊民　李振）

6月26日　广州大学举行2018届毕业典礼暨学位授予仪式

此次典礼共有9 014名毕业生参加，含1 200名研究生，7 814名本科生。毕业典礼分为两天共四场进行，学校领导和中科院院士张景中、中国工程院院士方滨兴，以及导师代表们为毕业生拨穗并颁发学位证书。

毕业典礼上，广州大学校长魏明海发表了毕业致辞，他送给毕业生们三句“金句”：维护好本真就是守好做人的本分；敢于追求理想就是要始终保持前行的动力；守住行为底线就能确保不会满盘皆输。

魏校长强调，在人生道路的分叉口，正确的选择至为关键。条条道路并不一定都能顺顺当当通罗马，有些道路甚至根本就到不了罗马。“要想成就有爱、有尊严、有价值，充盈着健康、富裕和乐趣的人生，就必须在人生道路的分叉口经得起诱惑、看得清方向，能做出正确选择。”

四年间，广州大学涌现出一批力争上游的优秀学子，他们当中有孜孜不倦的“学习牛人”，也有勇于追梦的“创业达人”，更有自强不息的励志典型。

在今年 7 814 名本科毕业生中，741 人考取了研究生。

优秀毕业生代表、生命科学学院陈丹琦同学是一名党员，从大一开始就立志在生物化学领域有所建树，四年时间埋头学习，连续三年综合成绩全班第一，多次获得国家奖学金，如今被保送清华大学化学系攻读硕士研究生。化学化工学院苏昌远同学是一位科研达人，曾获得中国青少年科技创新奖，大学期间就发表了 4 篇 SCI 论文。

（《广州日报》 林秋年 李振 黄梓莹）

6 月 29 日 环境科学与工程学院举行“读原著、学经典、作表率”读书活动

6 月 29 日下午，环境科学与工程学院学生党支部“读原著、学经典、作表率”系列读书活动在 B7“五室一站”举行，本次活动邀请了马克思主义学院夏宏教授为同学们导读《共产党宣言》，广州大学学生处副处长孟强、环境科学与工程学院党总支副书记肖杏烟应邀出席。

活动开始，首先由夏宏教授对《共产党宣言》进行导读，共分为三部分：一是《共产党宣言》的产生背景；二是《共产党宣言》蕴含的价值分析，其价值取向是围绕全人类的解放，不仅包括经济上的解放，也包括文化上、思想上的解放，最终实现全人类的解放；三是马克思主义与党的十九大的关系，“不忘初心，牢记使命”是党的十九大精神的一部分，也是马克思主义的一种

追求。夏教授提到，习近平总书记在做党的十九大报告之后，立即前往嘉兴，重温了共产党人的初心，同时也强调了《共产党宣言》的意义。夏宏教授的分析逻辑清晰，生动有趣，他鼓励同学们多读英文原著，进行对比分析，以发现学习马克思主义的乐趣。

接着，肖副书记与我们分享了她的学习感悟，她希望每一位共产党员都认真学习《共产党宣言》，这是每位党员的义务。随后，肖副书记带领我们重温了党的十九大主题以及习近平总书记最近的讲话，其中都提到了生态文明建设的重要性，同时她还指出，人与自然和谐统一是马克思主义的精髓之一，因此无论作为一个共产党员还是一个环境人，我们都应该将环境保护进行到底，将生态文明建设作为我们的任务。

恰逢两天后是7月1日，是中国共产党97岁生日，为了庆祝这一特殊的日子，在肖副书记带领下，全体与会人员通过简单而庄重的宣誓仪式，重温了入党誓词，铭记共产党人的初心。

最后，孟强副处长对本次活动进行了总结。他对此次活动作出高度评价，通过这次活动，他本人对马克思主义有了更深刻的理解，勉励在场的党员同志们要珍惜机会，继续学习《共产党宣言》等马克思主义理论著作。最后，他说，不管我们是什么样的背景，都有一个共同身份——共产党人，我们要不忘初心，牢记使命，充分履行党员义务，“读原著、学经典、作表率”，做一名合格的共产党人。至此，活动在同学们热烈的掌声中圆满结束。

（环境科学与工程学院　钟伊雯）

我们的大学

July 七月

7月1日　广州大学健美操队荣获全国全民健身操舞大赛特等奖

6月30日—7月1日，由国家体育总局体操管理中心、中国健美操协会主办的2018第七届全国全民健身操舞大赛（广东分站赛）在广州体育学院举行。广州大学体育学院派出以许剑老师、李景红老师为教练的健美操队参加。经过努力拼搏，该队获得了“全国全民健身操等级规定动作”有氧舞蹈6级大学体育院校组特等奖（第一名）、“全国街舞推广套路”爵士舞大学体育院校组特等奖（第一名），许剑老师、李景红老师被评为2018全国全民健身操舞“优秀教练员”。

本次比赛共有来自全省206所学校的近4 500名运动员参加，以“全民舞动　健体强国”为宗旨，分为六大类、三大组别进行比赛，是目前我国健美操赛事中项目设置最多、比赛规模最大、运动员年龄跨度最广的赛事。

（体育学院　周坚）

7月2日　广州大学举办“高雅艺术进校园”专场演出

7月2日，由广州大学党委宣传部、广州大学团委主办的2018“高雅艺术进校园”（舞蹈专场）演出在演艺中心举行。该演出汇集了近年来附属艺校舞蹈类的优秀节目，献给即将离校的2018届毕业生。观看演出者主要是学校领导、老师、毕业生及其家人，另有来自美国、加拿大、匈牙利及中国各地参加“非线性微分方程周期解问题”国际研讨会的30位专家学者应邀观看。

本次演出连续开展两场，附属艺术学校精心选取了芭蕾舞剧《奥贝尔》、大型原创舞剧《布兰诗歌》（第一章）、民族民间舞《美丽的姑娘》、女子群舞《船歌》《觅迹》和国标舞《同桌的你》等，武术协会的武术表演也是演出一大亮点。本场演出中的绝大多数节目将参加在希腊举办的第十四届世界传统舞蹈节。

近年来，广州大学积极开展“高雅艺术进校园”活动，努力为师生们打造“亲近艺术、聆听大师、提升艺术素养、感受艺术魅力”的平台。为毕业生专门打造一台专业演出尚属首次，这表达了我校对毕业生们的期盼与祝福。

（校团委）

7月3日　工商管理学院召开暑期“三下乡”社会实践动员大会

7月3日下午，工商管理学院2018年暑期“三下乡”社会实践动员大会在文新楼123教室召开。学院党委副书记甘健强和团委副书记邹婷莅临本次会议，对暑期“三下乡”社会实践活动进行动员并予以指导。

主持人宣布会议开始后，甘健强副书记进行发言。他表示，暑假的社会实践是广州大学的一个传统，在大学这样一个相对封闭的象牙塔里，将学习到的知识付诸实践是十分必要的。甘副书记强调，本次暑假社会实践代表的是整个学院的形象，同学们要在与对方的沟通中注意礼仪。

本次暑假社会实践参与队伍共有党建理论研究会、工商管理学院红十字会、嫩牛n方企业调研团队、广州大众搬家公司陈庆榕校友走访队、晶银丰实业有限公司调研队、广州大学阳光义工团、杨世朗和梁伟峰校友走访队、中国人寿保险企业调研队和周筱轶等深圳校友走访队九支。

其中，杨世朗校友就业后奋力拼搏，不断攀登，现已任职公司高管。梁伟峰校友毕业后则开始自主创业，终闯出一番天地。团队希望通过对两名校友的采访，给同学们一些就业方面的指导，助力同学们更好地迈入社会。阳光义工团提出了“用最简单的心做最简单的事，用认真的心去做我们想做的教育，用年轻的心温暖孩子的心”的理念，带着满腔爱心与奉献精神前往雷州支教，希望让那里的孩子感受到精彩与温暖。

会议接近尾声，邹婷老师上台进行总结。邹婷副书记全程认真聆听，悉心指导，对九支团队分别作出点评和指导。她再次着重强调了各团队在实践过程中的安全和礼仪问题，希望大家保证自身安全并且展示良好风貌，也对社会实践中的宣传问题作出要求与指导，指出要重视宣传、做好宣传。

（工商管理学院　实践部）

7月3日　人文学院“七一故事争相唱，红色基因代代传”主题红色教育活动顺利开展

7月3日上午，人文学院组织开展了以“七一故事争相唱，红色基因代代传”为主题的红色教育活动。

人文学院党委书记王琼、副书记刘军军，以及分党校主任陈楚敏、学工办辅导员艾克拜尔带领人文学院青马学员、党员及入党积极分子一同参与此次户外红色学习活动。

本次活动中，人文学院青马学员来到中共三大会址纪念馆。在1923年中国共产党对于时局之主张的标语前，在记载着光辉革命的历史陈列前，在中共三大会议复原场景前，青马学员回顾了中国共产党波澜壮阔的奋斗历程，并通过认真聆听讲解，仔细观看历史图片资料、模型、投影等，深入了解中共三大召开的历史背景、议题和重大历史意义，重温党的光荣历程。在自由参观期间，青马学员与入党积极分子、党员分组合作录制红色微视频，分享自己在参观学习过程中的心得体会。

随后，青马学员与同行的老师一同前往廖仲恺何香凝纪念馆进行参观学习。“一家两代人，满腔忠烈血”的廖仲恺，何香凝及其子女廖承志、廖梦醒为追求民族独立、国家富强而前仆后继，为中国的革命和建设作出了重要贡献。青马学员在纪念馆解说员的引领下，沿着历史的足迹，通过珍贵的照片、材料、诗画作品等展览史料，与入党积极分子、党员以讨论交流的形式，深入了解了廖仲恺、何香凝一家两代波澜壮阔的革命历程。在接近活动尾声时，青马学员纷纷在工作人员派发的小纸条上写下对于此次活动的相关感悟收获。

本次活动使青马学员受益匪浅，收获颇丰，活动同时教育并警示青马学员们在日常学习和生活中自觉接受党史、革命史和改革开放教育，继承和发扬革命先辈的优良传统和舍生取义的红色精神，时时争做表率，为社会主义事业发光发热！

（人文学院　新闻中心）

7月3日　体育学院召开“牢记入党那一天”支部组织生活会

7月3日，在B25“五室一站”，体育学院本科生党支部开展以“牢记入党那一天”为主题的组织生活会。本次生活会邀请了体育学院周二三副院长参加，由支部书记任佳妮主持。

会上，党员们纷纷回忆了自己入党的那一天。

车婉菲谈道：“我会永远牢记自己入党的那一天，正如同我会永远忠诚于自己当初的选择，鞭策自己在平凡的岗位上展现出党员应有的风采，让党的先进性在学习生活和工作中闪光。”

郑淑媚谈道：“我永远都忘不了陈庄明同学带领我们入党宣誓的那天。

从那之后，我便深深地感受到自己责任的重大，戴上党徽，就是党的人，我们应该继承党的伟大精神，学会奉献，从小事做起，努力做一名优秀的党员！”

随后，周二三副院长向党员们讲述了他当年入党的故事，同时希望所有党员们要从入党的当天就开始牢记自己的宣言，不断地学习马克思主义理论，丰富自己的理论知识，不忘初心，努力成为一名合格的共产党人。

最后，任书记给每位党员同志发放“政治生日”贺卡并进行总结：在成为预备党员那天起，每名党员便开始拥有自己专属的“政治生日”。“政治生日”意味着党员将自己的终身都交给了党，具有重大意义。希望每名党员时刻不忘身份、不忘初心、不忘使命，严格要求自己，不辜负党组织的期望和要求。

（体育学院　本科生党支部）

7月4日　体育学院暑期社会实践队到中学开展防溺水安全教育

为加强中小学生的安全教育工作，预防和杜绝溺水事故发生，体育学院防溺水安全教育实践队在纪彦屹和任佳妮两位老师的带领下，先后于7月4日、7月11日前往广州市荔湾区四中聚贤中学、花都

区梯面镇梯面中学开展防溺水安全教育实践活动。

活动紧紧围绕“长鸣溺水警钟，共筑生命之墙”主题全面开展，实践队员给学生进行防溺水急救安全教育实操演练，传授相关知识和技能，让学生懂得如何求救、互救、自救。活动旨在加强学生安全和自我保护意识，提高避险防灾和自救能力。两所学校共有500名中学生接受了教育和培训。

此次防溺水安全教育社会实践活动形式多样，内容丰富，实践队队员们认真的态度、专业的知识、精彩的演练获得了同学们的热烈掌声。这次活动，使同学们对溺水原因以及如何预防溺水有了更系统、更全面的了解，也树立了安全意识，为创建安全和谐的校园提供了保障。

（体育学院　刘文娜）

7月6日　环境科学与工程学院开展生命教育体验课

7月6日晚，环境科学与工程学院党总支副书记肖杏烟在文新楼119教室为2017级学生开展了“心中有阳光，人生永幸福”的大学生生命教育体验课。

首先，肖副书记向同学们诠释了大学生生命教育体验课的意义，随后邀请两名同学走上讲台，体验蒙上眼睛寻找物品的感受，并将自己的体验分享给其他同学。肖副书记让同学们深刻地了解和感受到另一种生活方式，并带动同学们思考：如果失去了眼睛甚至双腿，将如何面对生活。

接下来，肖副书记通过一个真实案例视频——“无腿蛙王”代国宏的故事，向各位同学阐述了一个人在遭受身体缺陷的巨大挫折后，如何凭借积极的心态，不断坚持，寻求生命的意义，这极大地震撼了同学们。肖副书记让同学们讨论代国宏遇到的困难以及克服困难的方式，启发同学们在生活中用乐观的心态和坚强的毅力面对与克服困难。

随后，肖副书记向各位学生提出“幸福是什么”的问题，让同学们根据自己的理解绘出属于自己的幸福树，并请同学们自愿上台与大家分享自己的幸福。同学们积极发言，表达了对幸福的理解和期望。

接着，肖副书记播放了崔万志“不抱怨、靠自己”的演讲视频，再次触动了同学们。她鼓励同学们，只有拥有好心态，才能拥有幸福人生，心中有阳光，人生才会永远幸福。

最后，肖副书记带领所有同学一起演唱《阳光总在风雨后》，通过歌声告诉同学们，要相信暴风雨过后总会有彩虹，应勇敢面对生活的挑战。

（环境科学与工程学院　谢锦鹏）

7月7日　公共管理学院“三下乡”活动正式开展

7月7日是公共管理学院开展“三下乡”活动的第一天，学院党委副书记何瑞豪、党建办主任谢玲、学工办辅导员刘志东和14位同学早早就到达了集合地点，出发前往广东省梅州市大埔县枫朗镇双溪学校，开启为期10天的“三下乡”之旅。

在经历将近8个小时的车程后，团队终于抵达“三下乡”目的地——枫朗镇双溪学校，并受到了枫朗镇党委书记、当地人大主席、双溪学校校长和老师的热情迎接。在短暂的休整后，双方在双溪学校会议室召开座谈会。

首先由双溪学校校长致辞，他对广州大学公共管理学院老师和同学们的到来表示欢迎和感谢，并简单介绍了双溪学校的情况。

随后，枫朗镇党委书记发表讲话，他首先提出枫朗镇是“华侨之乡”“足球之乡”以及“文化之乡”，并向同学们介绍了枫朗镇的现状以及未来发展的重点，接着，他对同学们的“三下乡”之行提出期望，希望同学们能对枫朗镇的教育和企业发展提出可行建议。

最后，广州大学公共管理学院党委副书记何瑞豪进行总结讲话，他以“石头”为喻，希望枫朗镇能夯实教育基石，继而以“他山之石，可以攻玉”为例，希望同学们能通过这次“三下乡”经历，用心感受枫朗镇的风土人情，在对双溪学校教育帮扶的同时，利用自身的知识来为枫朗镇的学校和企业的发展提出实质性的建议。

在“三下乡”活动期间，14 位同学将在双溪学校开展支教活动，在广阔的农田中体会乡村生活，并深入当地知名企业进行调研。他们将发挥党团积极分子先锋模范作用，传递公管精神，为乡村振兴作出贡献。

（公共管理学院　学工办）

7 月 7 日　体育学院硕士生在欧洲体育科学学会（ECSS）年会上作报告

近日，体育学院硕士生杜雅静同学参加第 23 届欧洲体育科学学会（European College of Sport Science，ECSS）年会，并作会议口头报告。

第 23 届欧洲体育科学学会年会，由都柏林大学和阿尔斯特大学承办，于 7 月 4—7 日在都柏林国际会展中心举行。来自世界各地的3 000余名学者参加此次大会。会议含口头报告 160 个、迷你报告 200 余个，其余均为墙报交流。口头报告者多为牛津、剑桥、爱丁堡、拉夫堡、伯明翰等国际顶尖大学的教授及博士研究生，极少有硕士研究生。在体育学院郭叶副教授的悉心指导下，硕士研究生杜雅静同学以第一作者身份，在大会上作了题为“四川少数民族儿童体育游戏”的口头报告。

众多来自欧洲、美洲、亚洲等地的学者对杜雅静同学的报告内容表现出浓厚兴趣，并积极提问，了解中国少数民族儿童游戏的相关内容。这不仅是对我国少数民族体育文化的一次有效传播，也加强了学生与国际学者的沟通交流，开拓了学术视野，激发了学术动力。

郭叶副教授本人在此次会议中也作了题为“体育锻炼对不同社会经济背景儿童心理健康的影响”的口头报告，取得了较好的反响。

欧洲体育科学学会的成立宗旨是在国际、跨文化、多学科与跨学科的背景下促进体育科学发展，学科涉及与运动相关的生理学、心理学、生物力学、医学、训练学、营养学、社会学、伦理学、哲学等领域。每年 7 月定期举办学术年会，地点遍布欧洲多个城市。经过 20 多年发展，欧洲体育科学学会的国际影响力不断扩大，已成为欧洲甚至全球体育科学工作者普遍关心的学术盛会之一。

（体育学院　学工办）

7月8日　广州大学学子获2018年中国大学生跆拳道（竞技）锦标赛冠军

7月4—8日，由中国大学生体育协会主办的2018年中国大学生跆拳道（竞技）锦标赛在辽宁省辽阳市举行。广州大学跆拳道代表队6名运动员参加了比赛。在教练曾庆国的悉心指导下，经过5天的激烈角逐，广州大学生命科学学院莫灏栋同学获得男子甲组58公斤级冠军，教育学院胡维武同学获得男子甲组87公斤级第三名，曾庆国老师获得“优秀教练员”称号。

中国大学生跆拳道（竞技）锦标赛每年举办一次，至今已举办11届。本届共有来自全国110所高校的1 087名运动员参加。在本次比赛中，广州大学运动员用汗水和行动诠释了“礼义廉耻、忍耐克己、百折不屈”的跆拳道精神，为学校争得了荣誉。

（广大新闻网　林秋年　李振　钱文杰）

7月9日　广州大学举行2017级学生军训动员大会

7月9日上午，我校2017级学生军训动员大会在北区田径场隆重举行。校党委书记屈哨兵、副书记张强，副校长周云、郭兴蓬，学校军训领导小组成员，各学院分管负责人、辅导员，全体军训教官和7 000多名参训学生参加动员会。

动员会上，校党委副书记张强宣读2017级军训团序列名单。我校2017级军训团下设一、二、三、四营编成序列，由海军部队丁建灵中校担任军训团团长，副校长周云担任军训团政委。

周校长代表学校对担负此次军训任务的海军部队教官们表示崇高的敬意和衷心的感谢。他表示，大学生军事训练是《国防法》《兵役法》和《国防教育法》赋予学生的一项义务，是学校开展国防教育的一项重要内容，也是大学生的一门必修课。为深化我校军训改革成果，高标准地完成今年的军训任务，周校长向全体参训人员提出了三点希望和要求：一是要听从指挥，服从管理，希望同学们尊重教官，严格遵守纪律，争取军训取得优异成绩；二是要从严要求自己，培养吃苦耐劳的能力和坚强的意志品格，发扬“不怕苦，不怕累”的精神；三是要提高保障服务，防止各类安全事故的发生，各职能部门和学院要通力合作，加强各项保障措施。

丁建灵中校对我校一直以来全面贯彻党的教育方针，坚持实施素质教育、注重提高学生创新能力和实践能力给予了充分肯定。他代表军训团表示，将秉持科学组训，精心组织，以理论为先导，以实践求实的标准，将严格要求与耐心指导相结合，及时发现和解决问题，磨炼同学们形成不畏艰难、顽强拼搏的意志，以圆满地完成导训任务。

本次军训于7月6日至19日进行，参训学生将接受队列训练、轻武器操作、人民防空、战场自救互救、擒敌技术（军体拳）基本功、军事特色项目和消防技能训练、防地震等逃生疏散演练、“三防”器材制作与防化服穿戴等内容的训练。

（广大新闻网　林翊民　李振）

7月12日　广州大学举行2018年暑期“三下乡”社会实践活动启动暨赴西藏实践队伍授旗仪式

7月12日下午，2018年暑期“三下乡”社会实践活动启动暨赴西藏实践队伍授旗仪式于行政西五楼举行，校党委书记屈哨兵、副书记张强，相关职能部门负责人及赴藏实践队、援藏支教队全体师生参加了活动。

围绕“青年大学习，奋斗新时代”这一主题，广州大学于暑期共组建86支社会实践队伍，约有3 000名师生将分赴相关地区，在实践中奉献青春、磨砺品德。其中，为持续贯彻落实习近平总书记关于西藏工作和对口支援工作的系列重要指示精神，今年广州大学派出第二批支教实习队、“筑梦天路”学生党员骨干暑期社会实践队各18名师生赴波密县开展相关项目活动，为波密教育事业贡献广州大学师生的智慧和力量。

屈哨兵书记在座谈中表示，实践和支教活动的一切行动目标要落实到习近平总书记在北京大学与师生座谈会上对青年学生的寄语上，充分展现广州大学学生风采、学校实力，力争圆满完成预定的各项实践任务。

（校团委）

7月13日　广州大学师生参加横渡珠江活动

7月13日，以“全民健身，全民健康”为主题的2018年广州横渡珠江活动在中大码头至星海音乐厅之间的珠江河段举行。本次活动吸引了来自25个单位的40个方队，共约2 000人参加。由广州大学50名师生组成的方阵第12次代表教育系统参加活动。

下午一点，下起了暴雨，但雨水浇不灭大家渡江的热情。下午两点，随着一声鸣枪发令，40个方阵相继下水，有序地游向二沙岛星海音乐厅旁的水上平台。

广州大学副校长郭兴蓬、体育学院院长刘学谦、院党委书记何蕴华、副院长周二三、院党委副书记张志明前来为游泳健儿们加油喝彩。在“博学笃行，与时俱进”的响亮口号声中，游泳健儿们成功上岸。

广州大学高度重视每年的横渡珠江活动。无论是炎炎烈日还是倾盆大雨，在教练员陈小英老师和纪彦屹老师的带领下，游泳健儿们每天都进行 3 000 米的训练，不仅磨炼了意志品质，也培养了勇敢顽强、不怕困难的精神；同时，也是广州大学“爱体育”人才培养目标的重要体现。

（体育学院　任佳妮）

7 月 13 日　人文学院 2017 级“诗词进连队”军训会演顺利举行

7 月 13 日，人文学院 2017 级“诗词进连队”军训会演于演艺中心大厅成功举行。学院党委书记王琼、学工办各老师、2017 级各班班主任、导生和教官均出席了本次活动。

晚会伊始，三排同学朗诵诗歌《新时代最伟大的军人》，以此向劳累多天的教官们致以最真诚的敬意。晚会节目丰富多彩，既有情意绵绵的诗朗诵《水调歌头》，也有话剧《故·事》，还有表演形式多样的《诗歌看世界》。二排与五排的节目将合唱与朗诵紧密结合，六排的《采薇》将舞蹈融入朗诵里。各排的表演精彩绝伦，赢得了在场观众的阵阵掌声。之后还有互动环节“飞花令”助阵，让现场气氛更为活跃。各排节目表演完毕后，全体导生共同献唱《凉凉》，将夏日的一丝凉意送给大家。紧接着，王琼老师和教官为获奖节目进行颁奖。会演最后，五排教官为同学们表演精彩的格斗术，六排排长更是一展歌喉，演唱歌曲《思念是一种病》，感动全场。

7月17日　广州大学龙狮队在中国大学生舞龙舞狮锦标赛中取得历史最佳成绩

7月12—17日，由中国大学生体育协会主办的第十一届中国大学生舞龙舞狮锦标赛在广西师范大学举行。本届赛事吸引了来自中南大学、湖南农业大学、暨南大学、广州大学等56所高校的参赛选手，包含教练员、运动员及裁判员等千余人参加。在教练员和运动员的共同努力下，广州大学龙狮队取得历史最佳成绩，荣获研究生组五人龙冠军，乙组女子舞龙自选套路亚军，乙组男子舞龙自选套路第五名。曾秀霞老师获得“优秀教练员”称号，体教2015级徐燕霞同学获得“优秀龙头”称号。

广州大学龙狮队创立于2006年，是校团委和体育学院联合创建的一个学生体育艺术社团，社团成员以体育学院学生为主，多个学院有相关特长及爱好的学生参与。近年来，龙狮队先后参加了国内多项赛事，连续七届获得广东省龙狮锦标赛男、女龙一等奖，男狮一、二等奖；并代表学校参加国际性、国家级、省级大型活动表演30多场次，其中包括第七届全国大学生运动会开幕式、广东省旅游文化节开幕式、北京奥运会和广州亚运会火炬接力等大型活动，受到广泛赞誉；同时为广东省内各中小学输送了优秀龙狮运动人才。

（体育学院　李湘远）

7月20日　广州大学学生骨干暑期社会实践队再次走进西藏波密

为贯彻落实习近平总书记关于西藏工作和对口支援工作的系列重要指示精神，自我校2017年与林芝市波密县合作共建大学生思想政治教育实践基地以来，每年持续选派师生组成实践队、支教队前往波密，对口帮扶当地教育事业发展。近日，我校再次派出由18名师生组成的“筑梦天路”学生骨干暑期社会实践队远赴西藏波密，利用所学的知识和技能深入藏区开展文体素质教学、推普脱贫调研、文艺会演等社会实践活动。我校副校级领导张强、波密县委县政府相关负责人指导实践活动并出席文艺会演。

7月20日，校地共建框架下的“筑梦天路”暑期社会实践夏令营开营，波密县70余名中小学生在我校赴藏实践队的带领下开始了愉快的夏令营生活。夏令营主要面对不同学生群体开设文体素质系列教学课程，包括语言艺术、中华武术、流行舞蹈、手语表达与应用、美术鉴赏与创作、基础乐理与合唱等艺术类课程，其体验式、互动式、开放式的教学方法，深受当地师生的喜爱。实践队队员与夏令营学生还为当地民众准备了一次惠民文艺演出，载歌载舞传递文化、艺术与情感。

实践队聚焦“语言文字”在教育脱贫攻坚中的基础作用，通过开展语言扶贫调查，先后走访藏民家庭13户、街坊100多人，完成了110份调查问卷，深入调查当地群众的语言能力、语言使用和语言态度，分析普通话能力对其工作、就业的影响，了解不同家庭的致贫原因、面临的困难以及对普通话的学习需求，为实施精准推普和精准扶贫提供决策参考。同时，将语言培训类课程有效融入夏令营素质教学，切实提高当地青少年儿童的普通话水平。

赴藏社会实践项目连续两年被评为广东省教育工委重点扶持项目，实践队被评为市级和省级暑期“三下乡”社会实践活动重点团队。今年的活动更成功申报教育部“推普脱贫攻坚”专项。为深入做好社会实践工作，拓展新型实践育人网络平台，校团委今年首次携手广东广播电视台新闻客户端——触电新闻 App 开通了赴藏实践项目手机网络直播板块。赴藏实践队在直播平台先后推出“遇见波密”系列七期直播节目，累计观看量高达 12.4 万人次，主播及摄像均由实践队队员担任。相关节目被推送至直播主页头条、拉萨频道和林芝频道，在校师生、家长、群众都能“足不出户”“零距离”观看实践活动实况，成为社会实践品牌活动的有效延伸。

（广大新闻网　叶昊　李振　徐晓盈）

7 月 21 日　教育学院开展 2018 年大学生暑期社会实践

教育学院“荔枝少年”和“怀梦追光”志愿服务队于 7 月 21—31 日、8 月 1—9 日，分别前往广州从化和揭阳揭东，围绕“寻梦少年，励志一夏”和“教育 · 关爱”的主题开展支教、调研、宣讲等活动，助力“乡村振兴”战略。

“荔枝少年”志愿服务队继去年实践后，再次前往广州市从化区麻村小学，开设“寻梦少年，励志一夏”暑期爱心支教活动暨暑期人文素养培训夏令营，设有“荔枝”班和“少年”班两个教学班，动员了麻村小学三至五年级共 71 名学生参加。该夏令营以“充实 · 快乐 · 成长 · 梦想”的活动理念为出发点，充分发挥队员的个人能力，利用当地教学资源，开展了一系列具有多样性、趣味性、综合性、实用性等特点的课程，促进当地学生的多方面能力

发展。

“怀梦追光”志愿服务队积极调动多方资源，与地处粤东的揭阳陈寮学校及热心公益事业的揭阳市知心书店有限公司协力创设“双宜书斋”暑期人文素养培训夏令营。该夏令营立足先进性、知识性，兼顾趣味性，组织三个教学班，开展室内和户外课程 8 门，惠及书斋周边 16 所学校的 75 名学生，教学活动深受学生和家长好评。

通过此次社会实践，队员们深刻体会到早年习近平总书记在考察杨家岭福州希望小学时强调“脱贫致富从根儿上要把教育抓好”的重要论述。志愿服务队充分认识到自己理论学习与实践操作之间的差距和不足，并从情感上增强了对乡村教育事业的热爱，增强了对“乡村振兴”战略的理解。

（教育学院　学工办）

7 月 21 日　物理与电子工程学院开展“寻访校友足迹”活动

校友是高校的宝贵资源，是学校联系社会的桥梁和纽带。对于已经取得杰出成就、成为所在领域佼佼者的校友，他们的成长经历、创业历程、成功经验、人生感悟等是对在校学生进行思想教育的生动教材和重要内容。为切实加强学院与校友之间的联系，物理与电子工程学院于 7 月 21 日—8 月 31 日开展了校友寻访活动。

本次活动先后寻访了暨南大学光子技术研究院在读硕士研究生刘展昌，广州市十牛信息科技有限公司 CTO 何伟炳，Arbin 仪器有限公司下位机软件工程师钟永贤，佛山市荣山中学物理教师朱大玉，广州教研会物理理事、广州市物理教研中心组成员谢立行，广州市第二十三中学物理教师、广州市青少年科技

教育协会 Stem 教育委员会副主任黄海，广州粤嵌通信科技股份有限公司技术部经理郑志优；回访了广州朗威电子科技有限公司总经理、系统架构师甘达，以及广州极联智能科技有限公司创建者林述颖。通过实地采访的形

式，走进校友的生活与工作，传达母校对校友的关注与期盼。校友们也对母校人才培养、创新创业教育、校企合作发展等方面提出了中肯的建议。

此项活动不仅是联络母校与校友感情的纽带，还是宣传学校、展现学生风采的良好平台，更是帮助学院学子树立远大的抱负，培养与时俱进的时代发展观，做到“为时代之发展而读书、为中华之崛起而读书”，为新时代中国特色社会主义建设贡献力量的一节思想教育课。

（物理与电子工程学院　学工办）

7 月 22 日　广州大学赴希腊艺术节演出团队载誉归来

近日，我校学生艺术团、附属艺术学校赴希腊艺术节演出团队圆满完成了海神波塞冬国际艺术节、欧洲儿童舞蹈艺术节、雅典月亮节的演出，获得海神波塞冬艺术节第三名、欧洲儿童舞蹈艺术节第二名的殊荣，并以出色的表演赢得文化和旅游部驻希腊文化参赞王超、拉菲娜市市长及当地民众的高度赞誉。

希腊波塞冬文化艺术协会成立于 2003 年。该协会每年夏季举办国际民间舞蹈艺术节，其规模及影响力大，已成为希腊甚至整个欧洲著名的文化艺术节。参演期间，我校演出团队在距今已有一千多年历史的帕特雷地区的古剧场、艺术节主会场等多个舞台演出，与来自爱尔兰、澳大利亚、希腊、哥伦比亚以及阿根廷的演出团组同台表演。团队表演的《船歌》《武术》《小蛮腰》等深具中国特色的节目大获好评，在 7 月 16 日的演出中获得现场观众票选“最受欢迎节目”的肯定，并最终从 20 多个国家和地区的表演团队中脱颖而出，荣获本次艺术节第三名。艺术节结束后，海神波塞冬艺术节组委会主席专门前来欢送中国团队的演员们，盛赞我校团队，并热情邀请我校团队以后再来演出。

7 月 18 日，第一届欧洲儿童舞蹈艺术节开幕，中国队、希腊队、保加利亚队等多个国家和地区的演出团队参加了本届艺术节。我校团队的节目再获好评，观众们纷纷过来与演员合影并祝贺演出成功。在 7 月 21 日的颁奖中，我校演出团队获得第二名的好成绩。

7 月 22 日，我校演出团队前往拉菲娜市，为该市月亮节演出中国专场。这是月亮节举办以来第一次安排外国专场演出。文化和旅游部驻希腊文化参赞王超、当地市长到场观看。演出同时吸引了大量当地民众，全场爆满，不少观众还站着观看。

演出中，我校团队携《船歌》《武术》《小蛮腰》《绣影叠香》《小兰花》

和《美丽的姑娘》等全部节目精彩亮相，并增加了个人单项表演、互动等新环节。演出结束后，王超参赞称赞我校团队通过优秀的民族舞蹈演出将中国文化传播给当地人，让希腊民众了解了中国的艺术发展水平，让希腊人民近距离了解了中国的文化，是中国文化的使者！拉菲娜市市长当晚向我校团队予以热烈祝贺，并热情邀请我校团队明年赴部分城市巡演。

（广大新闻网　毕雅妮　叶昊　李振）

7 月 23 日　环境科学与工程学院学子到荔湾区环保局开展社会实践活动

在环境科学与工程学院党总支副书记肖杏烟、学工办主任李慧、团委书记吴海威的大力支持与前期协调下，学院荔湾区环保局暑期社会实践小分队开启了暑期社会实践征程。

7 月 23 日上午，广州大学环境科学与工程学院荔湾区环保局社会实践小分队开始了第一天的暑期实践。同学们早早到达工作的地点，到不同的科室工作。这次参与实践的成员主要被分到以下四个岗位：监测站、污染源普查、执法、办公室。结束当天的工作后，大家都有所收获。经历了本次社会实践后，同学们学习到了很多课本上学不到的知识，对自己的未来有了更明确的目标和方向。

（环境科学与工程学院　陈子蓉）

7月23日　人文学院“夏续心梦”大岗中学夏令营义教活动总结大会顺利举行

7月23日下午，为期三天的广州大学人文学院“夏续心梦”大岗中学夏令营义教活动圆满结束。大岗中学校长廖维宁、大岗中学团委书记韦官玲、广州大学人文学院党委副书记刘军军、广州大学团委书记张立以及广州大学人文学院辅导员陈楚敏作为嘉宾出席了此次夏令营义教活动总结大会。

此次夏令营以“夏续心梦”为主题，开展了“凝聚班心”“职责”“律己”“主动”“集体意识”与“沟通”共六节课程。在三天的义教时间内，教员们通过形式各异的教学，带领大岗中学的学生深入体会课程，并在最后组织情景模拟剧表演作为汇报演出。

总结大会上，师生共同观看了情景模拟剧表演。学生围绕考试作弊、被同学孤立、成绩不好等情景进行了富有想象力的表演创作，在剧中向大家展现正确处理问题的方式，充分表现同学之间互帮互助的团队精神，以促进班级良好

班风的建设。六个小组，六个节目，每个节目都是同学们集思广益的智慧结晶，每个节目都凝结着心血和汗水，每个节目都离不开同学们的辛勤付出。表演结束后，嘉宾对节目进行点评颁奖，大岗中学廖校长作总结发言。随后，人文学院党委副书记刘军军发表讲话，总结义教活动的成果。

至此，本次“夏续心梦”大岗中学夏令营义教活动圆满落下帷幕。

（人文学院　实践部）

7 月 23 日　物理与电子工程学院学子开展2018 年“国家资助和助学贷款政策下乡行”活动

为了贯彻落实中央、省学生资助和精准扶贫的工作要求，更好地宣传国家资助和助学贷款政策，7 月 23 —31 日，物理与电子工程学院“及时雨”社会实践服务队前往广东省东源县仙塘镇，为当地人民群众宣传国家资助和助学贷款政策。

为使宣传效果到位，实践队结合当地实际，多形式、分时段地开展活动：早晨前往仙塘广场和集市对群众进行宣传，中午则沿街走访宣传，下午抓住当地工厂下班时间，在外来务工人员下班的路上设点，向人们宣传国家资助政策。

实践队专门面向学生群体开设了“资助政策小课堂”，在仙塘中学为学生宣讲了国家资助和助学贷款政策。在当地政府的支持下，实践队利用仙塘广场大屏幕滚动播放助学贷款宣传片，扩大了助学贷款政策的宣传范围。

为了增强资助政策宣传的针对性，实践队在当地社工组织的支持下，前往当地单亲家庭、残疾家庭、低保户等经济困难家庭中，为贫困户带去生活用品与水果，同时也与寒门学子面对面交谈，为他们讲解国家资助和助学贷款的政策知识，消除他们在求学路上经济方面的顾虑，鼓励他们发奋读书，用自己的努力去改变困境。

实践队还向当地学生和家长派发了国家资助和助学贷款政策的调查问卷，了解当地群众对国家资助和助学贷款政策的认知度和满意度，同时收集当地群众对国家资助和助学贷款政策的意见与建议。经过数据统计整理，总结分析，形成调查报告，把调查研究落到实处。

通过本次活动，“及时雨”社会实践服务队把国家资助和助学贷款政策信息带进仙塘镇，使仙塘人民群众初步了解了国家对学生的资助政策，提高了扶贫助学政策宣传的精准度，让经济困难家庭感受到国家政策的温暖，更在学子心中播撒了自强自立、求知求学的希望种子。

（物理与电子工程学院　学工办）

7月26日　广州大学散打队参加中国大学生武术散打锦标赛载誉凯旋

7月22—26日，由中国大学生体育协会主办的2018中国大学生武术散打锦标赛（衡阳赛区）在湖南工学院举行。本届赛事吸引了来自西南政法大学、中南财经政法大学、湖南工学院、中山大学、武汉体育学院、上海体育学院、广州大学等17个省（自治区、直辖市）40所大学的360多名大学生运动员参加。广州大学散打队的运动员在教练员李东岳的带领与指导下，克服重重困难，最终取得佳绩：李德福、林铭耀、徐德燕等同学斩获三金三银一铜，体育学院2015级学生吴文强获得“优秀运动员”称号。

武术散打是中华民族传统文化的精髓与瑰宝，应传承并发展校园武术散打文化，尤其是对武术散打运动进行规范和创新，将其从国内推向国际。本次赛事提出“快乐体育”理念，发出“正年轻，就要赛”运动倡议，号召青少年参与到体育运动中来，享受快乐的比赛过程，培养受益终生的运动生活方式。

（体育学院　周坚）

7月26日　新闻与传播学院暑期实践队前往梅州开展社会实践活动

7月，新闻与传播学院暑期实践队前往梅州开展社会实践活动。第一站是媒体交流，实践队师生来到梅州日报社和梅州电视台，就新媒体环境下传统媒体的转型发展、媒介经营以及人才需求等问题进行了交流。实践队通过对两家媒体的实地参观，对传统媒体转型升级的具体措施有了更深入的了解。作为地方性媒体，《梅州日报》和梅州电视台以客家文化的传播与传承为己任，并以此为基石，在当地客家群体中具有较大的市场占有率。

7月26日，在林仲英副书记和吕志强老师的带领下，新闻与传播学院资助政策宣传队前往大麻镇圩市，就国家助学贷款、国家奖助学金等政策为现场前来咨询的学生和家长们进行了细致的解答，让国家助学扶贫政策信息在广大村民中得到广泛传播。资助政策宣传分队还深入贫困户家庭走访，了解贫困户的家庭情况，并对其学生和家长进行政策讲解。资助政策宣讲的时间虽短，宣讲小组却是前期准备阶段工作最为繁杂的一组。他们早在两个月前就开始了策划、人员和物资准备。资助政策宣传队负责人赖冬梅同学表示，这些实践经历不仅是对自身工作灵活性的一次考验，更是对其工作能力的历练，从中所学习到的协作、沟通技巧也将成为她日后工作中的一份宝贵财富。

（新闻与传播学院　青年志愿者协会）

我们的大学

August 八月

8月1日　新闻与传播学院开展贵州新闻扶贫活动

8月1日，新闻与传播学院部校共建暑期社会实践队到贵州省黔南布依族苗族自治州开展新闻扶贫活动。

实践队成员由来自新闻与传播学院各专业27名师生组成，在接下来的八天时间内，队员们将走访黔南州多个乡镇，用文字、图片、视频等多种形式反映扶贫成果，重点呈现近几年广州市对口扶贫工作所取得的巨大成就。

下午，实践队抵达黔南布依族苗族自治州州府都匀市，前往黔南广播电视台考察交流。在电视台技术部罗主任的陪同下，学院党委书记李雁率实践队成员，同广州市协作办王立主任与《南方日报》、《新快报》、腾讯新闻、《广州日报》、广州广播电视台五家媒体的采编人员，先后参观了电视台演播室、荣誉室、广播室、全媒体中心、节目制作中心。电视台工作人员向实践队介绍了已经通过验收的高清融合媒体生产系统的具体情况，阐述其作为贵州省第一个地市州级电视台融媒体平台的运营计划。

参观结束后，实践队师生与电视台领导班子在会议室举行了座谈会。黔南广播电视台总编辑、新闻中心主任张健对实践队与各媒体记者的到来表示热烈欢迎。他介绍了电视台的办台历史、人员组成与品牌活动，并表达了引进优秀新闻人才的愿望。学院党委书记李雁对电视台方面的构想表示大力支持，并提出设置学生实践基地、为电视台人员提供培训、促进双方交流等建议。学院专业老师与各媒体记者也就媒介融合的话题进行了讨论交流。会后，参会人员合影留念。

在接下来几天时间内，部校共建暑期社会实践队还将前往贵定县昌明镇、永和镇、平塘县等地开展采访活动，将相关文字与音视频作品结集出版或者刻录制作，并同有关媒体合作，提高成果曝光度，助力当地扶贫工作。学生们也将在实践当中锻炼个人新闻采编能力，深化对马克思主义新闻观的理解。

（新闻与传播学院　青年志愿者协会）

8月4日　环境科学与工程学院学生参加社区环保宣传活动

8月4日上午，海珠区青年地带官洲社工站与官洲街团工委及广州大学环境科学与工程学院官洲街道暑期社会实践队在仑头公园开展了一场主题为“垃圾分类源自点滴　美好环境始于言行”的社区环保宣传活动。本次活动旨在用游戏的形式“寓教于乐”，实践队不仅向官洲社区居民分发垃圾分类知识手册，还设置了“垃圾分类你画我猜”“垃圾分类达人”“垃圾分类大闯关”以及“垃圾分类投篮体验”四个游戏，让居民在玩乐中轻松掌握垃圾分类知识。

宣传活动结束后，实践队回到青年地带官洲社工站服务中心，交流今天的活动情况和心得。带队辅导员吴海威老师总结了此次活动的成功和不足之处，希望每个志愿者都能在下次活动中吸取经验，将自己的专业知识更好地应用于社会实践。

（环境科学与工程学院　陈子蓉）

8月14日　广州大学学子获全国大学生化工实验大赛一等奖

8月12—14日，第二届全国大学生化工实验大赛全国总决赛在上海举行。经过化工原理理论考试、实验操作比赛和化工仿真比赛三个环节的激烈角逐，我校荣获大赛一等奖。

本次大赛由教育部高等学校化工类专业教学指导委员会和中国化工教育协

会主办，华东理工大学协办，全国共64支队伍参赛。我校化学化工学院派出了由4名指导老师和3名学生组成的“羊城红棉队”参赛。该团队于7月19—21日在厦门大学参加了中南地区选拔赛获得第一名，并作为广东省唯一一支参赛队伍参加全国总决赛。

（广大新闻网　何嘉昕　李振　杨焕）

8月31日　物理与电子工程学院学生喜获“互联网+”大学生创新创业大赛省赛金奖

8月29—31日，第四届中国“互联网+”大学生创新创业大赛广东省决赛在吉林大学珠海学院举行。经过激烈的角逐，广州大学摘得四个金奖、一个银奖和一个铜奖，成绩在全省排名第二，创下学校参赛以来的历史最好成绩。其中，物理与电子工程学院进入省决赛的一个项目获得金奖，学院学生参与的一个项目也同时获得金奖。

中国“互联网+”大学生创新创业大赛是全国最高层次的青年大学生创新创业大赛，是国家深化创新创业教育改革的重要载体和平台，大赛为大学生实现创新创业梦想打开了一扇天窗。本次大赛参加项目和人次再创新高，吸引了来自全省145所高校超14万人次报名参加，提交近3.2万个参赛项目。经过校赛选拔、推荐和省网评复赛，最终120个项目晋级省决赛。比赛中涌现了一大批科技含量高、市场潜力大、社会效益好的高质量项目，展现了新一代青年大学生奋发有为、昂然向上的青春风采，成为我国覆盖面较大、影响力较广的大学生创新创业盛会。

（物理与电子工程学院　学工办）

8 月 31 日　两院联合举办"情系青马，执梦远航"干部培训活动

学生干部是老师与学生沟通、交流的一个重要纽带。为了提高公共管理学院和物理与电子工程学院学生干部的思想政治素质、政策理论水平、创新能力、实践能力以及组织协调能力，促进双方友好交流、学习与合作，8 月 31 日，公共管理学院与物电学院一同举办"情系青马，执梦远航"联合干部培训活动。

在活动启动仪式中，公共管理学院团委书记付艳讲授了如何正确地将马克思主义等理论应用于实践中，强调了发挥学生干部主观能动性的重要作用。

干培讲座第一部分：特邀校团委杨艺老师为两院干部们开展"新媒体运营狗的自我修养"主题讲座。杨老师向同学们分析了推文发布平台的优劣势，指出推文写作并非单纯靠多写多练就能提升写作能力。她谈道："我们要多研究推文的精髓，运营新媒体要有'网感'，善用网络用语来'吸粉'，利用学科优势给推文增添不同元素，动图优于静图，图片优于大段文字……"杨老师的精辟讲解为两院负责网络运营与宣传的学生干部指点迷津，也让在座的同学们受益匪浅。

讲座第二部分：沟通技巧与问题解决。受邀嘉宾苏运老师首先介绍了DISC的四种行为风格，让学生干部将自己的风格代入并思考。此外，苏老师还论述了责任与能力的关系，以及沟通和管理的技巧。他指出，更大的能力意味着更多的责任，拥有了好的领导力，才会有更好的成长。

本次联合干部培训活动通过讲座的方式，在一定程度上提升了学生个人的思想水平，以点带面提升其团队协作的效率，促进了两院的沟通交流，为之后的进一步合作打下坚实基础。同时，此次活动也响应了校团委关于开展“青年马克思主义者培养工程”的号召，引导学生干部正确认识学习新时代的马克思主义精神，了解马克思主义的中国化进程，以成为合格的青年骨干为目标，以永不懈怠的精神状态和一往无前的奋斗姿态不断学习、不断创新、不断实践！

（公共管理学院　学工办）

我们的大学

September 九月

9月1日 广大学子勇夺雅加达亚运会女子篮球项目冠军

9月1日下午雅加达第十八届亚运会进行了女子篮球决赛，我校公共管理学院2018届毕业生黄思静作为中国女篮队员之一参加比赛。中国女篮最终以 71∶65 战胜朝韩联队夺得冠军。

比赛一开始，中国女篮就先声夺人，打出了一波10∶0的进攻。此后，朝韩联队加强进攻不断追分，半场结束时，双方战至平局。下半场刚开始时，朝韩联队依靠一记进球，取得领先优势。中国女篮稳住阵脚，通过连续换人进行调整，以此保持场上的活力与防守强度。最终，中国女篮艰难战胜朝韩联队，夺得了一枚宝贵的亚运金牌！值得一提的是，这也是8年来中国女篮获得的首个亚洲冠军。

黄思静同学在2013年入学，2018年7月毕业于广州大学公共管理学院。她作为学校高水平运动队主力队员，带领我校女篮多次在广东省大学生篮球联赛中获得优异成绩。此次代表国家队获得亚运会冠军，既是对她的激励，也是对我校高水平运动员教育培养的肯定。

（体育学院　黄颖锶　李振　胡敏轩）

9月2日 马克思主义学院“一对一”师生结对活动启动

9月2日，又迎来了一年一度的迎新工作。在马克思主义学院迎新工作大本营，马克思主义学院负责2018级“一对一”师生结对工作的全体教师、班主任、辅导员、学生干部及志愿者以饱满的精神状态和热情周到的服务迎接了前来报到的39名本科新生。与此同时，在报到点现场，马克思主义学院党委

举行了2018级“一对一”师生结对活动启动仪式。副校长郭兴蓬、校纪委书记龚红出席了启动仪式并视察了马克思主义学院的迎新工作。院长赵中源、党委书记罗明星、副院长黄禧祯、副书记朱晓军参加了仪式。

“赤诚育桃李，丹心伴你行——师生一对一结对辅导工作项目”是马克思主义学院学生工作“一院一品”的重要载体和具体体现，是在马克思主义学院党委领导下，全院师生共同参与的一个育人实践活动，旨在以积极引导教师在思想引领、专业学习、学术科研、心理健康、社会实践、就业指导、职业规划等方面对学生进行全方位、不间断的四年制指导和关心，以及促进学生的全面发展，进一步为广州大学建设高水平大学和实现“德才兼备、家国情怀、视野开阔，爱体育、懂艺术，能力发展性强”的高素质创新人才的培养目标作出贡献。

该项目实施6年来育人效果显著，得到了学生及家长的肯定与赞扬。校领导对马克思主义学院“一对一”师生结对的活动形式给予了高度肯定，认为其凸显了马克思主义学院的特色和优势，希望马克思主义学院师生在马克思主义学院党委的领导下，继续保持这种特色和优势，结出丰硕成果。

（马克思主义学院　朱晓军）

9月3日　名师第一课开启新生学术之门

9月3日是我校新学年开学首日，也是2018级新生开启大学生活的第一天，师生均以饱满的精神状态开启了新学年的工作、学习和生活。

当天上午，校领导屈哨兵、魏明海、聂贵新、傅继阳、周云、张其学、郭兴蓬、吴开俊、龚红、张强，以及各学院、相关部门负责人和老师，分别前往教学区巡查课堂教学情况，并深入课堂听课。从检查情况来看，整体教学秩序良好。

为促使学校人才培养目标落地生根，提升新生的“心气、志气、勇气”，我校专门邀请了包括张景中、郭柏灵、方滨兴、张新长四位院士在内的13位名师学者为新生主讲“名师第一课”，帮助同学们开启学术之门，感受大学文化之魅力。校党委书记屈哨兵、校长魏明海分别主持了张景中院士和方滨兴院士的“名师第一课”，并与同学们一同聆听专家的讲座。

同时，我校党委书记、校长，以及各学院的党委书记、院长将在新学期走上讲台主讲思政第一课，与同学们探讨成长成才话题，引导大家坚定理想信念，勇做时代的弄潮儿，进一步教育引导大家正确认识世界和中国发展大势，帮助同学们扣好人生第一粒扣子，并成长为德才兼备、全面发展的高素质人才。

新生纷纷在导生的带领下，逐一了解和熟悉校园的学习和生活。同学们纷纷表示，对未来的大学生活充满了期待，一定会勤奋学习，努力追逐理想，不负光阴，不负韶华，不负新时代！

（广大新闻网　蔡达成）

9月5日　物理与电子工程学院举行新生图书馆入馆培训

高校图书馆是大学生的第二课堂，是获取课外知识及动态信息的重要场所。为了使2018级新生更了解广州大学图书馆，更好地利用图书馆资源进行学习，9月5日上午，物理与电子工程学院2018级新生图书馆入馆培训在文新楼113教室举行。本次培训有幸邀请到图书馆吴力武老师担任主讲嘉宾，物理与电子工程学院2018级全体新生参加了培训。

吴力武老师介绍了广州大学图书馆的基本情况和各校区、各楼层馆藏布局,从校内访问图书馆数字资源到校外访问数字资源的途径，从如何查找所需的图书到图书上架的编排规则，从传统的图书借阅到海量的数字资源获取方法，吴老师都进行了深入浅出的讲解。特别是针对新生十分关注的“新生图书借阅权限的开通方式”和“借阅步骤”，吴老师更是进行了细致的讲解。

图书馆讲座是新生迈入大学殿堂的一个重要教育环节，对引导学生自主学习、自我管理起着积极的作用。通过本次讲座让新生进一步了解图书馆的相关资源和各项服务，增强了新生利用图书馆的动力和信心。希望以后能经常在图书馆看到同学们专注研习的身影！

（物理与电子工程学院　学工办）

9月6日　广州大学隆重举行2018级新生开学典礼暨军训动员大会

9月6日上午，我校分别在大学城和桂花岗两个校区举行2018级新生开学典礼暨军训动员会。今年共9 100余名新生迈入校门，其中有7 600余名本科生、1 500余名研究生。校党委书记屈哨兵，校长魏明海，党委副书记聂贵新，纪委书记龚红，副校长于欣伟、傅继阳、周云、孙延明、张其学，番禺区人民武装部部长张昆，张景中院士、张新长院士、章典教授等知名专家学者及相关部门负责人出席了大会。大会由副校长郭兴蓬主持。

魏明海校长叮嘱新同学，大学最重要的功能就是为同学们的未来开启一扇新的大门，同学们既要懂得如何开启这扇新的大门，又要确立这扇新的大门的基本方位和朝向，为未来奠定基石，为未来做足准备。他希望同学们能把握好三个基本方位：一是要促进人的全面发展，就是德智体美劳全面、和谐和充分地发展，避免有才无德、有知识无智力、有智力无体力的畸形发展；二是要建设现代化国家，家国情怀是大学之根，也是同学们的立身、立功之本；

三是要构建人类命运共同体，人类进步事业是地球上每一个人的职责，一个持久和平、共同繁荣、和谐的世界更应成为同学们的追求。

魏校长强调，给未来开启一扇新的大门需要强大的力量和能力，具体来说就是必须握有强大的感悟力、创造力和笃行力。感悟力的基础是同理心，只有真正懂得设身处地，真正理解人同此心、心同此理，才可能会有真正的感悟力；未来将是人工智能的时代，也是人机共舞的时代，唯有创意、创新和创造，才可能真正握有金钥匙；学有所得，关键在于“知行合一”，努力践履所学，使所学最终有所落实，同时也要有自制力，能理性地控制自己的感情和行为。

地理科学学院张新长教授和法学院刘云生教授分别作为教师代表发言，勉励同学们珍惜时间，要有科学梦想，勇于开拓创新，永不言败，奋力实现青春梦，努力成为一个大写的人。

开学典礼后，聂贵新副书记宣读了2018级军训团序列名单，屈哨兵书记向担负我校本次军训任务的番禺区国防教育训练基地授旗。周云副校长在军训动员中表示，希望全体参训人员听从指挥、服从管理、从严要求，高标准完成军训任务，通过系统训练，认识自我、建立自信，树立正确的价值观和爱国精神。

（广大新闻网　黄颖锶　李振　杨焕）

9月7日　计算机科学与网络工程学院四名学子光荣入伍

自本校召开2018年夏秋季征兵工作会议以来，同学们踊跃报名应征，在校属地越秀区兵役机关报名应征网报同学184人，最终通过复检和政治考核双合格的同学，经越秀区兵役机关批准入伍38名男兵，计算机科学与网络工程学院共有4名男兵被批准入伍，应征入伍人数在广州大学24个学院中排名并列第一。计算机学院4名应征入伍同学分别是网络工程151班叶冠杰、软件工程152班纪晓群、网络工程172班刘旭朗、软件工程172班杨树钦。

9月7日上午，召开2018年夏秋季入伍学生欢送大会。副校长周云，校征兵领导小组成员，各学院分管征兵工作的负责人、学工办主任、辅导员，入伍学生家长代表等参加了会议。

会上，周云副校长给参军同学发放入伍通知书，并对先进个人进行了表彰。随后，武装部负责人通报了2018年广州大学征兵工作情况。在校党委的正确领导下，按照上级有关征兵会议精神和越秀区征兵办公室通知要求，广州大学各学院和相关部门进行了大力宣传，发动同学们踊跃报名应征，从讲好征兵故事、办好征兵宣传启动仪式、充分利用新媒体宣传、组织开展征兵海报和标语原创征集、配合省市做好高校征兵宣传这五个方面持续开展好征兵工作。

（计算机科学与网络工程学院　学工办）

9月8日　教育学院举行本科新生见面会

9月8日下午，教育学院于行政西楼后座2楼会议厅举行2018级新生见面会。共有293名本科新生加入教育学院，他们对全新的大学生活充满好奇与希冀。教育学院以及各系领导、新生班主任和辅导员出席了本次新生见面会。

刘晖院长向新生介绍了学院办学情况，并寄语2018级新生："新时代，新征程，新希望，认真学习，努力成才。"

麻彦坤书记对新生在专业学习等方面提出建议和要求，希望新生们继续传承教育学院的优秀传统，做一个"德才兼备、家国情怀、视野开阔，爱体育、懂艺术，能力发展性强"的大学生。

教育系副主任、小教181班主任程瑛副教授，就新生如何培养良好的学习与生活习惯提出宝贵建议。

2015级应用心理学专业本科生张楠同学分享了自己在大学的心得，希望大家在大学生活里能合理规划，敢于尝试，勇于担当，并努力提升自己。

2018级新生钟舒茗同学代表新生发言，表达了自己对大学生活的美好憧憬。

（教育学院　学工办）

9月9日　人文学院学生在广东省师范生教学技能大赛中勇夺佳绩

9月8—9日，广东省教育厅主办的第六届广东省本科高校师范生教学技能大赛（语文组）总决赛于肇庆学院举办，来自华南师范大学、广东省第二师范学院等省内11所高校的34名选手同台竞技。经过两天的激烈角逐，广州大学人文学院2015级汉语言文学（师范）专业的周志方与罗晓润分别获得一

九月

等奖和二等奖的历史最好成绩，其中周志方现场授课得到评委一致高度赞许，勇夺第一。

人文学院素来重视师范生的技能培养。在本次大赛中，人文学院参赛选手在教师团队的精心指导下，从理论上深化对语文课程的理解，从设计上精心安排教学的整体与局部，在信息技术上加强创新，在教学展示上对语言、动作细致打磨。比赛中，周志方以“读—吟—唱”带动学生投入《陋室铭》的情感中，罗晓润以对比阅读和多元朗读的方式引导学生表达对《安塞腰鼓》的理解。最终，他们以扎实的语文教学基本功、独具匠心的教学设计和灵活出色的问答应变能力，获得了评委团及其他高校师生的一致好评，充分展现了广州大学人文学院汉语言文学（师范）专业人才培养的过硬实力。

（人文学院　新闻中心）

9月11日　马克思主义学院学生党支部学习习近平总书记在全国教育大会上的重要讲话精神

9月11日，马克思主义学院学生党支部召开“中共中央总书记、国家主席、中央军委主席习近平在全国教育大会上的重要讲话精神”学习会议，29名党员同志参加学习。

会议由支部书记林夏蕾同志主持，本次会议共两项内容：一是认真学习“中共中央总书记、国家主席、中央军委主席习近平在全国教育大会上的重要讲话精神”文件；二是党员同志通过学习交流体会与心得。

大家通过学习与讨论，深入研读“中共中央总书记、国家主席、中央军委主席习近平在全国教育大会上的重要讲话精神”文件，更加深刻地理解培养德智体美劳全面发展的社会主义建设者和接班人的重要性。

2017 级研究生党员吴金年同志发言：“教师职业无上光荣，教师要始终树立以身立教、为人师表，育人为本、德育为先的教育思想，在教学工作中关心爱护学生，孜孜不倦地指导好、引导好学生。”2018 级研究生党员李源霖同志认为，在深刻思考当下中国教育存在问题的同时，更要根据自己的反思主动探究解决问题的方法。2015 级本科生党员龚利鑫同志提出要认真学习、深刻领会讲话精神，把思想和行动统一到讲话精神上来，要在坚定理想信念上下功夫，踏踏实实修好品德，成为有大爱大德大情怀的人。

党员们围绕主题畅所欲言、各抒己见，立志听党话、跟党走，立志扎根人民、奉献国家，要进一步培育和践行社会主义核心价值观，更加坚定在新时代不断努力推进教育事业的决心。

（马克思主义学院　学工办）

9 月 14 日　旅游学院学生与粤港青少年交流团进行交流

9 月 14 日，香港中华总商会·粤港青少年 2018 交流团来到我校进行交流。当天下午我校带队老师和旅游学院的大二学生梁希言、何玉华、何夏程、莫嘉淋及大三学生麦桃娟五位同学带领香港中华总商会·粤港青少年交流团参观校图书馆，并乘大巴沿外环游览大学城。

参观校图书馆时，何玉华、梁希言、莫嘉淋三位同学与香港交流团的领队前辈进行交流，认真对比分析粤港教育制度，细心听取前辈对于旅游业的发展分析与方向选择的建议。

在乘大巴沿外环游览大学城的过程中，梁希言、何玉华、何夏程、莫嘉淋、麦桃娟五位同学跟随交流团作环大学城的导览介绍。这五名同学的工作得到了交流团师生的充分肯定。他们高度称赞旅游学院学生对于地接工作的高专业性与人际交往的高水平，感谢旅游学院学生对于大学城的详细介绍与趣闻分享。

晚 8 时，五位旅游学院的同学与交流团学生座谈交流，分享了在校学习经验，给予处于高中阶段的交流团学弟学妹们以中肯的建议，针对大学专业选择、偏科对于大学专业的影响、高中知识如何与大学无缝衔接等问题进行了解答。旅游学院五位同学的耐心回答赢得交流团学生的阵阵掌声。

粤港两地素来同根同声，这次活动进一步深化了粤港青年之间的情谊，也充分展现了广州大学旅游学院学生的专业素养！

（旅游学院　梁希言）

9 月 14 日　美术与设计学院举行军训原创漫画大赛

美术与设计学院为了展示 2018 级新生在军训中的优秀表现，扩大军训影响，记录军训生活，发扬不怕吃苦、不怕困难的优秀品质，展现美术与设计学院的独特风采，特举办军训漫画展示大赛。本次活动旨在展示 2018 级新生军训风采，巩固扩大军训成果。让大家记录精彩的军训生活，体会坚韧不拔、自强不息的精神。通过举办多形式的活动丰富大家的学习生活，既给更多同学一个展示的平台，也培养大家合作交流、团结共进的良好风范。

9 月 14 日上午，美术与设计学院 2018 级军训原创漫画大赛评审活动在学院会议室举行。学工办主任兼 2018 级辅导员罗兵老师、团委书记兼 2017 级辅导员马浩老师和导生代表作为评委，秉持公平、公正、客观、严格的原则，对参赛作品进行了细致严谨的评审。2018 级的 304 名学生全部参加本次军训漫画大赛。经过评委们认真细致的评审，最终选出获奖作品。

（美术与设计学院　学工办）

9 月 16 日　经济与统计学院副院长和党委书记为学生讲授思政第一课

9 月 16 日，经济与统计学院副院长傅元海教授以“有中国特色的社会主义经济学新发展”为主题，为 2016 级创新实验班同学上了一堂贴近时事、深入浅出的思想政治理论课。2016 级辅导员林晓珊、林冠成及 2016 级创新实验班全体同学共同聆听了这堂意义深远的思政课。

讲座开始前，傅院长首先表达了对创新实验班同学的殷切期盼。在讲座过程中，他首先结合历史发展，介绍了“什么是政治经济学”“什么是有中国特色的社会主义政治经济学”，接下来从“如何形成”和“怎样建设”两个方面展开详细论述。

在阐述中国经济连续多年增长的原因时，傅院长引申党的十八大以来党领导方针战略的转变，适时将原因归结为发展理念、经济政策、改革方向、国内外形势等多种因素的共同作用，同时结合时事，将经济理论与实际融为一体，化繁为简，化抽象为具体，给同学们以很大启发。

9 月 19 日晚，按照学校统一部署，我院书记思政第一课在桂花岗校区 9 号楼小礼堂正式开讲。学院党委书记卢国潜以“深入学习习近平新时代中国特色社会主义思想，确保意识形态和政治安全”为主题给 2018 级经济与统计学院新生上了一堂生动的思想政治理论课。2018 级辅导员赵梅岳，兼职辅导员黄蕾颖、陈思琪，新生党员、入党积极分子以及学生共 300 余人聆听了这堂意义深远的第一课。

讲座中卢书记就“习近平新时代中国特色社会主义思想是党和国家必须

九月

长期坚持的指导思想”以及“建设具有强大凝聚力和引领力的社会主义意识形态”两个大的方面展开阐述。

在阐述“习近平新时代中国特色社会主义思想是党和国家必须长期坚持的指导思想”时，卢书记主要从“是什么”“如何形成”“为什么”三个角度来展开论述。

紧接着，卢书记又通过对“什么是意识形态”“意识形态的特征”“意识形态的核心内容”“意识形态的解读”四个方面的讲解把“建设具有强大凝聚力和引领力的社会主义意识形态”这一理念植入同学们的心中。

（经济与统计学院　许晓盈　李振　胡敏轩）

9 月 17 日　体育学院退伍学子积极响应部队号召参加抗风救灾行动

9 月 16 日下午，强台风“山竹”在广东登陆，此次台风体积大，破坏力极强，广东全省大面积受灾。为了抢险救灾，广州预备役军人首次为抗台风转服现役。

体育学院学生黄子明、莫汝东、郭浩政以及两名毕业生邝杰聪、周志峰接到部队命令，积极响应征召，参加这次救灾行动。

当国家、人民有需要的时候，你们总是义不容辞站在我们身前，感谢你们！

在和平年代，你们是国家的盾，是人们最强有力的保障；在危难时刻你们是国家的刃，冲在最前面，保家卫国。台风无情，人间有爱。

（体育学院　陈浩铭）

9 月 18 日　环境科学与工程学院召开新学期学生干部会议

9 月 18 日下午，环境科学与工程学院在行政西楼前座 638 会议室召开了 2018—2019 年新学期学生干部会议，出席会议的有党委副书记肖杏烟、办公室主任李慧、团委书记吴海威以及硕士研究生、本科生党团学班的主要干部。

会议伊始，吴书记向大家讲解了“班团一体化”和团委学生会架构的变化，介绍了党支部副书记及各支委以及他们的相关工作，强调了团员评议的严谨性和重要性，最后还指导大家微团课的开展以及班级团建工作，希望大家加强党、团组织建设。

接下来李老师对各位学生干部积极配合关于强台风的防御工作及台风过后的修复工作表示感谢，然后向大家介绍“数字广大”里新增的网上服务大厅功能，在系统里能方便地完成入库、勤工等操作；接着简单说明了推优入党名额减少的情况和入党的要求，并且提到了本学期将重点加强班级的考勤，不管是研究生，还是本科生，都要注意课堂行为准则；最后布置毕业班的相关工作，提醒毕业班的同学们多留意招聘信息。

紧接着肖杏烟副书记在发言中提到了国家对环境的重视，强调了本次会议召开的重要性，肖书记以一句“环境要美化，全靠大家一起干”给大家指引了方向。随后肖书记给大家简单说明了学院的新变化，并提到学院的各大优势。她提醒我们，大学生正处于思想政治观念形成的关键阶段，希望同学们树立正确的政治立场，防止被不怀好意的人利用。肖书记还提到，学风建设如今越来越重要，要求大家整顿班风和重视学风建设，并希望大家多向优秀的同学学习。最后肖书记提出了对宿舍文明建设的要求，希望同学们能做好垃圾分类，维护好宿舍环境，并提醒大家要注意安全，在中秋、国庆过一个平安的假期。

（环境科学与工程学院　网宣中心）

9月19日　音乐舞蹈学院举行“踏歌起舞校园行”晚会

9月19日，音乐舞蹈学院“踏歌起舞校园行”晚会在演艺中心大舞台拉开帷幕。

本次晚会，在《Chameleon》的悠扬曲声中拉开了帷幕，这首曲子为爵士名家 Herbie Hancock 的作品，融合了电声乐器，配合抓耳的bassline，让大家感受到爵士乐的真正魅力。

接下来依次是四位扬琴演奏者带来的《匈牙利舞曲》、富有古巴当地民族风格曲调的《Havana》、广东传统粤语儿歌《月光光》、原创歌曲《侯》、电吉他 solo《没有人在乎你在乎的事》；爵士摇摆乐中重要的一首经典曲目《Orange Color Sky》；《红色高跟鞋》被演奏者用独特的改编方式，唱出了青春年华的我们对爱情的追逐；舞蹈《奇妙之夜》运用肢体语言向我们讲述了一个奇妙的故事；T 台秀《尚》打造了一场宫廷礼服的视觉盛宴；《当》带我们重温了一遍《还珠格格》；运用二胡、琵琶等民乐器与钢琴演奏的《九儿》，悠扬婉转的旋律，高亢中夹杂着悲凉，令人沉醉。两个多小时的表演，收获了观众们热烈的赞美，本次晚会不仅展示了我院学生的综合实力，也展示了当代大学生的青春魅力和精神风貌。

以上便是“踏歌起舞校园行”晚会的全部内容，特别感谢表演者带来的精彩节目，以及后台所有工作人员的辛勤付出。祝愿音乐舞蹈学院在今后的日子不断进取，越来越好；祝愿音乐舞蹈学院办出更多高质量的舞台活动，为“懂艺术”这个目标贡献我们的一份力量。

（音乐舞蹈学院　黎昊　伍颖彤）

9月19日 广州大学举办“防范电信诈骗及非法校园贷安全教育”专题讲座

为增强学生金融风险防范意识，提高学生防范电信诈骗和非法网络借贷的能力，学校根据上级相关单位的工作精神，邀请金融、公安等部门专家于9月19日下午在行政西楼二楼会议厅举办了“防范电信诈骗及非法校园贷安全教育”专题讲座。广东银监局消费者权益保护处处长王晓红、广州市反诈中心中队长余亦剑，我校学生处处长郑美玲、副处长孟强，工商银行广州分行法律事务部副总经理袁敏、工商银行广州华南支行行长陈德超以及各学院辅导员和学生代表近400人参加了此次讲座。

讲座首先由工商银行广州大学城支行行长傅业莹为同学们讲授了“防范电信网络诈骗”“拒绝非法校园贷”的金融知识。傅行长从几个典型案例切入，一一点破骗子们的诈骗手法，如助学金转账诈骗，扫码送小礼物导致信息泄露，以零利息、零首付、无担保、三分钟到账非法诱惑大学生贷款等。她提醒同学们要树立正确的消费观，要以学业为重，理性消费，珍惜自己的征信记录，保护好个人信息。

广州市反诈中心张利华警官为同学们讲授了如何识别和防范网络诈骗的知识。张警官介绍了诈骗之王“冒充公检法”的诈骗手段：犯罪分子通过改号软件或要求添加QQ、微信等冒充通信管理局、银行、公安局及各类客服获得受害人信任进而实施诈骗。她指出，这是造成损失最大、手法最歹毒的诈骗手段。张警官提醒同学们，只要掌握了犯罪分子的诈骗套路，便可以很好地防范这类网络诈骗。

（学生处 葛泽胜）

9月20日　环境科学与工程学院党委书记讲授思政第一课

9月20日上午在理南楼205教室，环境学院党委书记常向阳为2018级环境科学专业的97位同学上了一堂思政课，这也是2018级新生进入大学的第一堂理论课。思政课围绕《习近平新时代中国特色社会主义思想三十讲》中的第一讲和第二十二讲展开。

会议伊始，常书记以“何为哲学”引入话题，由浅入深，引出为何要上思政课，并强调思政课对大学生的重要性。介绍完思政课的背景后，常书记为大家讲解了《习近平新时代中国特色社会主义思想三十讲》的第一讲——“习近平新时代中国特色社会主义思想是党和国家必须长期坚持的指导思想”，重点强调了习近平新时代中国特色社会主义思想的重要意义和内涵，要在习近平新时代中国特色社会主义思想的指引下不忘初心，牢记使命，紧跟时代步伐，锐意进取，迎难而上。

常书记围绕第二十二讲“建设美丽中国”展开。“美丽中国”是中国共产党第十八次全国代表大会提出的概念，强调把生态文明建设放在突出地位，融入经济建设、政治建设、文化建设、社会建设各方面和全过程。这一理念与我们环境专业有着十分重要的关系。通过海珠湿地的例子，他阐释了“坚持人与自然和谐共生”的重大价值，并让环境专业的新生对本专业有了初步的认知。紧接着，他还为同学们讲解了“金山银山”和“绿水青山”的关系，归根到底就是正确处理经济发展和生态环境保护的关系——这是实现可持续发展的内在要求，是坚持绿色发展、推进生态文明建设首先必须解决的重大问题。同时他也介绍了环境人应如何树立和践行这一理念。

最后，常书记还为大家简单讲解了第二十二讲中“推动形成绿色发展方式和生活方式”“统筹山水林田湖草系统治理”以及“实行最严格生态环境保护制度”等重要思想的内容，结束了这堂极富意义的思政课。

经过这一堂思政课的学习后，2018 级环境科学专业的同学们对如何学好环境专业有了初步的方向，从而为开启大学生涯第一步扣好第一颗纽扣。

（环境科学与工程学院　毕雅妮　李振）

9 月 20 日　广州大学助力波密教育再上新台阶

日前，校党委书记屈哨兵带队赴西藏波密看望慰问我校援藏的实习支教学生，并开展手拉手对口帮扶活动，以实际行动助力波密教育发展。波密县领导与屈书记一行进行了座谈交流，并对我校以教育为纽带、实施援藏帮扶表示衷心感谢。

2017 年 7 月，广东省教育厅与西藏林芝市签署校地共建项目协议书，我校作为开展教育帮扶的十三所省内高校之一，与林芝市波密县合作共建大学生思想政治教育实践基地，对口帮扶波密县教育事业发展。共建以来，我校联合波密县政府，陆续开展学生党员暑期社会实践夏令营、援藏支教实习、教师培训、中小学专项对接帮扶等专项工作。2018 年 8 月，我校 12 名支教实习生组成的新一期实习支教大队在波密启动实习支教。

本次对口帮扶期间，屈书记看望慰问了我校波密实习支教大队的学生、我校附属中学与波密县中学合办国防班的学生，我校附中教育集团向波密县中学捐赠教师培训援藏资助专项资金 40 万元，并向波密县中学学生赠送图书、笔记本。屈书记亲切勉励实习支教同学“好好工作，好好生活，不忘初心，牢记使命，发扬精神”，鼓励国防班学生珍惜此次机会，吃苦耐劳，磨炼自身意志。同学们一致表示，将不负厚望，出色完成支教实习和学习任务。

在波密县中学，屈书记与当地师生一起种下一棵树，寓意汉族藏族人民友谊常青。他在讲话中指出，自校地合作开展以来，广州大学与波密县“汉藏一家亲”有温度的教育实践不断深化，校地友谊不断拓展。波密县拥有得天独厚的文化体育资源和良好的教育基础，在未来五年的合作中，期望双方全力践行落实党的教育方针，按照习总书记全国教育大会的号召，真正落实德智体美劳全面发展，着力提升教师团队建设、教学管理的质量水平，办好红色学校，努力培养德智体美劳全面发展的社会主义建设者和接班人，促使波密县教育事业更上一层楼。

（广大新闻网　叶昊　李振　杨焕）

9月20日　地理信息科学学院院长和党委书记为学生讲授思政第一课

9月20日，地理信息科学学院吴志峰院长从专业角度挖掘思想政治教育资源，结合《习近平新时代中国特色社会主义思想三十讲》中的第二十三讲“坚持总体国家安全观”，在学院会议室为地理信息科学181班的35位新生讲授了主题为“地理学与中国疆域安全”的思想政治课。

他引用《周易》中的古训“安而不忘危，存而不忘亡，治而不忘乱”指出本次课的主题，从政治地理学讲到地缘政治学，通过强调我国疆域领土现状——从来没有一个国家像中国一样接壤的国家如此之多，进入新时代，我国面临复杂多变的安全和发展环境，提醒同学们要坚持总体国家安全观。同时，吴院长通过“中国南海疆域与九段线”和“东南亚部分国家侵占中国南海岛礁情况”两个案例，鼓励同学们要努力学好地理学理论，利用大数据时代地理信息方法及技术去预见及分析这些疆域安全风险因素。

9月25日，林媚珍书记结合《习近平新时代中国特色社会主义思想三十讲》中的第十二讲“开启全面建设社会主义现代国家新征程”，在理南楼205教室为人文地理与城乡规划181班和182班共90位新生讲授了主题为“做无愧于时代的人”的思想政治课。

林书记围绕党的“两个一百年”奋斗目标，并结合2018级学生的出生年份，分析了同学们在改革开放40周年、中华人民共和国成立70周年、建党100周年和2049年第二个百年目标实现时的人生阶段，希望各位同学在新时代的坐标中找到自己的定位。

同时，林书记通过讲述历史与现状、精神与文化，引出“德才兼备、家国情怀、视野开阔，爱体育、懂艺术，能力发展性强”的人才培养目标，指出在座学子要担负起责任与使命，处在这样一个伟大的新时代，大家要坚定理想信念、认清人生坐标、脚踏实地学习，顺应历史和时代发展的潮流，勇担时代的责任和使命，书写更加美好的未来，做无愧于时代的人。

（地理信息科学学院　杨焕　李振）

9月20日　坚定文化自信——广大学子的第一堂思政课

9月20日，校党委书记屈哨兵给工商管理学院2018级100多名新生主讲第一堂思政课，以“坚定文化自信”为题，带领新生学习《习近平新时代中国特色社会主义思想三十讲》，深入阐述文化自信的背景意义、主要内容和实践路径，勉励青年学子坚定文化自信，争做时代先锋。

屈书记说：“中华优秀传统文化是中华民族的根和魂，中国共产党领导中国人民形成的革命文化，如井冈山精神、长征精神、延安精神，是我们宝贵的精神财富和精神动力。以高铁运营为代表的中国速度，以‘蛟龙’入海为代表的中国深度，以‘天眼’为代表的中国高度，以微信‘变脸’为代表的中国精度……中国奇迹正在让世人惊叹。”他鼓励同学们要从中华优秀传统文化中汲取有益营养，开阔视野；要传承红色基因，坚定理想信念，强化使命担当；要坚持、发展和弘扬社会主义先进文化，提高国家文化软实力。

如何做到文化自信？屈书记归纳了六个实践途径：一是抓住精神内核，培育和弘扬社会主义核心价值观；二是掌握意识形态领导权，旗帜鲜明反对错误思想；三是做好新闻舆论工作，提高传播力、引导力、影响力、公信力；四是讲好中国故事，积极开展国际文化传播；五是强化教育实践，构建文化自信的中国话语；六是坚持“双百”“二为”“两创”，推动文化大发展大繁荣。

当提及我校开展的中华经典诵读活动，以及多名教师先后登上中央电视台节目，传播中华优秀传统文化、发出好声音时，屈书记自豪地讲到广州大学在加强文化建设、坚定文化自信上作出的实践和探索，例如开展中华经典诵读活动等。他也希望同学们努力学习，多阅读经典，不断提升自我，坚定文化自信，助力文化繁荣；当讲起我校王建业教授及其老师陈岱孙先生从海外学成归来报效祖国的感人事迹时，屈书记叮嘱同学们在走向世界的同时要不忘报效祖国。

最后，屈书记寄语青年学子，在未来四年的大学生涯中，勤奋学习，善于思考，讲好中国话，当好中国人，坚定中国文化自信，做一名合格的社会主义建设者和接班人。

（广大新闻网　叶昊　李振　胡敏轩）

9月20日　全校师生共防登革热

9月20日上午，学校召开防治登革热工作会议，严格落实登革热预防和控制措施。校党委书记屈哨兵，校长魏明海，副校长周云、吴开俊，各学院领导和有关部门负责人参加了会议。

按照学校的要求和部署，学生处迅速行动，拟定了《关于组织学生做好登革热防控工作的通知》，要求各学院学工队伍迅速行动，落实“召开主题班会”“登革热防控知识宣传”“开展宿舍卫生大检查”“组织开展宿舍卫生劳动”等方面的工作，切实做好登革热防控工作。各学院积极响应，按照统一部署，积极开展登革热防控工作。

当天下午，吴开俊副校长前往桂花岗校区，带领桂花岗校区四个学院学工队伍走访检查学生宿舍登革热预防情况。桂花岗校区四个学院的副书记、辅导员全部投入宿舍卫生检查工作中，提醒同学们清积水、杀灭蚊虫，切实防控好登革热。

全校各学院都行动起来了，各学院书记、副书记、辅导员或走进课堂召开主题班会，或利用线上线下方式宣传登革热防控知识，或开展宿舍卫生大检查，或组织开展宿舍卫生劳动。

工商管理学院召开登革热防控布置暨心理健康工作部署会，李芬书记和甘健强副书记向全院生活委员和宿舍长做动员；公共管理学院积极开展防控登革热主题班会，何瑞豪副书记主持2018级防控教育大会；外国语学院召开了学院学生干部会议，鄢智青副书记和辅导员分别就登革热防控、宿舍内务、课堂考勤等问题进行工作部署；新闻与传播学院发挥专业优势，利用“掌上新传”微信公众号及时发布防控登革热指引；数学与信息科学学院实行卫生整理和灭蚊活动打卡，每个宿舍门口张贴打卡指引；马克思主义学院将学校防控登革热的宣传资料发至全院本、研班级群及宿舍，告知每位学生防控登革热的重要性。

各学生公寓楼栋“五室一站”学生党员及学生干部配合各学院开展宿舍卫生大检查，共检查了4 956间宿舍，整改不达标宿舍989间。

（学生处　葛泽胜）

9月21日　音乐舞蹈学院国标舞开班

2018年，广州大学音乐舞蹈学院首次招收国际标准交谊舞舞蹈生，国标舞专业正式加入广州大学舞蹈系这个大家庭。

2018级国标舞专业，作为一个新的专业，深受学校领导和老师们的重视。9月21日，音乐舞蹈学院在第一堂国标舞课上举行隆重的开班仪式，金燕副教授、佟树声主任、外聘专家成兵老师、瞿腊佳老师、赵琪老师和郭晖老师参加了本次活动。

在开班仪式上，2018级国标舞班的同学们用精心准备的舞蹈以及他们对国标舞的热爱迎接领导和老师们的到来。随后佟树声主任发表了讲话，他表示：“我在国标舞班同学们的眼中看到了青春、热情。你们的这种激情给舞蹈注入了活力，给艺术带来了新生命。也很期待你们自己打拼的国标舞品牌出现在广州大学的平台上。”老师们也表示对即将展开的舞蹈教学充满期待：“我们会用专业且不深奥的方式来进行教学，也希望你们能把国标舞传承下去。”

广州大学为国标舞专业的同学们提供了优秀的师资团队和广阔的舞蹈平台，相信国标舞专业的同学们将会怀着对国标舞的热爱和执着迎接精彩的四年大学生活。老师们也将用他们最大的热情来教授国标舞，师生同心，一起努力让广州大学的国标舞专业走向更大的舞台！期待广州大学国标舞这一品牌大放异彩。

（音乐舞蹈学院　朱雅慧）

9月25日　法学院院长和党委书记讲授思政第一课

9月25日，广州大学法学院院长张泽涛在文新楼414教室给法学174班同学们讲授“院长第一课”——中国法治背景下的行政违法行为被犯罪化处理的程序控制。

课堂围绕“行政

违法行为被犯罪化处理的程序控制”展开，列举了大量国内实例，中肯地指出国内执法和司法的不足之处，提出了避免类似情况发生的程序建设。

张院长介绍了党和政府在依法治国进程中所取得的成绩和不断改进的事实，强调了中国的公检法独立，互不干涉又相互配合，共同为国家和人民的根本利益服务，对中国依法治国道路给予了高度期望。

该课的主题贯穿了习近平新时代中国特色社会主义思想、党的十九大精神，紧密围绕学习贯彻习近平新时代中国特色社会主义思想，引导我们正确认识世界和中国发展大势，正确认识中国特色和国际比较，正确认识时代责任和历史使命，正确认识远大抱负和脚踏实地，坚定不移地走中国特色社会主义法治道路。

9 月 21 日，法学院党委书记刘文波在文新楼 305 教室为法学 173 班的同学们上了思政第一课，课堂内容是《习近平新时代中国特色社会主义思想三十讲》中的第十七讲“加快建设社会主义法治国家”。

课堂开篇，刘书记首先问同学们对“依法治国”这一概念如何理解，接着又详细阐述了加快社会主义法治国家建设中的五个要点：明确全面推进依法治国总目标、坚定不移走中国特色社会主义法治道路、加快建设中国特色社会主义法治体系、深化依法治国实践和加强党对全面依法治国的领导。

最后，刘书记总结了本次课堂内容，要求全体同学学习贯彻习近平新时代中国特色社会主义思想的精神内涵，以及习总书记有关加快建设社会主义法治国家的理论，并将所学理论用于日后的法学学习、法律工作当中，承担社会主义法治国家建设中一个新时代法学生该有的责任，体现当代青年大学生的担当。

（法学院　徐晓盈　李振）

9 月 25 日　广州大学举办大学生涯规划辅导会

9 月 25 日下午，在学校图书馆一楼讲学厅举办了广州大学第八届大学生涯规划系列活动之大学生涯规划辅导会。辅导会邀请了往届“十佳学生”称号获得者代表以及往届大学生涯规划获奖代表讲解了大学生涯规划。2018 级新生班班长及团支部书记、新生班辅导员参加了辅导会。

辅导会上，往届“十佳学生”称号获得者陈浩然同学以及往届大学生涯规划获奖代表分别讲解了如何做好大学生涯规划。

地理科学学院在读研究生陈浩然同学是 2017 年广州大学“十佳学生”称号获得者。他以亲身经历为例，为 2018 级新生讲述了做好大学生涯规划的重

要性。有了清晰的规划，就有了明确的方向。本科阶段，陈浩然同学曾获“创青春”全国大赛专项赛银奖等比赛奖项21项，广州市优秀学生、国家奖学金等荣誉称号及奖学金19种。

环境科学与工程学院的纪澄同学是2017级大学生涯规划二等奖获得者，她向同学们详细阐释了比赛的意义以及她在比赛中的收获。她还送给师弟师妹们一句激励人心的话：“热爱产生关注，关注带来勇气，勇气改变世界。”

化学化工学院的吴炫君同学同样是2017级大学生涯规划二等奖获得者，吴炫君同学深入浅出的演讲让新生受益匪浅。

经济与统计学院的朱健武同学是2017级大学生涯规划一等奖获得者，他以幽默的口吻跟同学们分享了自己的参赛经验。

大学生涯规划系列活动旨在帮助进入广州大学的新生尽快适应大学生活，完成角色转变，引导他们更好地规划大学生涯，向“德才兼备、家国情怀、视野开阔，爱体育、懂艺术，能力发展性强”的人才培养目标迈进，奠定成长成才的坚实基础。

（学生处　葛泽胜）

9月25日　化学化工学院党委书记讲授思政第一课

9月25日下午，化学化工学院党委书记周海兵在文新楼214教室为化工172班上主题为“警钟长鸣，筑牢安全的思想长城”的思政第一课。

周书记从中华人民共和国成立至今，国家安全观历经的三个历史发展阶段，阐述了作为习近平新时代中国特色社会主义思想重要组成部分的总体国家安全观的历史脉络，并从政治、主权、发展三个层面阐述了总体国家安全观的核心要义，强调这是以人民为宗旨的总体国家安全观，人民安全是宗旨，政治安全是根本，经济安全是基础，军事安全、文化安全、社会安全是保证，促进国家安全是依托。接着，周书记通过列举历史案例，向同学们讲述了改革开放后我国在科技、金融、网络、资源、海洋、政治、文化、社会安全等方面受到的挑战和深刻的历史教训，同时深入剖析了当前我们面临的来自国外、国内的安全威胁。她认为，目前我国面临的来自国外的安全威胁主要是意识形态

领域、世界格局变化带来的地区安全问题、“修昔底德陷阱”威胁、科技核心技术、文化安全等；而来自国内的安全威胁则主要在于腐败现象的发生、社会矛盾的产生、人们普遍安全意识的薄弱等。

讲到如何维护国家安全，周书记向同学们阐述了党中央在维护政治安全、国土安全、经济安全、社会安全、网络安全、外部安全六大方面的战略部署。而讲到大学生在维护国家安全方面的义务与责任时，周书记强调，维护国家安全是每一个公民应尽的义务，作为大学生，更应该担负起维护国家安全的历史重任。

（化学化工学院　学工办）

9 月 26 日　旅游学院院长和党委书记讲授思政第一课

9 月 26 日下午，旅游学院院长张河清在文新楼 224 教室讲授“开学第一课”，中法 181 班全体学生参加了本次课程。

“相信思想的力量”“相信梦想的力量”“相信奋斗的力量”是张河清院长提出的三点重要内容。思想是大学生的根本，梦想是大学生的动力，奋斗是大学生的征程。张院长表示，同学们在大学四年里要不忘初心，不懈奋斗，做一个有思想、有梦想，并且能为之奋斗的人。他强调：“大学的学习与以往的初高中学习不同，大学需要同学们更强的自我学习和独立思考的能力。在思考问题的角度、解决问题的方法等方面都要有所创新。”

最后，张院长希望同学们在未来的大学生活与学习中能够秉承“博学笃

行，与时俱进”的精神，严格要求自己，摆脱懒惰与拖延，积极进取，过上充实而有意义的大学生活。

9 月 26 日下午，学院党委书记刘向晖的思政第一课在文新楼 220 教室开讲。这堂精彩的思政课以“让青春梦想在新时代放飞”为主题，献给 2018 级新生，力求帮助大一新生正确认识时代责任和历史使命，及早树立远大理想，努力成长为爱国、担当、乐观、进取的有为青年。

刘书记以《习近平新时代中国特色社会主义思想三十讲》中的第五讲“中国特色社会主义新时代标示我国发展新的历史方位”为主题，向同学们讲述了党的十八大以来，我国改革开放和社会主义现代化建设所取得的历史性成就，根本在于党的坚强领导，以政治勇气和责任担当推动国家事业发生历史性变革，使我国发展站到了新的历史起点上，中国特色社会主义进入了新时代。

精彩的“开学第一课”渐渐进入尾声，刘书记给新同学送上美好寄语，希望大家牢记广州大学培养目标，用自身的健康成长续写故事、诠释精神，在班级建设中则应学会“同心而共济，始终如一”。在大学四年，努力做一个有大格局的人、一个善于读书的人、一个内心强大的人、一个充满正能量的人、一个尊重别人与自己不同的人、一个砥砺前行勇于担当的人。

（旅游学院　徐晓盈　李振）

9 月 27 日　美术与设计学院党委书记讲授思政第一课

9 月 27 日上午，美术与设计学院党委书记吴宗敏在文逸楼 705 教室为 2018 级设计学专业 110 名新生讲授了以“教育兴则国家兴，教育强则国家强——学习领会习近平在全国教育大会上的重要讲话”为主题的思政第一课。

首先，吴书记跟同学们分享了自己高中毕业后应征入伍，参加工作及追寻梦想考上广美的过程，用情至真，引起同学们的共鸣。吴书记通过讲述亲身经历，引导学生正确认识时代责任和历史使命，正确认识远大抱负和脚踏实地，让大家明白了爱国与责任的重要，从而更加珍惜考上大学的机会。

随后吴书记提出了本次课程的主题，告诉同学们在北京召开的全国教育大会上，国家主席习近平出席会议并发表重要讲话。吴书记将其分为四个部分为同学们解读：全国教育大会会议背景简介，全国教育大会会议精神学习，习近平心中的“好老师”，习近平谈教育发展论述。

从中华人民共和国成立时的 10 个人中有 8 个是文盲，到现在新增劳动力平均受教育年限超过 13.3 年，相当于大学一年级水平；从改革开放之初基本普及小学教育，到如今全世界平均每 5 个在校大学生就至少有 1 个在中国高校学习……当中华民族实现了从站起来到富起来再到强起来的世纪崛起，“教育兴则国家兴”已经成为时代强音，“学有所教、人人出彩”的神州画卷正在徐徐展开。

经过这次思政课，2018 级新生对国家的政策方针有了更深的理解，感受到了国家对教育事业的重视，使同学们能以更好的状态更努力地投入学习生活中。祝大家能够在自己的学业上扬帆远航，一路披荆斩棘，在党和国家的指引下走向理想的彼岸。

（美术与设计学院　学工办）

9月17日　体育学院学生获“一带一路”世界健美健身精英排位赛亚军

9月17—21日，2018“一带一路”世界健美健身精英排位赛暨IFBB精英职业卡资格赛在西安举行，来自37个国家和地区的300余名健美选手参赛。体育学院2015级学生陈小君荣获女子形体A组亚军。

2018“一带一路”世界健美健身精英排位赛暨IFBB精英职业卡资格赛由国际健美联合会授权，中国健美协会、西安市人民政府共同主办。本次赛事是经2017年11月在西班牙举行的国际健美联合会代表大会百余国家票选落地西安的一场世界顶级健美职业赛事，也是国内举办的规格最高、规模最大、参赛国家最多的国际健美大赛。本次赛事以“一带一路”为主题，向丝路沿线65个国家发出了参赛邀请，旨在通过大型的国际文化交流赛事，助力“一带一路”倡议的推动与发展。

（体育学院　学工办）

9月27日　教育学院党委书记、院长讲授思政第一课

9月27日晚上，教育学院党委书记麻彦坤和院长刘晖在讲学厅分别以“习近平新时代中国特色社会主义”和“做繁荣社会主义文化的推动者”为主题，向教育学院2018级全体新生上了一堂思政课。

麻彦坤书记以十九大召开为切入点，说明中国特色社会主义新时代应该“举什么旗，走什么路”的问题，向同学们详细介绍了习近平新时代中国特色社会主义思想的时代背景、“八个明确”的丰富内涵，以及新时代坚持和发展中国特色社会主义的基本方向——“十四个坚持”。同时，结合党和国家的发

展历史，以丰富的实例向同学们阐明了习近平新时代中国特色社会主义思想是党十九大的灵魂、是马克思主义中国化的最新成果、是党和人民实践经验和集体智慧的结晶、是中国精神的时代精华、是国家政治生活和社会生活的根本指引。麻彦坤书记最后提出，希望同学们能够认真学习和深刻领会习近平新时代中国特色社会主义思想，并在大学四年好好学习，努力成为一个“德才兼备、家国情怀、视野开阔，爱体育、懂艺术，能力发展性强”的高素质创新人才，坚定理想信念，认清人生坐标，脚踏实地学习，书写人生华章。

刘晖院长则以“文化自信与文化繁荣”为背景，以中兴引入芯片开发为例，提出大学生如何为文化繁荣作贡献这一主题，引导大学生思考如何做社会主义文化的推动者，并结合教育学院教育学、心理学的专业特点，提倡大学生积极响应习近平总书记在哲学社会科学工作座谈会上的讲话精神，重视哲学社会科学的学习，全面了解相关学科国际前沿发展状况，站在前人的肩膀上，与同行对话。紧接着，刘晖院长向同学们介绍了与2018级同学的专业相关的学科发展前沿，以教育神经科学和教育哲学为例，从国家战略的高度，讨论教育研究的前沿与趋势，分析前沿学科给教育带来的挑战，鼓励同学们广泛阅读，深入思考，了解交叉学科，鼓励同学们在志存高远的同时还要脚踏实地，努力学习，做好学习生涯规划和专业发展。

（教育学院　学工办）

9月27日　罗洪教授为教育学院师生呈现一堂精彩的“中外经典声乐赏析”体验课

9月27日下午，在我校演艺中心多功能室，音乐舞蹈学院院长罗洪携多名声乐学生，为慕名而来的教育学院师生呈现了一堂精彩的“中外经典声乐赏析”体验课。

罗洪教授围绕广州大学人才培养目标提出的“爱体育、懂艺术”的要求，就声乐艺术如何在师生中得到欣赏、提高、普及这一主题，在课堂中通过特邀嘉宾钢琴演奏、指导听众歌唱发声技巧，请声乐专业学生以独唱、合唱、小组唱等形式用美声、民族、流行三种不同唱法现场演绎中外经典艺术歌曲，并现场邀请师生加入歌唱表演等方式，将声乐基础知识和声乐赏析巧妙融入经典歌曲演唱中。

罗洪教授为现场师生上了一堂声情并茂的声乐赏析课，给师生们带来美妙体验。现场歌声、琴声交织，声声悦耳，不时传来阵阵掌声、笑声。

（教育学院　学工办）

9 月 28 日　新生代表畅谈入学教育

9 月 28 日中午，学校在菊苑饭堂举办了 2018 年第四期校领导午餐会。来自部分学院的 15 位 2018 级学生代表（12 名本科生、3 名研究生）参加了午餐会。副校长吴开俊，党办校办、学生处、研究生处、教务处、团委负责人在午餐会上与学生代表进行了互动交流。

午餐会上，学生代表围绕新生入学教育谈了自己的感受并对一些问题提出了意见和建议。本科生纷纷表示导生、辅导员、班主任都非常热情和负责，给人感觉很温暖，图书馆氛围特别好，学校的活动非常丰富，饭菜很好吃，学习氛围也很浓，他们非常喜欢学校。机械与电气工程学院机器 181 班唐伟力表示自己的导生非常负责，有一次班里的同学生病了，导生就像亲人一样一直在医院陪到半夜，非常令人感动。计算机科学与网络工程学院计技 181 班杨碧芬同学表示班主任李进副院长特别负责，不仅指导同学们学业，还在生活及人生规划上给予了同学们很多帮助。马克思主义学院 2018 级思教朱建铭同学表示学校的“导师制”特别好，入学初导师就帮助同学们根据自己的兴趣制订学习规划。来自新疆的人文学院汉语 183 班范小溪同学表示入学近一个月来，交到了很多志同道合的朋友，而且相处非常融洽，在学校就有种在家的感觉。

此外，同学们还就宿舍、课程安排、学习生活环境等问题提出了意见和建议。

吴校长现场回应了同学们提出的部分问题，并将同学们提出的所有问题详细记录，重点解决。吴校长对同学们提出了几点希望：一是希望新生培养起爱劳动的习惯；二是希望新生把“爱体育、懂艺术”融入生活、学习中；三是希望新生珍惜时间，多涉猎知识，学会做人，学会合作。

会议最后，学生处处长郑美玲鼓励同学们积极参加学校正在开展的大学生涯规划活动，鼓励同学们做好自己的大学规划，努力学习，争取成长为“德才兼备、家国情怀、视野开阔，爱体育、懂艺术，能力发展性强”的人才。

校领导午餐会是校领导与同学们面对面交流的重要渠道，也是同学们参与校园治理的重要途径。

（学生处　葛泽胜）

9 月 29 日　数学与信息科学学院院长和党委书记讲授思政第一课

9 月 29 日上午，数学与信息科学学院院长曹道民在理南楼 111 教室为数学 184、185 新生班主讲了思政第一课。他指出“实现中华民族伟大复兴，是近代以来中华民族最伟大的梦想，是激励中华儿女团结奋进、开辟未来的精神旗帜”，并从“实现中华民族伟大复兴凝聚着几代中国人的夙愿”“‘中国梦’的本质是国家富强、民族振兴、人民幸福”“‘中国梦’与世界各国人民的美好梦想相通”等几点进行了详细阐述。

曹院长还列举了抗日老战士林上元、“两弹”元勋邓稼先、中科院院士郝跃、数学家秦元勋等人的先进事迹，特别是学习经历，来激励同学们珍惜大学学习机会，学有所长，争取今后能够为实现“中国梦”贡献自己的一份力量。“青年兴则国家兴，青年强则国家强”，大学生应志存高远，脚踏实地，争做有心气、有志气、有勇气的社会主义建设者和接班人。

最后，曹院长总结道：“每个人的命运都是和国家的命运紧密联系在一起的，以前国运不好，学习机会不多，现在国家经济发展了，我们应该把个人的发展与国家的发展紧密联系在一起。”

9 月 28 日下午，黄志凯书记在理南楼 304 教室为数学 172 班全体同学主讲了思政第一课。他分别从“立足时代之基，回答时代之问的科学理论”，“系统完备的科学体系，特色鲜明的理论品格”，“经过实践检验，富有实践意义的强大武器”和“21 世纪马克思主义，当代中国马克思主义”这四点进行深入阐述。

黄书记介绍了党的十八大以来的这五年，以习近平同志为核心的党中央，以巨大的政治勇气和强烈的责任担当，解决了许多长期想解决而没有解决的难题，办成了许多过去想办而没有办成的大事，推动党和国家事业发生历史性变革、取得历史性成就。

“人民有信仰，国家有力量，民族有希望”。最后，黄书记说，作为数院学子，我们学到的数学知识可能将来用不上甚至会不记得，但数学给我们思维逻辑上带来的改变是会伴随一生的，他希望同学们结合习总书记在北大师生座谈会上的重要讲话和全国教育大会精神，按照总书记的嘱托，爱国、励志、求真、力行，肩负起国家和民族的希望。

（数学与信息科学学院　杨焕　李振）

9月29日 认识论和价值观——广大学子的第一堂思政课

9月29日下午，校长魏明海为计算机科学与网络工程学院2018级160多名新生主讲第一堂思政课。魏校长从“如何树立科学的认识论，探索真理”和“如何树立正确的价值观，扣好人生第一粒扣子”两个方面，深入分析和阐述当代大学生树立科学的认识论和正确的价值观的重要意义。

上课伊始，魏校长从哲学的角度和同学们一起探讨人类活动的意义以及大学生的价值追求，接着又援引哲学理论，列举科学案例，讲解如何树立科学的认识论，探索真理，深入分析和阐述了人类认识世界和改造世界的辩证统一关系；此外，他又从自己从事教学科研、指导学生开展学术研究的经历，以及他所了解的广大故事，讲述了广大师生坚守民族大义、爱国爱校、造福社会、博学笃行、与时俱进的感人故事，生动诠释了博学笃行、与时俱进的广大精神。

关于“如何树立正确的价值观，扣好人生第一粒扣子”，魏校长从人与社会如何发生联系、大学生应该认同什么核心价值观、大学生如何达到核心价值观认同三个层面逐一为学生讲解。魏校长希望广大学生树立习总书记提出的“四个正确认识”，努力做到三个认清、三个坚持，并要落到实践上，争做德智体美劳全面发展的社会主义建设者和接班人。

最后，魏校长引用习总书记对青年人的寄语，要求同学们树立科学的认识论和正确的价值观，坚定理想信念，勇于探索真理，与国家的未来发展同向同行。

（计算机科学与网络工程学院　学工办）

9月30日　音乐舞蹈学院院长和党委书记讲授思政第一课

9月30日中午12：40，在文新楼106教室，罗洪院长为新生讲授《推动社会主义文化繁荣兴盛》思政课。

罗院长希望同学们明确目标，立志成才，做有理想、有本领、有担当的新时代合格大学生。

9月19日下午两点，在文清楼407教室，音乐舞蹈学院党总支书记苏沛祺为2018级新生讲授《把握大势，牢记使命，做新时代合格大学生》思政课。

苏书记和罗院长从学院的角度，为新生们接下来将开始的大学生活，提出了重要指引和建议。

其中，苏书记给大家做了习近平新时代中国特色社会主义思想的“学懂、弄通、做实”教育，希望同学们明确目标，立志成才，做有理想、有本领、有担当的新时代合格大学生。

罗院长则分享了流行乐的历史发展演变，要求同学们唱好中国歌。作为早上八九点钟的太阳的音乐舞蹈学院的大学生，应该更有担当，为校园公共艺术推广作出自己应有的贡献。

（音乐舞蹈学院　杨焕　李振）

我们的大学

October　十月

10 月 7 日　经济与统计学院举办“身边的榜样”大学生涯规划讲座活动

10 月 7 日晚上，经济与统计学院在桂花岗校区举办了“身边的榜样”大学生涯规划讲座活动。本次讲座邀请了经统学院四位优秀的学生为大一新生进行指引和经验分享。他们是 2017—2018 学年国家奖学金获得者罗冬玲、梁玉瑜、郑容妹，2017 届大学生涯规划大赛校级一等奖获得者朱建武。

讲座上，罗冬玲同学为 2018 级新生分享她的学习经验并提出了大学生活规划的建议；朱建武同学向大家传授了自己当时做生涯规划的经验；梁玉瑜同学叮嘱新生学习态度要端正，对于学习的方法，要多总结，多反省自己，在学习过程中找到适合自己的方法；郑容妹同学则提到要认清自己的专业，并鼓励大家多去尝试，比如参加实习、学会思考等。郑容妹还认为，能成为广大学子很幸运，因为广大是个很好的综合性大学。

此次讲座旨在传递榜样力量，引导和鼓励新生向身边的榜样学习。希望广大学子能够树立远大理想，做好自己的大学生涯规划，并在往后的学习和生活中努力践行。

（经济与统计学院　颜抒淇）

10 月 9 日　两院联合举办新生辩论赛

数学与信息科学学院和教育学院联合举办了 2018 级新生“言辩・纵横”杯辩论赛，该活动以“语言与思想的交锋，智慧与灵感的碰撞”为主题，以数学与信息科学学院、教育学院的 2018 级新生为活动对象，开展了为期 22 天的辩论赛（10 月 9—30 日）。

本次辩论赛由数学与信息科学学院学生会学习部在班长会议上进行宣传并下发报名表，由数学与信息科学学院学生会宣传部推送宣传，由数学与信息科学学院学生会制作新生辩论赛系列赛及总决赛的海报。

首先，两院 16 个班各派一支代表队，采用抽签对打淘汰赛制，一共四轮比赛，每场获胜方晋级下一轮比赛。第三轮为院内冠军争夺赛。最后一轮比赛，两院亚军对打争夺季军，两院冠军进行冠军争夺赛。

前三轮每场各 3 名评委，决赛 5 名评委，每位评委手中有 1 票，每场比赛得票高者胜出，且由评委评选最佳辩手。每场获胜队直接进入下一轮比赛。

比赛设冠、亚、季军各1名，系列最佳辩手数名与决赛最佳辩手各1名，双方学院分别设班级最佳组织奖1名，分别颁发奖状或奖品。此外，积极支持本班比赛的班级获得班级最佳组织奖。

此次辩论赛加强了数学与信息科学学院和教育学院两院的交流，增进了双方友谊；同时还加强了新生的认识交流，增强了班级凝聚力；辩论赛有助于提高同学们的逻辑思维能力、语言表达能力、组织能力，也有利于培养同学们团队协作的能力与意识。

（数学与信息科学学院　学生会　学习部）

10月9日　工商管理学院举行“十佳学生”评比大赛

10月9日下午两点，工商管理学院“十佳学生”评比大赛在桂花岗校区小礼堂隆重举行。

学工办副主任陈媛，团委书记周云、副书记邹婷，辅导员李睿贤、梁世健，主席团团委副书记黄雅芳、副主席曾玲娜和李诗茗以及各班代表参加了活动。

会议伊始，陈媛老师致辞，向同学们介绍了“十佳学生”的评选条件和评选流程。让同学们了解到“十佳学生”评选的严格、公正。

本次“十佳学生”竞选的候选人共有20名，每人有3分钟的自我展示和1分钟的答辩环节，候选人通过自信的台风和精彩的演讲，以及肢体语言的充分运用，尽情表现自我。

工商162班的吴梓雯，以积极和拼搏放飞梦想，以自信和挑战摆渡人生。她立足现在，放眼未来，在知识的道路上一路向前。她敢于有梦、勇于做梦、勤于圆梦，以尼采的“谁终将声震人间，必长久深自缄默”的名言勉励自己，成就了不一样的芳华。

市营151班的李欣格，寒暑假时的火车站、人民医院，都能看到她忙碌的身影。她风趣幽默的台风，恰到好处的肢体语言，引发现场同学们阵阵掌声，既点燃了现场的氛围，也让同学们明白大学生活的多样性。

最后周云老师上台致辞，她希望同学们能明白习总书记在十九大报告中说的“青年兴则国家兴，青年强则国家强”的道理，青年一代有理想、有本领、有担当，国家就有前途，民族就有希望。

本次“十佳学生”候选人的精彩演讲与分享，给刚刚步入大学的新生树立了榜样，让他们了解到优秀的人是如何克服困难成长的。愿大一新生听完高年级同学的分享都能找到目标，坚持努力，成就自己的人生丰碑，不负韶华。

（工商管理学院　新媒体中心）

10月12日　广东省大学生器乐比赛（决赛）在广州大学隆重举行

10月12日，由广东省教育厅主办、广州大学承办的广东省第三届大学生器乐比赛（决赛）在广州大学演艺中心大剧场隆重举行。大赛以“奏响青春旋律、展示时代风采”为主题，旨在为全省高校中热爱器乐演奏的大学生搭建一个展示自我、挥洒青春的舞台，传承和发展中华优秀传统文化，提高大学生器乐演奏水平和艺术修养。

本次器乐大赛是我省深入贯彻党的十九大精神和全国教育大会精神，落实国务院、省政府关于全面加强和改进学校美育工作文件要求部署，坚持以美育人、以文化人，大力弘扬中华优秀传统文化和伟大爱国主义精神的一项重要行动和举措，是对全省大学生器乐演奏水平的一次检阅，也是推进广东省大学生美育的一场盛事。郭兴蓬副校长表示，此次大赛的举办意义重大，既为选手们学习和锻炼提供了机遇，也为艺术知识普及和素质教育提供了平台。

第三届大学生器乐比赛自今年 4 月启动以来，得到全省各高校的积极响应，共有 51 所高校的 117 个节目报名参赛。通过初赛、复赛的层层选拔，最终 52 个节目进入了现场决赛的环节。其中既有《旱天雷》《雨打芭蕉》等传统剧目，也有《飞天》《科技先锋》等现代作品；既有《春江花月夜》《春节序曲》等民族管弦乐，也有《贝多芬第一交响曲》《小查尔达什》等西方交响乐和协奏曲。节目中西兼备、丰富多彩，可谓一场器乐的盛宴，充分展示了当代大学生开阔的艺术视野和深厚的人文素养。此次现场展演通过网络直播的形式向社会同步展播，当天观看量累计超 18 万人次。

本次比赛分甲、乙组，甲组为普通高校非艺术类专业学生，乙组为艺术类专业学生。在决赛环节，参赛选手的精彩表演和高超的演奏技术赢得了在场观众的阵阵掌声，也获得了评委专家的一致好评。经过 8 个多小时的激烈角逐，最终在甲组中评选出一等奖 8 名、二等奖 11 名、三等奖 19 名。在乙组中评选出一等奖 3 名、二等奖 4 名、三等奖 7 名。从此次参赛作品的整体质量上来看，无论是专业组还是非专业组，在演奏技术与艺术表现上都展现了精湛的水准，充分体现了我省高校人文艺术素养教育的优秀成果。

（音乐舞蹈学院　何燕珊）

10 月 13 日　环境科学与工程学院结束哈尔滨工业大学“第二校园访学”活动

继上学期前往浙江大学开展“第二校园访学”活动后，环境科学与工程学院于 10 月 6—13 日前往哈尔滨工业大学进行为期一周的“第二校园访学”之旅。在环境学院党委副书记肖杏烟的带领下，10 位优秀学生共赴哈工大。

访学即访问学习，访为所学，学于所访，学有所思，而视野开阔，人心向学者之往也。“第二校园访学”活动旨在提供国内高水平大学作为第二个校园学习的平台，培养一批品学兼优的学生。

读万卷书，行万里路，经过此次访学，同学们增长了见识，心灵得到了启迪。访学结束，同学们回到广州大学课堂，表示将以虔诚的心对待学习，以严谨的态度对待科研，将哈工大的“规格严格，功夫到家”校训贯通于生活的每一处细节。

（环境科学与工程学院　访学小分队）

10 月 13 日　数学与信息科学学院举行团委学生会干培活动

数学与信息科学学院团委学生会各部门举行联合户外干培活动，旨在丰富干事的课余生活，让新干事互相了解，促进合作交流，建立牢固的感情纽带，令新干事感受到团委学生会家一般的温馨，同时也灌输团队精神和服务理念，从根本上凝聚团队力量，从而潜移默化感染新成员，令团委学生会更上一层楼。

10 月 13 日上午，为确保活动顺利举行，数学与信息科学学院团委学生会素质拓展部的工作人员清晨已到场进行器材搬运以及场地布置。

活动开始时，首先进行团员宣誓，所有到场的团委学生会成员起立，举起自己的右手，跟着数学与信息科学学院团委副书记柳璎乃严肃宣誓，这是团员对自己的要求，是对自身所肩负责任的承诺。

严肃的宣誓环节过后，到场的人员开始玩事先设计好的小游戏，比如找队友、萝卜蹲、传呼啦圈、猜歌名、解手链等。看到成员之间彼此合作，以及玩游戏时愉快的样子，我们相信愉快的游戏增进了成员之间的了解，同时也加深了学院各个部门之间的深厚情谊。

活动最后，所有成员合影留念，为本次活动画上一个完美的句号。

（数学与信息科学学院　佘佳平）

10 月 14 日　外国语学院赴华东师范大学“第二校园访学”

10 月 14 日，外国语学院“第二校园访学”队伍和英语拔尖创新人才实验班学生代表共 17 人，在学院党委副书记鄢智青、陈丽虹、任洪蔚和陈远明 4 位老师的带领下，前往上海华东师范大学访学。

出发前，外国语学院组织教师对访学学生进行面试选拔，并两次召开动员会，布置准备工作，强调注意事项。

我校访学团受到了华东师范大学外语学院师生的热情接待，该院先后安排了“学生进课堂”“学术讲座”“专题交流会”“科研项目申报答辩”“师范生培养工作”“学生工作交流”“校园参观”等环节。外国语学院学生充分准备，积极参与，聆听名师课堂，对话学术大师，学习优秀学子，了解科研申报。各组成员于每日晚上对当天活动进行小结，分享收获与心得。访学学生的优异表现获得了该院教师的好评。

返穗后，访学团于11月13日在文新楼322教室进行成果汇报。4个小组的同学分别从两校学生的英语阅读比较、作业情况比较、考研情况比较、科研情况比较等方面汇报了各自的访学成果。汇报会上，苏远连副院长肯定了大家的工作，希望更多同学能受益于访学成果。鄢智青副书记感谢大家的用心、认真及建议，勉励大家“开眼界，找差距，学方向，即行动”。

（外国语学院　任洪蔚）

10月15日　法学院学生前往穗石村小学义教

我校为响应学生积极参加社会实践活动的号召，于10月15日开展每学期一次的穗石村小学义教活动。志愿者以法学院学生为主，活动以周为单位，安排志愿者前往义教学生家中进行义教，整个活动期间，各方反映良好。首先，广大学子获得了社会实践的宝贵机会，并且提升了自身的社会责任感，学会了如何跟义教家庭相处。其次，对接校方通过合作义教活动，使教学质量得到了提高，不止在校内，更在校外为小学生提供了受教育的机会。

通过这个活动，我校志愿者不仅提高了爱心与责任意识，而且发扬了为社会奉献的志愿者精神，展现了广州大学志愿者的精神风貌。志愿者们通过义教平台奉献了自己的一份爱心，同时也架起了大手拉小手的桥梁，义教同学亦默默承诺，将以此次活动为契机，将爱心的火炬传递得更加久远，让社会主义核心价值观落到实处，引领全院全体团员建设和谐、友善、大爱以及奉献的精神。每学期活动结束后，志愿者们会总结不足，并进行反思，时时改进，争取将活动越办越好。

本学期的活动于2018年1月19号结束，下次义教活动将于下个学期开学时开展。

（法学院　实践部　罗伟业）

10月16日　教育学院成功举办“左右为篮”三人篮球赛

10月16日，教育学院在东区篮球场举办了主题为“左右为篮”的三人篮球赛。

我院学子积极响应本次活动，共有男子组10支队伍，女子组6支队伍参与比赛。经过第一轮激烈的比拼，男子组稳健队与女子组166队等七支队伍脱颖而出进入第二轮比赛。

七支队伍以循环赛的形式进行了冠、亚、季军的争夺。男子组由稳健队夺得比赛的冠军，女子组由弗洛伊德说的都队夺得冠军。稳健队的依力牙孜同学斩获男子组“最有价值球员”称号，弗洛伊德说的都队的邹静欣同学荣获女子组“最有价值球员”称号。

本次活动中，参赛队员积极热情、顽强拼搏，工作人员相互配合、认真工作，充分展现出教院人奋发向上、互助团结的精神风貌。

（教育学院　学工办）

10月16日　青年志愿者协会人文学院分会仓头小学义教活动顺利举行

10月16日下午，广州大学青年志愿者协会人文学院分会服务部组织志愿者前往仓头小学进行义教活动。

小学教育是基础教育的第一步，小学、社工及协会全体成员对此高度重视。活动开始前，我们对志愿者进行培训，确保能够给小学生带来一次良好的趣味课堂体验。我们争取在一节课的时间里，以游戏、视频、音乐相结合的方式，给他们教授有趣的内容，使课堂变得更生动活泼。作为志愿者，我们在这次活动中收获的不仅是小学生的欢声笑语，还有自身能力的提升。

（青年志愿者协会　人文学院分会）

10月17日　数学与信息科学学院举办中华经典诵读比赛

10月17日，数学与信息科学学院在广州大学学生活动中心，为院内对中华经典诗篇感兴趣的新生，举办了一场中华经典诵读比赛。

初赛与决赛在同一晚进行。初赛中安排各个班组织队伍在古典乐曲的环绕下朗诵中华经典诗篇，由受邀嘉宾与院领导老师从朗诵感情语言是否流畅、是否有感染力等方面对其表演进行评分。各班表演精彩至极，充分发挥了参与者的特长与想象力，观众拍手叫好。

初赛结束后，进行观众有奖答题环节并评出初赛得分前六名的队伍参与决赛。决赛由各个晋级队伍抽取不同的中华经典知识套题进行限时回答。题目包含诗篇内容、背景故事和中国古代常识，问答生动有趣，拓宽了学生的视野。

院领导老师在诵读结束后，对活动和参与者的表演进行了简单的点评，认为中华经典诵读应以诵读为主，音乐、乐器的弹奏、伴舞等为辅，有感情、清晰的经典诗篇诵读才是表演的关键。我们接受表扬也聆听教诲。

活动由晚上七点进行至十点，无论是参与者、工作人员、组织者还是观众都受益匪浅。活动旨在提高大学生的中华民族传统文化涵养与鉴赏能力，在丰富大学生课余文化生活的过程中陶冶大学生性情；让我们亲近、热爱中华文明，在传承中不断思考与进取，在创新中弘扬民族精神。

中华文化博大精深，愿我们不忘初心，不断向前。

（数学与信息科学学院　陈子阳）

10 月 17 日　人文学院举行“第二校园访学”分享会

10 月 17 日晚，广州大学“第二校园访学”——2018 年人文学院赴南京大学文学院访学项目汇报分享会于图书馆讲学厅顺利举行。

2018 年 4 月，在学生处、人文学院各领导的大力支持下，人文学院选派了一批优秀学生作为代表，赴南京大学进行访学交流，汇报分享会是访学归来的学子们根据访学团在访学期间的所得所获，为全院师生准备的一场分享活动。

会议伊始，人文学院党委副书记刘军军致开场词。刘书记勉励同学们多走出去看看世界，做一个视野开阔的人，学会适应与规划，让自己不断进步，成为更优秀的人。随后，访学团带队老师之一、2016 级辅导员陈楚敏承接书记的发言，从“为什么”“访什么”“学什么”“准备什么”四个部分，清晰明确地为大家介绍了访学项目的概况，并就如何能参与访学等问题为同学们答疑解惑。

随后，访学团成员将访学之旅分为六大部分，为观众全方位、多角度地展现了访学之旅中的所得所获：队长廖广欢同学作关于“走进南大”的分享；

黄梓莹同学作关于“两院党建工作经验”的分享；曾岚同学作关于“两院团委学生会”等学生工作方面的分享；王惠婷同学作关于“南大历史学院”、校史馆方面的分享；陈子曼同学作关于“学生活动与校园环境”的分享；胡嘉仪同学作关于“跨学科学习”的分享；周婉琪同学作关于“大学生涯的规划与展望”的分享。

访学团各成员分享完毕后，进入互动问答环节，现场多位同学积极提问，进一步了解访学。分享会最后，访学团带队老师江曙进行精辟的总结发言，江老师热切劝勉同学们应当多留意学院提供的各种活动，如访学项目的信息，把握机会，并对同学们寄予了厚望，希望同学们能成为视野开阔的新时代大学生。至此，2018 年人文学院赴南京大学文学院访学项目汇报分享会圆满落幕。

（人文学院　访学团）

10 月 18 日　广州大学研究生合唱团获广州市星海（国际）合唱节银奖

10 月 18 日晚，由中共广州市委宣传部、广州市文化广电新闻出版局、广州市总工会主办的“花城咏天籁 · 唱响新时代”——2018 广州星海（国际）音乐季之合唱群英汇在广东演艺中心隆重举行。广州大学研究生合唱团发挥出色，喜获银奖。

本次合唱节规模、参与人数、覆盖人群达到了历年之最，参赛队伍有 90 余支。广州大学研究生合唱团演唱作品《青春飞翔》，学子们美妙动听的歌声和催人奋进的“中国梦”情怀回响在广东演艺中心的主会场，其良好的精神面貌和舞台感染力赢得了在场观众的阵阵掌声，获得专家评委和观众的一致认可。广州大学研究生合唱团站上如此高规格的舞台，进行高水准展演，充分彰显了广州大学音乐艺术教育的水平和实力。

（外国语学院　梁嘉齐）

10 月 18 日　体育学院举办大学生职业生涯规划比赛

为推进学院就业指导工作，帮助大学生明确学习目标，促进学生树立职业意识，从观念、意识、技能等方面做好应对竞争压力和职业挑战的准备，体育学院于 10 月 18 日晚在文新楼 106 教室举办了大学生职业生涯规划比赛。

本次比赛中的 9 名参赛选手是陈家昕、洪雅佳、邝展帆、刘浩、麦满豪、潘锦辉、苏锐彬、肖赫、周宏锐；5 位评委老师分别是商执娜、彭星辰、李旭予、刘文娜、李家峰。

演讲环节包括自我评估与认知、环境与职业探索、职业行动策略与方案三大部分，参赛选手需结合自己的实际情况与社会需求，对自己的校园生活及毕业 5 年内的职业生涯做出规划。

商执娜老师等评委根据选手们各方面的表现，通过综合评判，评选出本次比赛的前三名。

一等奖获得者是社体 181 班的洪雅佳同学。她性格活泼开朗，对一切新鲜事物感兴趣，做事认真努力。在演讲台上的她阳光自信，表达清晰得体，获得了评委们的一致好评。

二等奖获得者是社体 183 班的肖赫同学。他成熟稳重，吃苦耐劳，敢于挑战新事物。他待人真诚，在班上很受同学们欢迎。他还对自己的职业有着独特的规划和见解，可以看出他是个很有想法的人。

三等奖获得者是体教 182 班潘锦辉同学。他性格温和开朗，对人生有着独特的见解，认为体育生不该只是四肢发达，也应该有修养有文化。在兴趣方面，他喜欢看书、运动和参与各种社交活动。

人的青春只有一次，有目标我们才不会迷失自我。现在，青春是用来奋斗的；将来，青春是用来回忆的。

商执娜、李旭予、李家峰3位评委老师对选手们的PPT制作、着装仪表和自信心等方面进行了详细的点评。

（体育学院　肖宇丽）

10月19日　美术与设计学院开展入党培训讲座

10月19日晚，美术与设计学院党委副书记蔡琼生在文逸楼副楼705会议室为2018级各班班长、团支书和部分有意向递交入党申请书的同学作主题为“让青春在党旗下飞扬”的入党培训讲座。

首先，蔡书记为在场的同学介绍了美术与设计学院的党委概况。谈及对“入党”这一行为的认识，蔡书记以习近平总书记在全国教育大会上的重要讲话为切入点，指出作为新时代大学生，应坚定对党的信念，努力实现中华民族伟大复兴，探索建设人类理想共和国，并在这一历史进程中实现个人价值的最大化。

蔡书记为同学们梳理了中国共产党自建党以来的发展历程，重点介绍了5个与时俱进的中国共产党创新理论，加深了同学们对中国共产党的认识。随后，他提出“要如何理解党的根本宗旨”“如何端正入党动机”“作为新时代青年如何与国家发展同向而行”等问题，引导同学们对“入党”进行思考。对于“如何申请入党”和“如何争取入党”，蔡书记也作了简要的讲述。

蔡书记衷心希望同学们能在大学这一阶段尽快确立自己的人生目标，同时欢迎同学们积极提交入党申请书，并祝愿同学们能早日加入中国共产党！

（美术与设计学院　学工办）

10月19日　广州大学各班级召开“学习习近平总书记在全国教育大会上重要讲话精神”主题班会

全国教育大会在北京胜利召开，为深入学习习近平总书记在全国教育大会上重要讲话精神，引导同学们争做德智体美劳全面发展的社会主义建设者和接班人，近日，学校各学院各班级积极开展“学习习近平总书记在全国教育大会上重要讲话精神”主题班会。

根据要求，各班级主要围绕学习习近平总书记关于“培养什么人、怎样培养人、为谁培养人”这一根本问题，学习习近平总书记提出的关于“加强

体育、美育、劳动教育”的要求，学习安全防范的技能知识，学生干部及学生党员发挥好先锋模范和示范引领作用四个方面组织开展。

班会上，各学院领导、辅导员、班主任结合本学院特色，带领同学们领会学习习近平总书记在全国教育大会上重要讲话精神，带领同学们结合我校“德才兼备、家国情怀、视野开阔，爱体育、懂艺术，能力发展性强”的人才培养目标，充分认识国家加快推动教育现代化、建设教育强国、办人民满意的教育的战略规划，努力争做德智体美劳全面发展的社会主义建设者和接班人；结合我校正在开展的“立德树人，打造有品质的校园生活”活动，引导同学们树立健康理念，提高审美能力及人文素养，弘扬劳动精神，积极参加校园体育活动、校园文化活动及宿舍文化建设，积极参与经典百书阅读等活动。

此外，为扩大宣传力度，切实引导同学们争做德智体美劳全面发展的社会主义建设者和接班人，学校还利用易班网络平台、微信公众平台、网站、海报等形式开展学习教育活动。

（学生处　葛泽胜）

10 月 19 日　化学化工学院开展心理委员培训活动

10 月 19 日晚，化学化工学院心理卫生协会在文新楼 315 教室开展了心理委员培训活动。特邀心理学专业老师余玉荣、化学化工学院心理工作指导老师祝梦婷、兼职辅导员陈丽君及学院各班级心理委员参加培训。

祝老师首先强调了班级心理委员的工作职责，并表达了学院对心理委员工作的支持与鼓励。接着，由余玉荣老师开展专业培训。余老师从心理委员的作用与优势、职责与任务、方法与途径三个方面详细介绍了心理委员这一个职位，并讲述了心理学专业的知识。余老师还通过讲解贴近生活的案例，为同学

们解决生活中常见却棘手的心理问题提供参考

通过此次心理委员培训活动，各班心理委员明确了自己的工作职责，了解了心理学方面的专业知识，学到了一些常见心理问题的解决方法，能对班级的总体情况和个人心理状况做更专业的分析，及时发现问题、解决问题。

（化学化工学院）

10月20日　数学与信息科学学院赴四川大学开展“第二校园访学”

10月20日中午，数学与信息科学学院“第二校园访学”动员大会——四川大学访学动员大会在行政西楼前座340室召开。会议期间，黄志凯书记希望访学团能在四川大学这个历史悠久的校园充分沉淀自己，改进自身不足的地方，学有所成，学有所获。此外，王晓峰副院长、孙凌副书记和钟育斌教授也分别对此次访学之旅提出了一定的期望，希望同学们严于律己，时刻保持自己广州大学数科院学生的形象，重视这次来之不易的访学机会，提升自己。

10月22日上午，在孙凌副书记的带领之下，访学团抵达四川大学数学学院长江数学中心，与该学院的胡兵书记、寇辉副院长、覃孟念副书记以及老师们进行了学生工作交流。寇辉副院长重点介绍了四川大学数学学院师资、生源以及学生未来发展情况。同时，四川大学数学学院的老师也对广州大学就“双创”所进行的尝试以及近几年广州大学积极引进师资的做法进行了提问，孙书记对此仔细地回复。最后，孙书记还代表数科院将广东特色——岭南荔枝刺绣图赠送给四川大学数学学院。双方在热烈的交流提问中结束当天的座谈并合影留念。

访学团参观了四川大学博物馆和校史馆，帮助同学们了解大学的发展以及四川成都这个充满故事又极具文化底蕴的城市。访学团的成员根据自己的课程进度选择性地旁听了川大的很多课程。

在川大访学交流分享会上，孙书记向同学们讲述了访学项目的优秀成果以及将获得的经验运用于学院的建设中，并表示希望以后能有更多的同学走出校门，走进更多“双一流”大学进行学习交流。

（数学与信息科学学院　肖宇）

10月20日　新闻与传播学院开展团委学生会户外干培

10月20日在北区篮球场，新闻与传播学院的团委学生会组织了新一届的户外干培。这次户外干培的主要目的是增进各部门的凝聚力和交流，为以后的工作打下良好的感情基础。在这次活动中，以两部门为一组进行比赛。比赛的游戏项目有很多，每个小组成功完成游戏项目后能得到奖章一个，最快收集到全部奖章的小组获胜。

第一个游戏是多米诺骨牌。这个游戏十分考验组员的专注能力，要是有一个组员粗心失手那么就得重新开始排列骨牌，因而在游戏中可提高组员之间的信任感。

第二个游戏是解手锁。大家相互交缠的手解开的那一瞬间，似乎也暗示了组员之间的心结被解开，尽管有时候会纠缠不清，但是通过大家的努力，最后还是解开了。

第三个游戏是齐心协力。我们常说从跌倒的地方站起来，但我们是否想过和小伙伴们一起从跌倒的地方站起来呢？组员们围成一圈手挽手一起站起来的时候，突然间有了一种“拔地而起”的自豪感。

第四、第五个游戏是穿越呼啦圈和绑腿齐走。这两个游戏需要组员们团结一心、共同配合、相互信任来完成。让组员们意识到团结的力量是强大的，只有我们相互配合才能共同完成艰巨的任务。

第六、第七个游戏是我型我秀和抛球游戏。这两个游戏展现了同学们不同的风采，让我们看到了同学们与平常不一样的一面。

新闻与传播学院团委学生会组织的这次活动让干部之间相互熟悉了不少，也增进了彼此友谊。为将来干部间的交流沟通、相互学习打下了良好的基础，是一场十分有意义的户外活动。

（新闻与传播学院　刘馥珍）

10月21日　新闻与传播学院赴南京大学开展“第二校园访学”

10月21日，新闻与传播学院开始了为期一周的南京大学访学之旅。

“专注投入”“明确目标”“思想碰撞”“疯狂体验”，这四个词语是我们在这次访学之旅中最深的感触。

在南大的课堂学习当中，你能深切感受到老师和学生对于学术知识的专注投入，学生对于作业论文的态度也是如此。老师毫无保留地传授知识，学生则是如饥似渴地汲取知识，师生关系如此融洽，真让人羡慕。

南大的学生对于大学生涯的规划都很明确，并能将自己的规划付诸行动，他们对于时间最好的利用就是不浪费，这样的意识值得我们学习，同时也让我们学会反省自身：已经大二的我们比起未踏入大学的时候是否有所成长呢?

南大新传的课堂传授注重以赛带学、以案例带学、以实践带学的教学模式，在我看来教与学之间有反馈、有互动而不单单只是一方的付出或汲取。另有组织来自社会各界人士、硕士生、博士生、本科生的不同的读书会，读书会上就一本书的分享进行思想碰撞，谈论交流，着实让旁观的我们赞叹不已且自叹不如。

这次访学之旅是一次走出自己的安全区去接触外界的机会。在南大的经历可谓一种疯狂式体验，体验感和参与感极强，知识的输出和输入的比例平衡。虽然我们未能完全参与他们各类型的教学活动，譬如专业性强的实践课程，但是从学生和老师的描述当中能深刻感受到南大新传人才培养的模式和核心以及理解了何为真正的新传人。

希望通过这次访学之旅，我们能更好地审视自己，完善自己，爱上自己，同时能有走出去的勇气和热情，去见识更多不一样的人、不一样的世界。

（新闻与传播学院　许贵玉）

10月21日　公共管理学院赴重庆大学开展“第二校园访学”

10月21日，公共管理学院第二校园访学团一行来到访学首站——重庆大学虎溪校区，公共管理学院赴重庆大学访学活动正式拉开序幕。本次访学活动由公共管理学院政府管理系副教授刘波、学院团委副书记林曼曼带队。

当天下午，访学团参加了重庆大学公共管理学院主办的“相约公管”新老生见面会，重庆大学公共管理学院党委副书记刘淳、学工办主任王丽娟、辅导员包晗等出席了该见面会。本次见面会特邀重庆大学公共管理学院2015级成功保研的八位优秀学子为虎溪校区2017级、2018级公管学子分享其丰富的学习经验、保研经验和大学生涯规划经验。八位优秀学子分别从取舍与选择、心态与成长、目标确立与提高效率等方面为2017级、2018级公管学子提供了详尽而真诚的建议。

会上，刘书记对广州大学公管学院访学团的全体成员表示热烈欢迎，她以偏旁组字的游戏作为引入，寄语全体公管学子以八字“门”规处理大学生涯中的“问”与“闻”、“阅”与“闷”、“闭”与“阔”、“闲”与“闳”的四大关系，希望公管学子在大学中求学问道，闻过则喜，勿闷闷不乐，勿闭门造车，应阅人成世，视野开阔，闳览博物。访学团深受鼓舞，皆有所感悟。

本次新老生交流会传达出重庆大学公管学院以老生引领新生，培养低年级学生重视生涯规划、时间管理与专业学习的大学观，充分体现了重庆大学公共管理学院注重学生全面发展的人才培养方向和理念。

（公共管理学院　学工办）

10月21日　物理与电子工程学院学子参加2018年中法实测天体物理暑期学校

10月21日至11月1日，在物理与电子工程学院物理系毛业伟老师的推荐下，学院6名本科生前往云南大学参加2018年中法实测天体物理暑期学校。在这次暑期学校中，通过理论学习与实际操作的结合，学生亲历了选源、望远镜观测、数据处理的整个过程，完成了暑期学校布置的全部工作，并通过了全英文汇报答辩，顺利获得了结业证书。学习期间，5位学生利用云南天文台2.4米望远镜进行了实地观测，学成归来的他们对所获数据作了进一步处理、分析。

此次暑期学校由云南大学、中国科学院国家天文台、中国科学院云南天文台以及中法天文联合实验室共同举办，授课教师包括巴黎天体物理研究所（IAP）前所长Michel Dennefeld教授和云南大学中国西南天文研究所所长刘晓为教授等知名学者在内的实测天体物理领域一线专家。暑期学校的实测设备为2.4米望远镜，该设备从2008年开始投入使用，已取得发现类星体、太阳系外行星等一批重要的科研成果。

物理与电子工程学院的学子在这次暑期学校中获得了非常出色的工作成果，这次经历使学生对天文学的认识有了进一步的深化，同时也接触到了科学前沿，对科研产生了浓厚的兴趣。

（物理与电子工程学院　学工办）

10月22日　人文学院心理协会举办公益课堂活动

10月22日下午，由人文学院心理协会主办的公益课堂活动在广大附小顺利开展。人文学院心理协会的指导老师吕延明出席了此次活动，并为公益课堂作了开场介绍。

公益课堂一开始，吕延明老师便向小朋友们介绍了“安”字的甲骨文，并由此话题引入安全的概念，教小朋友们注意安全。

在两位主讲人进行自我介绍后，他们为小朋友们播放了一个名为“我不上你的当”的小视频，通过动画这一生动表现形式，教育小朋友们不管是在家里还是在外面，都要警惕陌生人。

主讲人由小女孩小文独自在家的经历引入，列举了小文在家时的种种不安全行为，借此教导小朋友们独自在家时应该如何保护自己。

课堂小总结环节采取了看图说话和抢答的形式，旨在使小朋友们回顾之前所学的内容。小朋友们纷纷举手发言，课堂气氛十分活跃。

为了深化小朋友们对安全的认识，课堂还安排了情景模拟环节。故事的主要情节为：陌生的阿姨企图把小朋友骗走，小朋友很聪明地反问阿姨是否知道自己的一些个人信息，在发现阿姨无法作答后，小朋友便迅速回到学校并向老师求助。这一环节为小朋友在遇到突发情况时如何保护自己提供了生动的示范。

在活动的最后，两位主讲人再次给小朋友讲授了许多安全小贴士，并为他们布置了记住父母的名字、手机号码及家庭住址的作业，课堂在融洽欢乐的气氛中结束。

此次公益课堂本着增强小朋友安全意识、提高小朋友自救能力的理念，在小朋友们的积极参与和工作人员及老师的辛勤付出中圆满落幕。希望小朋友们能通过这次课堂意识到自我保护的必要性与重要性，深化对安全问题的认识。

（人文学院　心理卫生协会）

10 月 23 日　“名师大讲堂”汪晓曙教授开讲

10 月 23 日星期二下午，美术与设计学院汪晓曙教授以“艺术的时代性与艺术家的社会担当”为主题，在文清楼 421 教室为 2018 级美术学专业的新生作“名师大讲堂”专题讲座，美术与设计学院副院长王丹教授出席了此次讲座。

汪教授首先向同学们解读“艺术是时代的晴雨表”。他说：“艺术、文化不仅仅是代表一个时代，而且它们还伴随着时代的发展。艺术家要会判断时代，要用敏锐的眼光看到变革，艺术家要站在顶峰推动发展，要有觉醒的思想。”他具体从两个部分展开叙述，一是时代的低落期即是艺术的高峰期，二是时代的鼎盛期也是艺术的旺盛期。他强调艺术还原时代，表现时代的优劣；而艺术家的爱憎则表现了作品的核心。

随后，汪教授谈及“艺术的作用与意义”，为了更好地讲解这一内容，他以托马斯·杰克逊发展国家文化艺术、达·芬奇向教皇提出的绘画理念、艺术作为教育工具培养人们的思维方式为例，来表明“艺术表达思想感情”“艺术是人们精神享受”“艺术是一种人文工具、思维工具”三个观点。

最后一个部分是关于“艺术家的担当”。汪教授以《时髦婚姻》《近卫军临行的早晨》《伏尔加河上的纤夫》《格尔尼卡》等经典油画为例，向同学们说明，在艺术创作的过程中，艺术家要为当下时代而创作。

最后，王院长致谢并总结：“一个时代要有富有时代性的艺术品，艺术要有时代性，艺术家要有社会担当。大家作为新生入学，选择这个讲座，也是富有深意的，我们要思考站在一个怎样的高度看待艺术作品、去理解它，希望本次讲座对大家一生的艺术发展起到作用。”

（美术与设计学院　团委学生会）

10 月 23 日　旅游学院召开优良学风班评审大会

为充分调动旅游学院学生勤奋学习、奋发进取、立志成才的积极性，营造优良的学习氛围，旅游学院于 10 月 23 日在文新楼 523 教室召开了 2018 年优良学风班评审大会。

评审会上，各班代表通过视频介绍、派发宣传小册子、采访问答等形式展现了班级学风建设成果、班级文化建设活动，展现了班级的种种成果及荣誉。班长们自信的仪态、激情的演讲，无不彰显着旅院人的风采！

旅游学院刘绍东副书记肯定了班级的成果展示，同时也指出了其中的不足，并提出中肯的意见，希望各班在展现班级亮点、班级期望的同时，能够将个人梦、班级梦与广大梦结合，将班级目标与党、国家对我们青年的期待相结合，争取早日实现我们伟大的民族梦！

评审会上，旅游学院刘向晖书记提出了自己的几点希望：一是班级目标要有高的站位，引领班级成员全面发展；二是班级的规章制度要有高的规范性，班级的文体活动需结合专业实际，突出班级特色；三是积极营造和谐友爱的班级氛围，班干需带头关心和爱护同学们，及时遏制特殊事件的发生。

经过激烈的评选，会展152班获评优良学风标兵班，会展152班、会展153班、会展163班、旅游172班、中法171班和会展171班荣获优良学风班。

（旅游学院）

10月23日　化学化工学院召开学生科研动员大会

为提高2018级学生对科学研究的积极性，鼓励学生积极参与老师的科研项目，提升学生实验技能，增强学生的实力和竞争力，10月23日下午，化学化工学院在理南楼522教室举行2018级学生科研动员大会，由学工办主任李燕兴老师主讲。

首先，李老师跟同学们分享了大学成长曲线图，让同学们明确了在大学的每一个阶段应该达到的要求。与此同时，李老师通过结合自身及校友的经历强调了建立目标的重要性和必要性。她认为，目标明确才会有奋斗的动力。接着，李老师就“什么是科研竞赛”“为什么要参加科研竞赛”及“学院科研竞赛成果有哪些”这三个问题对学院的科研情况作了详细的介绍。李老师向同学们介绍了如林焦敏、邱燕璇、苏昌远等在历届科研竞赛中取得硕果的优秀学生以及他们各自的科研成果。随后，李老师还从专业知识、评奖评优、入党推优、升学、第二课堂学分五个方面简述了参加科研活动的重要性。她认为“得科研者，得天下”，“加入科研，势在必行”。

最后，李老师还向同学们提出了相关的建议：第一，夯实专业基础知识，寻找感兴趣的研究方向；第二，主动联系相关研究方向的指导老师；第三，投身于科研，不轻言放弃，为实现目标不懈努力。

（化学化工学院　李诗琪　余晨）

10 月 23 日　法学院红十字会开展敬老志愿活动

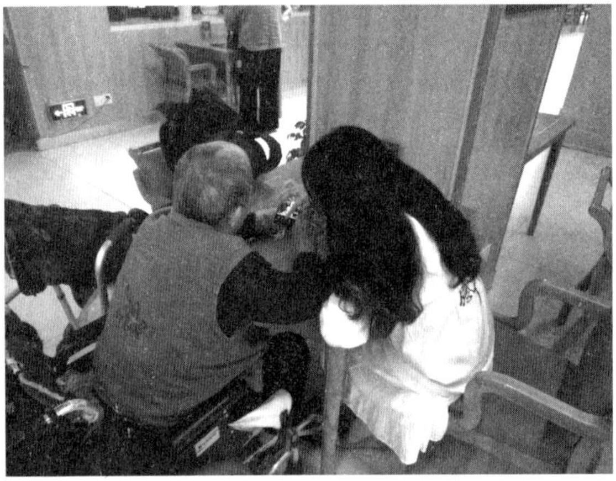

10 月 23 日法学院红十字会与越秀区榕悦长者照料中心合作举行了为期一学年的志愿服务活动。此项活动的目的有二：第一，给予长者社会温暖，让长者感受到社会的关怀，感受到年青一代的朝气，帮助长者跟上社会前进的步伐；第二，在志愿活动中引导当代大学生关怀社会弱势群体，培养学生的人文关怀精神。

经法学院红十字会与榕悦长者照料中心协商后决定，将活动的主题定为手机教学，旨在帮助老人使用手机这一现代社会的主要电子设备，跟上时代的步伐。活动一共有十次，从 2018 年 10 月 23 日到 2019 年的 5 月持续对老人进行教学。每次的活动人员除了法学院红十字会的干事以外，还有从学校招募的志愿者。每次的教学内容各不相同，从基本的手机接听电话、发送短信操作到微信上网冲浪操作均有涉及，依照难度的大小，从易到难进行志愿教学安排。

在教学过程中，志愿者采取一对一的教学方式，针对每位老人的需要随时调整教学方案和内容。这种个性化的志愿服务受到了老人的一致好评。为了增加服务的趣味性，结合老人以广州本地人口居多的情况，法学院红十字会收集了较多的粤剧资料以及粤剧的故事，并将这些资料和故事共享给老人，让老人可以随时随地通过手机欣赏这些岭南特色文化。

秉承着关怀至上的宗旨，法学院红十字会的干事和志愿者除了常规的手机教学外，还将帮助院方举办不定期的生日会，组织各种有趣的节目献给老人。

希望本次志愿活动可以在同学们的心中种下一颗博爱温暖的种子。

（法学院　李昊洲）

10月24日　学生代表畅谈广大人才培养目标

10月24日中午，学校在菊苑饭堂举办了2018年第五期校领导午餐会。来自部分学院的15名学生代表（13名本科生、2名研究生）参加了午餐会。屈哨兵书记、吴开俊副校长及党办校办、教务处、研究生院、学生处负责人在午餐会上与学生代表进行了互动交流。

午餐会上，学生代表围绕学校“德才兼备、家国情怀、视野开阔，爱体育、懂艺术，能力发展性强”的人才培养目标，结合自身学习生活情况，表达了自己的看法。

同学们纷纷表示，学校的人才培养目标，内容丰富，覆盖面广，给同学们提供了多样的发展方向。外国语学院2015级张嘉惠同学表示，自己非常喜欢舞蹈，坚持跳舞3年多，舞蹈已经成为自己生活中不可或缺的一部分，跳舞不仅可以锻炼身体，还可以激发对生活的热情。教育学院小学教育2018级刘正康同学表示，学校推出的经典百书阅读系列活动特别好，通过阅读经典，不仅开阔了视野，而且丰富了知识储备，自己计划大学四年读完70～80本经典。屈哨兵书记建议同学们对本专业的书要优先阅读、多读，扩充自己的知识面，成为一名视野开阔的现代大学生。

此外，校领导还与同学们就“如何培养爱劳动的习惯”做了探讨交流，听取了同学们的意见和建议。

屈哨兵书记再次为同学们解读了“能力发展性强”的内涵，他希望同学们在校期间，努力培养专业力、想象力、创新力、合作力以及表达力，走出校门后能有无限发展的潜能和空间。最后，他强调知识会过时，但精神不会过时，同学们要打好底色，做一个永不过时的人才，努力成为德智体美劳全面发展的社会主义事业建设者和接班人。

校领导午餐会是校领导与同学们面对面交流的重要渠道，也是同学们参与校园治理的重要途径。

（学生处　葛泽胜）

10 月 25 日　新闻与传播学院对新发展团员进行入团培训

为了严格把控发展团员入门关，让入团积极分子进一步了解、掌握更多的团知识，丰富新团员的团组织仪式，增加入团荣誉感，新闻与传播学院积极响应、认真落实学习安排，对新发展团员进行了极为完整的入团培训。

在 10 月 25 日到 11 月 26 日这一个月的时间里，新闻与传播学院团委组织部联合 B14“五室一站”，于每周的周一和周四，在 B14 二楼党团活动室对新发展团员进行团课培训活动以及入团仪式。

团课培训的形式为视频教学，一共进行了八个学时的培训，内容分别为“入团第一课”“活的马克思主义”“‘中国梦’与中国自信”“中国特色社会主义文化自信”“如何抵制西方的精神殖民”“新时代全面深化改革的大逻辑”“‘一带一路’背后的大国博弈”等。新发展团员认真观看并积极讨论，收获颇多。

新发展团员经过团课学习并填写入团志愿书，经团支部分别召开支部大会进行投票，最后通过团组织的审核，才能参加入团仪式，正式成为一名共青团员。新发展团员也表示在面对团旗宣誓的那一刻，他们感受到了发自内心的荣誉感。作为新发展团员，他们也将不负使命，努力学习，成为一名优秀的共青团员。

（新闻与传播学院　组织部）

10 月 25 日　新闻与传播学院举办经典百书读书分享会

“胸藏文墨虚若谷，腹有诗书气自华”，为了让同学们在忙碌的大学生活里能沉浸在浓浓书香氛围中，新闻与传播学院于10月25日晚上7点10分在文新楼113教室举办了以“分享点滴感悟，沐浴醇厚书香”为主题的读书分享活动。

本次活动的目的是加强同学们专业知识的积累，增强同学之间的交流，响应学院《致新闻与传播学院2018级新生的一封信》的要求，让新传学院广大新生一起“研读”“导读”和“悦读”，一起在“读经典”活动中收获成长，营造浓厚的校园文化氛围。同学们通过演讲分享、PPT展示等环节，分享自己入学前在“掌上新传”公众号上所读的两本书：《平凡的世界》《艺术的故事》（或其他经典百书）的感悟。活动分为线上推广和现场分享两个流程，分别设置了一、二、三等奖以及优秀奖并有丰厚的奖金以资鼓励。

新闻与传播学院党委书记李雁，播音与主持艺术系专业老师张爱凤，艺术团话剧团指导老师吕志强，学院团委书记邹演枚，陕西省中华诵朗读比赛一等奖、普通话一级甲等研究生孙思思以及2018级学生代表出席了本次活动。

在选手分享自己的阅读感受后，张爱凤老师上台为同学们作了读书指导。她为同学们敢于分享与表达的勇气和读书精神“点赞”，希望能在阅读方面与同学们一起“切磋”，最后她呼吁同学们在大学生活中要多一点读书气，少一些追名逐利的浮躁，让青春与经典同行。

活动最后，李雁书记对本次读书分享会进行总结发言。她希望同学们能站在新时代的角度上涉猎各方面的书籍，在1 200多天的大学生活中形成广博的知识体系，积淀深厚的文化底蕴。

（新闻与传播学院　团委学生会学习部与新网部）

10 月 25 日　美术与设计学院举办新生辩论赛

在校园文化建设日益加强的环境下，为了丰富学生的课余生活，美术与设计学院于 10 月 25 日晚在文新楼举行 2018—2019 届新生辩论赛。出席本次新生辩论赛的评委有美术与设计学院党委副书记蔡琼生、辩论指导老师郭嘉颖、2016 级服装与表演专业申畅同学。

赛场上，辩论选手展现了他们敏捷的应变能力、丰富的知识积累以及流畅的语言表达能力，选手们的奇思雄辩体现了广大学子博学笃行、与时俱进的风采。经过数轮对决，2018 级美术学 1 班拔得头筹，获得 2018—2019 届新生辩论赛的冠军。2018 级设计 2 班和 2018 级设计 5 班分别获得亚军和季军。

开展辩论赛不仅能锻炼学生的思辨能力和表达能力，也有助于为班级和学院发掘优秀人才，为新生提供自我展示的舞台，营造勤学向上的学习氛围。

（美术与设计学院　学工办）

10 月 26 日　工商管理学院开展“千千工程”活动

10 月 26 日下午，由工商管理学院党委书记李芬对接工商 181 班的“千千工程”活动在桂花岗校区综合楼举行，本次活动的主题是“继往开来，让优秀传统文化走进新时代”。

众所周知，传统文明与现代文明存在碰撞，但亦存在交融。习总书记曾在党的十九大报告中指出：“中国特色社会主义文化，源自中华民族五千多年文明历史所孕育的中华优秀传统文化，熔铸于党领导人民在革命、建设、改革中创造的革命文化和社会主义先进文化，植根于中国特色社会主义伟大实践。”

活动以李书记与全体同学合唱一曲《苔》作为开场。这首《苔》是清代诗人袁枚的五言诗作，曾在中央电视台综合频道文化节目《经典咏流传》中由梁俊带领他的学生演唱，这正是优秀传统文化与现代音乐结合的实例。

以此为引，主讲人俞清为我们介绍了许多优秀传统文化在现代社会中的应用。传统智慧的运用不仅仅体现在生活艺术方面，更体现在治国理政方面。

随后是知识竞答环节。题目总共分为三个部分，文学艺术篇、礼仪道德篇和治国理政篇。本环节将传统文化以问答的形式展现出来，极大激发了同学们参与的积极性，大家纷纷抢答，各抒己见，战况十分激烈。

紧接着是同学们的感悟分享。同学们从不同角度对中华优秀传统文化在新时代的应用进行了分享。

最后，由李芬书记作总结发言。李书记认为，本次主题非常好，活动策划和组织井然有序，同时巧妙地将传统文化与现代政治、文艺和礼仪等结合起来，很有创意。

（工商管理学院　新媒体中心）

10 月 26 日　物理与电子工程学院举行微团课评比大赛

为深入学习贯彻习近平新时代中国特色社会主义思想和党的十九大精神，积极组织和引导全院学生深入践行社会主义核心价值观，激发基层团组织活力，切实增强基层团支部的凝聚力、创造力和战斗力，物理与电子工程学院于

10 月 26 日晚举行了微团课评比大赛。大赛以团支部为参赛单位，学院党委副书记李燕冰、团委书记王志杰、团委副书记黄毓婵出席并担任本次大赛评委。

李燕冰副书记在致辞中指出，微团课之“微”即短而精，在较短时间内以各具特色的形式，呈现出精彩丰富的内容。李书记希望各团支部的微团课能突出主题，彰显团的先锋性和团课的教育性，同时重在交流和学习，体验学习的快乐。

各团支部精心准备，团日活动的形式多样，有专题授课实录，有观看专题纪录片、动画片等，各团支部负责人通过 PPT 和视频展示，以及激情洋溢的演讲，向在场师生介绍微团课的开展情况，分享了在本次活动中的收获。最终，通过线上投票和线下评分的方式评选出 10 个优秀团支部，并进行了现场表彰。

本次微团课评比大赛历时一个多月，学院团委、各个团组织、广大团员青年层层发动，积极参与，参与团支部共 22 个，累计 850 余人次。同学们纷纷表示，微团课不仅激发了当代团员的时代使命和责任感，而且有助于引导青年团员牢固树立正确的世界观、人生观和价值观，同时以本次大赛为契机，为学院各团支部间搭建了学习交流平台，提升了团支部的凝聚力。

（物理与电子工程学院　学工办）

10 月 27 日　旅游学院学生全国商务旅行大赛获奖

10 月 27 日，2018 年度全国高校商业精英挑战赛商务会奖旅游策划竞赛全国总决赛正式开赛。该比赛是针对全国高校大学生的多学科国家级竞赛。本届商务会奖旅游策划竞赛由中国国际贸易促进委员会商业行业委员会、中国国际商会商业行业商会、中国会展经济研究会和海口市会展局共同主办，共有高等院校 34 所，参赛团队 105 支，共计 600 余人参加了现场总决赛。

在本次比赛中，旅游学院共有 13 支队伍入围决赛，他们以拼搏的风姿、周全的策划、别出心裁的作品和精彩的答辩演讲赢得了观众的一致好评。最终，他们有三个小组获得一等奖，三个小组获得二等奖，七个小组获得三等奖。

（旅游学院　易春苹）

10 月 27 日　计算机科学与网络工程学院团队获得“品高云高校杯”软件作品设计竞赛一等奖

10 月 27 日，第 27 届广东省“品高云高校杯”软件作品设计竞赛决赛落下帷幕，本届比赛共吸引了来自数十家高校的近三十支代表队参加各奖项的角逐，计算机科学与网络工程学院汤舜璞、刘洋、余华新同学获得软件设计竞赛（本科组）一等奖。

开幕式后，教育培训委员会秘书长傅秀芬教授宣布比赛正式开始。21 组参赛选手逐一对各自的作品进行系统演示，并详细介绍了团队作品的选题背景、技术选型与功能特点，评委则从实用性、合理性和创新性等角度对选手进行提问与点评，现场气氛十分热烈。

下午 4 点，所有参赛项目展示完毕，在现场评委严格的评分与商议后，本届“品高云高校杯”获奖名单火热出炉。在公布获奖名单前，傅秀芬教授发表寄语，充分肯定了本届参赛作品能与时俱进，结合物联网、大数据、人工智能等领域，体现出参赛选手的活跃思维。她还表示很高兴可以看到很多参赛作品都融入了关爱弱势群体的理念，期望广大学子能继续关注社会问题。

值得一提的是，本次竞赛的颁奖嘉宾品高云 CTO 刘忻先生正是第 4 届广东

省“高校杯”软件作品设计竞赛的获奖选手，他认为“高校杯”是一个很好的学习交流平台，为计算机学院的同学们提供了同台竞技与交流的机会，当年的参赛经历也为他带来了许多收获，希望参赛选手敢于挑战，勇攀高山，在日后的行业实践中为中国成为制造业强国而不断努力和前进，希望“高校杯”的精神能一直传承。

（计算机科学与网络工程学院　学工办）

10 月 27 日　卫斯理安学院开展“第二校园访学”

卫斯理安学院“第二校园访学”是在广州大学学生处、学院领导与浙江大学国际联合学院、苏州大学敬文书院领导支持下开展的院际学生访学交流活动，有助于开拓学生的视野，践行广州大学培养“视野开阔”型学生的教育理念。

10 月 27 日，卫斯理安学院访学团正式启程前往浙江大学国际联合学院、苏州大学敬文书院。17 小时的车旅行程后，同学们顺利抵达目的地，沐浴在海宁清晨的阳光之中，开启第一阶段的访学之旅。

同学们参观了浙江大学海宁国际校区的教学楼、图书馆、书院内部以及相关教学设施，了解了浙江大学国际联合学院学生的学习和生活情况。独具一格的自习、讨论区域和健身房、瑜伽纤体房、学生厨房、朗读亭、各种活动室、各类型运动场等休闲活动场所让同学们流连忘返。当然，让访学团更加难忘的是海宁著名的爱国主义教育基地——徐志摩故居，同学们在既有中式的端庄大气也有西式的小巧精致的旧居中学习和感叹徐志摩先生短暂却精彩的一生。

10 月 30 日下午 3 点，卫斯理安学院访学团抵达苏州，开启第二阶段的访学之旅。次日上午 9 点半，访学团正式前往苏州大学敬文书院进行交流访学。访学伊始，敬文书院的老师及学生代表举办了一个小型的交流会，让同学们了解学院的教学理念、教学目标以及书院制的教学特点。紧接着同学们参观了书院的生活区、休闲区，进一步了解了书院的学习和生活环境。

随后，访学团还有幸参与了江苏省作家协会主席范小青老师主讲的关于当代社会文学的讲堂，参观了苏州大学博物馆。

11 月 1 日，访学之旅圆满结束，同学们带着满满的收获返回学校。

10 月 29 日　人文学院开展名师面对面活动

10 月 29 日，人文学院汉语 163 班举办的“新形势下师范生教学能力的要求与培养趋势”名师面对面活动顺利举行。

本次活动邀请了广州市吕田中学校长黄荣德、团委书记李明浩，广州市第七中学副校长陈建国、教导主任邵长思与2016级汉语言文学专业的师范生、学科教学（语文）研究生进行交流。学院领导高度重视此次讲座，党委书记王琼、党委副书记刘军军、副院长禤健聪均莅临现场。活动由语文教育教研室主任林晖主持。

最终，在同学们的积极配合下，该活动圆满结束。

（人文学院　汉语163班）

10月30日　新闻与传播学院开展微团课大赛活动

为加强对团员的基础教育和思想政治教育，不断提升基层组织活力，新闻与传播学院开展了“灯塔工程——广大行动”团支部微团课大赛。

10月30日，新闻与传播学院基层团支部微团课大赛的线下评选活动在文新楼724教室拉开帷幕。通过学院精心挑选，最终有十个团支部进入决赛，各个入选团支部以视频为载体，展现了新传团支部的风采！

播音173班的主讲人激情澎湃地讲解了习近平的七年知青岁月。173班的团支书深情回顾参与过程。网媒171班的团课视频，节选了习近平在梁家河插队时的回忆，分享她们的独特感受。广电171班选取梁家河、青春、人生为关键词，阐释了青年如何“扣好人生的第一粒扣子”。网媒183班讲解了蒲松龄先生的《聊斋志异》。广编162班同样学习了习近平的七年知青岁月，艰苦奋斗、苦干实干，是他们深入浅出的立足点。广编162班团支书讲述了“脚踏实地”给自己的鼓励和感悟，鼓励同学们在新的历史方位上，向阳出发。广告161班以习近平年轻岁月为切入点，选取了感悟青年成长密码为主题。广电172班的团课上，主讲人陈漫琪从丰富多元的角度，让我们重新认识了习近平的青年时代。播音181班以《红楼梦》为主题，向我们讲述了当代《红楼梦》在中外最难读的书目中排名第一的窘迫地位，令人惋惜。广电182班的团课视频以一群耽溺于游戏而忽略读书学习的学生开头，通过对多个同学的读书采访，让我们意识到读书的重要性。网媒182班的团课主题也是从经典小说《红楼梦》展开，通过观看小演员们表演《红楼梦》的视频，引起同学们的兴趣和感悟。

团建推动班建，青春凝聚梦想。无论通过学习习近平知青岁月，还是品味民族经典，都希望同学们能在活动中得到启示，收获力量，在大学的荏苒岁月里不忘初心、负重前行、砥砺奋进！

（新闻与传播学院　组织部）

10月30日　美术与设计学院开展七彩“创艺”人生创意课堂活动

美术与设计学院团委“七彩人生”志愿队面向全校师生开设了以扎染、剪纸、彩绘为主题的创意课堂，来自物电、机电、土木、化学、生科等学院共计150位同学参加了这一课堂活动。

志愿队于10月30日举办了“手工扎染”工艺课堂实操活动。主讲人给同学们观看与扎染有关的视频，详细讲解扎染的历史由来，并亲自示范如何用简单的手法扎染出漂亮的图案，包括借助夹子、木片、筷子等辅助工具，使其染出炫丽的图案。同学们认真地跟着主讲人的步骤，尝试将一块很简单的布料变成属于自己的扎染作品。

志愿队在创意课堂中深入介绍如何将扎染技巧运用于实际生活。主讲人展示了用已经染好的布加工成的各种成品，并对扎染成品的加工方式、在现代物品的运用进行分析。随后引导在场的同学发挥创意，动手参与制作。手工扎染活动使同学们对这一工艺有了深入认识，并且激发同学们对扎染工艺的兴趣。

随后，志愿队开展剪纸艺术培训，主讲人播放了关于剪纸艺术的视频，一位剪纸艺术家讲述剪纸的感受，开启了同学们对剪纸的全新认识。随后，主讲人给同学们讲解了纸拉花的艺术特色及其制作方法，引导同学们设计自己的图案，完成自己的剪纸作品。这一活动既加深了学生对剪纸这一民间艺术的认识和理解，也培养了学生对剪纸的兴趣，锻炼了学生双手的灵活性和协调性，提高了学生的动手能力和设计能力。

（美术与设计学院　学工办）

10月31日　美术与设计学院学生荣获国家级奖项

10月29—31日，由中华人民共和国教育部主办，浙江省教育厅、浙江师范大学承办，教育部艺术教育委员会、中国艺术教育促进会协办的“2018年全国普通高等学校美术教育专业本科学生基本功展示”在杭州举行。活动展示项目包括：自选项目（水彩、国画、版画等美术技能）、必选项目（手工与书法等美术技能）、课堂组织与教学能力展示（“微课”课堂）等个人项目以及根据命题集体创作完成的合作项目。

此次活动共有28个省、市、自治区和新疆生产建设兵团的美术教育专业学生参加。广州大学作为代表广东省参赛的两支队伍之一，由美术与设计学院美术系党支部书记、美术系副主任赵鑫老师带领美术学专业2015级本科生赖欣、江泽敏、涂晓丹三位同学参赛，实验中心副主任谌晓老师随队观摩。

通过三天的展示活动，美术与设计学院参赛人员在54所高校、160余位参赛选手中脱颖而出，获得四个奖项，囊括团体、个人全能、个人单项等奖项类型：广州大学获“学校团体奖”二等奖；赖欣、江泽敏同学获“个人全能奖”二等奖；赖欣同学获“‘微课’个人展示奖”（该项不设名次，为唯一奖项）。

在即将接受教育部对全国范围的师范专业进行专业认证的形势下，美术与设计学院取得的优异成绩具有特殊的重要意义，这不但肯定了美术与设计学院在美术教育领域的教学成效，也证明了美术与设计学院在高师美术课程改革方面卓有成效的探索与实践。

（美术与设计学院　学工办）

10月31日　机械与电气工程学院新生实行早读、晚自修制度

为了让学生更好地适应从高中到大学的转变，养成合理分配时间、积极利用时间的好习惯，机械与电气工程学院2018级新生以班级集中的形式实行早读、晚自修制度。希望通过这一制度，引导学生尽快适应大学生活学习节奏，让其有效地利用时间，不虚度光阴，不断充实自己，增强自主学习的能力，为以后的学习打下坚实的基础。

实行早读、晚自修制度是机械与电气工程学院加强学风建设、营造学习氛围的重要举措。2018级辅导员冯荣光老师表示：在经过高三的紧张忙碌后，许多同学都选择在大学好好“歇一歇”，这种想法的背后，潜藏的是荒废学业的危机，许多学生从前奋进的精神不再有，取而代之的是没日没夜的“狂欢”。大一新生难免会有些迷茫，那么早读、晚自修将会是他们学习的重要平台。同时他认为，大学是知识积累的重要时期，如果这个时候不用来学习，确实非常可惜。电子与通信工程系主任王杰老师也认为学院实行早读、晚自修制度非常有必要。目前大一学生可能在认识上有偏差，但是在读大学的黄金年龄不学习的话将来一定会有遗憾的。她认为从开学就应该实行早读、晚自修制度，这样更有利于学生养成良好的习惯。

“大学的自修与高中不一样，大学晚自修没有老师布置具体任务，确实比高中时会轻松些，很多同学甚至会觉得无事可做”，2018级新生刘同学如是说。学工办主任裴九雄老师给出如下建议：第一，进行基础学习，如高数、英语等；第二，加强专业学习，打好知识基础。

学院实行早读、晚自修制度，为同学们创造了一个良好的学习环境，提供一个提升自我的平台。希望同学们把奋斗作为一种习惯，坚定信念，积极响应国家号召，做好社会主义接班人，担负起建设民族与祖国辉煌明天的责任，争做新时代的优秀大学生，不负青春。

（机械与电气工程学院　冯荣光）

我们的大学

November 十一月

11月3日　建筑与城市规划学院举行筑纸大赛

11月3日下午的理北一楼，对比起平日，显得格外热闹和有趣，一排千姿百态、优美而富有韵律的纸质模型与精心排版的海报吸引路过的同学驻足欣赏。

下午两点，筑纸比赛正式开始，本次比赛有幸邀请到了建筑与城市规划学院的周茂老师、蔡琳老师和许志强老师担任评委。“建筑是凝固的音乐”，周茂老师首先对本次大赛的主题“乐之韵”进行了深入的诠释。

接下来，各组同学将他们的想法和作品带到评委老师面前，用纸张独特的曼妙语言，诠释他们心中的乐之韵。

评委老师对每一件作品都认真体会，并提出中肯的意见，他们相信每一位参赛选手都能从中思考并有所收获。

一组又一组，时间就在同学们认真的讲解中和老师们精彩的点评中不知不觉地溜走了，总让人觉得还没有欣赏够这些富有韵律又有趣的作品。最后，蔡琳老师对本次比赛进行了总结，并希望同学们在今后的设计中能有所进步。精辟简短的总结让在场的同学受益匪浅。

“在科技中成长，在实践中快乐”，用热情和实际行动承办建院两大专业比赛的广大建院科技实践部和你约定，我们明年筑纸大赛再见。

（建筑与城市规划学院　科实部）

11月3日　四院联合运动会顺利举行

为了丰富学生的课余生活，发扬体育精神，11月3日，新闻与传播学院、音乐舞蹈学院、美术与设计学院、马克思主义学院在北区田径场联合举办了广州大学四院联合运动会，各院学生踊跃报名，积极参加。

活动当日，体育部负责后勤的同学们早早来到现场，有的安排场地，有的摆放运动器材，原本寂静的操场一下子热闹起来。

竞技场上，青春无限！妥善的安排、紧张刺激的赛程、热情的观众、忙碌的裁判、拼搏的运动员、让人心跳的发令枪声，一幅幅生动的画面营造了运动会紧张的氛围。比赛中，各院选手表现出色，他们坚持不懈，齐心协力，为学院争光。观众的加油声、呐喊声连绵不断，这些声音仿佛是一种无形的力量，推动着运动员奋勇向前，努力拼搏。伴随着阵阵助威声，他们精神百倍，活力四射，取得一项又一项优异成绩。运动会期间，现场秩序的维护也离不开体育部每一位工作人员的认真负责，他们及时向比赛选手传达比赛信息，协助运动员检录、比赛，捕捉运动员们的精彩瞬间，使运动会能够顺利开展，获得圆满成功！

运动会结束后，同学们纷纷表示会坚持体育锻炼，保持身体健康。本次运动会反映良好，不仅展现了大学生良好的精神风貌，增强了广大学子的竞争意识和集体凝聚力，也为体育爱好者提供了一个展示自己的舞台，更为各院参加校运动会选拔人才提供依据！

（新闻与传播学院　徐英杰）

11 月 3 日　广州大学 2018“创青春”国赛获奖数位居全省第三

10 月 31 日至 11 月 3 日，2018 年“创青春”浙大双创杯全国大学生创业大赛终审决赛在浙江大学举行。我校报送的 4 件作品全部获奖，以 1 银 3 铜的成绩创下历届获奖项目数之最，位居广东省第 3 名。

“创青春”大赛及其前身“挑战杯”中国大学生创业计划竞赛，经过多年发展和积累，已成为目前国内参赛规模最大、参赛作品最多、影响范围最广的大学生创业赛事之一。本届大赛由共青团中央、教育部、人力资源和社会保障部、中国科协、全国学联和浙江省人民政府共同主办，采用主体赛 + 专项赛 +

配套活动的赛事安排，全国共有 2 200 余所高校的逾百万名大学生共 15 万余件作品参赛。

近年来，在新的人才培养目标指引下，我校着力夯实创新创业竞赛基础，师生参与面不断扩大，培养机制不断完善，学生创业项目含金量不断提升。本届“创青春”大赛的立项工作在 2017 年 3 月启动，共有 121 个大学生创业项目获得资助立项，覆盖师生达 3 000 余人。在相关部门、学院密切配合下，先后开展了团队组建、项目对接、课程培训、初赛决赛、模拟评审、集中辅导、导师对接、答辩展示等 50 余场活动；多位资深创业导师、知名校友也应邀从商业计划书撰写、产品服务设计、商业模式构建、答辩展示技巧等方面对各学生创业团队进行系统辅导。截至目前，我校共获“创青春”创业大赛国家级奖项 16 项，省级奖项 87 项，大赛已成为培养学生创新精神和创业能力、助力人才培养目标落地的重要平台。

（广大新闻网　冼申宪）

11 月 4 日　马克思主义学院学生党支部开展“读原著、学经典、作表率”活动

11 月 4 日晚上，在 B6“五室一站”的党团活动室，马克思主义学院学生党支部开展了“读原著、学经典、作表率”活动，B6 的学生代表近 30 人参加了本次活动。

同学们观看了“百家讲坛”特别节目《平“语”近人——习近平总书记

用典》的第八集《腹有诗书气自华》。本集节目从三个层面解读习近平总书记关于“劝学”的思想，同学们针对“为何学、学什么、怎么学”展开了热烈的讨论。学习会还邀请了马克思主义学院“观书苑”读书会主讲老师杨柳博士给予指导，他分享了自己关于“学习”的观点。杨老师认为学的意义在于读书带来的品性提升，让生活变得更加充实；学要有选择地学，要建立起符合自己的合理而丰富的知识结构；学习务必要有决心，耐得住寂寞；要找到适合自己的学习方法，真正做到学用结合，知行合一。

青年人正处于学习的黄金时期，同学们纷纷表示应该把学习作为首要任务，作为一种责任、一种精神追求、一种生活方式，树立梦想从学习开始、事业靠本领成就的观念，让勤奋学习成为青年远航的动力，让增长本领成为青年青春搏击的能量。

（马克思主义学院　学生党支部）

11 月 6 日　工商管理学院举办辩论赛

11 月 6 日下午两点至五点，工商管理学院第五届“明理杯”辩论赛季军赛和冠军赛在桂花岗校区五号楼南 410 教室隆重举行。本次比赛共有两场，第一场由工商 183&189 联队对阵物流联队，争夺

季军，他们以“门当户对是不是过时的价值观”为辩题。第二场则是万众瞩目的冠军赛，工商186&187联队与工商188&1810联队就“消灭科技的谎言该不该支持”展开激烈交锋。

此次比赛采用广大赛制，共有七个环节，分别为立论质询、盘问环节、论证辩驳、三辩对辩、自由选择、自由辩论和总结陈词。辩论过程激烈，内容精彩，具有创新特色，高度体现了广州大学的人才培养目标。

第一场比赛紧贴生活，就传统择偶观“门当户对”在当下是否过时进行辩论，双方在“门当户对是否会影响今后的婚姻状况”这一论点展开了激烈的思想碰撞。正方认为随着时代的发展，经济条件家庭背景并不阻碍人们追求幸福，然而反方却认为处于同一个经济背景、同一个平台的双方能够极大地避免冲突，也能走得更远，更能维持婚姻的稳定。最终，经过评委的详细商讨分析和仔细斟酌，季军赛以反方获胜告终。该辩题有效地结合了当今社会的现实状况，引人深思。

冠军赛则围绕科技与谎言的关系展开辩论，这是在科技迅速发展的条件下对伦理道德进行的讨论。正方辩手认为谎言的存在会逐步消耗人们的善意，而高科技能打消人们的猜忌，让人们更放心地去帮助别人。而反方辩手认为某些时刻谎言有存在的必要，并以幽默的方式举例说明善意的谎言的优点。正方选手随即以诈骗和拐卖的案例对反方进行辩驳。比赛最终由反方获胜，本届辩论赛冠军也尘埃落定。

比赛最后，李睿贤老师上台致辞。她结合社会的现状，鞭辟入里地分析了谎言与科技的关系，让观众和选手更深层次地理解辩题。

（工商管理学院　林晓榕）

11月6日　数学与信息科学学院举办信息搜索大赛

在信息量以爆炸之势增长的大数据时代，为节省人力物力，信息检索能力显得尤为重要。因此，在11月6日，数学与信息科学学院为对信息检索有兴趣的同学举办了一场信息搜索大赛。

大赛分为赛前培训、初赛和决赛。活动初始，周老师在文新楼给参赛学生进行培训，让同学们了解、体验信息搜索。随后在文新楼415教室举办了广东省第二届信息搜索大赛初赛（广大赛区）。考试的形式为笔试，限时一个半小时。

初赛结束后，得分最高的前十二名选手可以参加接下来的决赛。

11 月 9 日，在理南楼举办了广大赛区的决赛，决赛分两轮。第一轮为抢答题，现场进入 QQ 群，在群里抢答题目（共 20 道，一题一分钟，过时作废），选出前六名，若有同分者，进入加时赛。第二轮，选手进行上台展示，以抽签的形式决定选手们的出场顺序与试题，每人有十二分钟的时间准备自己需要讲的内容（角度、搜索途径、自己的看法等），由五位评委老师对选手的搜索途径、舞台风范、搜索结果进行相应的评分。最后，汇总选手的分数（一轮占 40%、二轮占 60%），前三名可以获得中山大学总赛区的参赛资格，老师对本次决赛进行总结与评价。

这个活动让同学们对信息检索有了一定的认识：答案就在你眼前，但其中夹杂着许多遮挡你找到它的树叶，信息检索就是我们获取它的重要手段。

德国柏林图书馆门前有这样一句话：“这里是知识的宝库，你若掌握了它的钥匙，这里的全部知识都是属于你的。”在信息时代里，“钥匙”即信息检索的方法。

（数学与信息科学学院　联络部）

11 月 6 日　三院联合举行团日活动设计大赛

11 月 6 日下午两点半，由生命科学学院联合地理科学学院、环境科学与工程学院策划的“三院联合团日活动设计大赛”决赛拉开帷幕。

生科院团委学生会团委副书记温佳艺出席本次决赛并担任评委。在主持人简要的开场白以及全体肃立奏唱国歌之后，比赛正式开始。

经过激烈的初赛，生科院共有四个团支部进入决赛，他们分别是生科 161 班团支部、生技 162 班团支部、生工 182 班团支部和生科 183 班团支部。

各团支部分别介绍分享了他们举办的丰富多彩的团日活动，有的是与党团密切相关的团课分享，有的是与专业特色相结合的实习活动，也有充满乐趣的户外出行活动。团支书们别出心裁，精心设计了各种各样的团日活动，让同学们在欢乐中学习。

10个参赛班级都展示结束后，在工作人员统计分数时，现场开始了听歌识曲大赛，气氛非常活跃。

而中场休息环节设计了9道团日活动知识问答，以及每院所出的一道特色专业问题，观众们都积极参与抢答。

每个评委对各班进行了点评，并提出了很多宝贵的意见，相信各位团支书在听到他们的点评之后，会将团日活动举办得更加富有特色。

最后便是激动人心的颁奖环节。生科院生科161班斩获一等奖，而生科183班、生技162班、生工182班都拿到了三等奖的好成绩。

比赛结束后，工作人员合影留念，三院联合团日活动设计大赛落下了帷幕！

（生命科学学院　学工办）

11月7日　化学化工学院“五室一站”举办经典百书读书分享会

为激发学生阅读经典书籍的热情，提高同学们的文学素养及提高舍区学生的动手能力、合作能力，11月7日化学化工学院于B19“五室一站”举办了经典百书《围城》赛后分享会及手工制作书签活动。学工办李燕兴老师、祝梦婷老师参加了活动。

分享会伊始，由李老师和祝老师给征文比赛的获奖者颁奖。接着获奖者代表分享了阅读《围城》的心得体会，她谈到自己对“围城”的理解——人生总是处于围城内，只是我们的角度不同，我们在自己的城内，却是别人的城外。所以，每个人都不应气馁，而应在围城下活出自我，活出精彩！

最后是手工制作书签活动。同学们展示了心灵手巧、创意无限的一面，制作出了各具特色的书签，并用制作好的书签装点“五室一站”的综合阅览室。手工活动的意义是沉淀心灵，经过心灵手巧的小伙伴们的制作，材料有了生命，B19“五室一站”也变得更有灵气了。

（化学化工学院　学工办）

11月7日　人文学院与广东外语外贸大学交流学生工作经验

11月7日上午，广东外语外贸大学教育学院党委副书记徐昶斌带领学工办辅导员迟殿凤、林泽龙、爱克达·玉素甫等前往广州大学人文学院，就新疆预科班学生的培养发展、学生党建团建工作等内容展开了经验交流。

广州大学人文学院党委副书记刘军军、学工办主任吕延明、辅导员陈楚敏和预科班班主任艾克拜尔·艾麦尔参与了本次交流活动。

会议由刘军军副书记主持召开，在两院副书记先后介绍完各自学院的学生工作情况后，预科班老师们分享了对预科班学生的思想教育、教学学习、日常管理等方面的工作经验。他们表示关注和关爱新疆籍少数民族学生的成长成才确实需要老师们投入更多的时间和精力，应因材施教，增强家校联动，不断提高自身工作的专业水平。对比人文学院招生规模人数和专业结构，广外教育学院学生总数为400余人，师生比在1：200以内，因此学生工作开展会更精细化、具体化，而人文学院学生工作在实际开展中会更强调模块化分工，双方各有特色。

随后，老师们还就学院学生党建工作、团建工作，专业特色品牌活动等方面分享了经验。

交流会最后，为更好提高双方学生党建工作水平，两院拟定共同组织一次学生党支部交流活动，以便加强两校师生的经验交流与互动。

（人文学院　学工办）

11月8日　新闻与传播学院举办“以言传意，以书会友”演讲比赛决赛

11月8日，由新闻与传播学院学生会主办、新闻传播学院学生会学习部承办的“以言传意，以书会友”主题演讲比赛决赛在文新楼213教室开展。

演讲比赛的形式是参赛选手选择自己喜欢的一本书，通过演讲的方式表达读书体会，目的是通过演讲，传递更多读书有益的理念，为学生提供互相交流读书经验的平台，丰富在校学生的课

余文化生活，养成“好读书，读好书”的良好习惯。

新闻与传播学院广电 181 班的王鑫轶对《平凡的世界》进行了自己的解读，“家到广州”的演讲向观众表达他对家乡的眷恋以及对广州大学的热爱。来自网媒 183 班的张栩榕以轻松、自然的方式进行了主题为“活着”的演讲，她与观众分享了读《活着》时的感受和收获。伴随着悦耳的音乐，历史 171 班的陈沼汝声情并茂地带来了关于《茶馆》的演讲，让我们听出了“细酌一壶茶，共续一段情”的韵味，在演讲者最后“为中华之崛起而读书”的高喊声中，我们激情四溢！最后，旅游管理 181 班蔡杭静带来了有关《浮生六记》的演讲，她建议每个人都要有自己的思考，学会思考能给人带来无限的可能。

经过初赛脱颖而出的十位选手，继续加足马力，在决赛中表现出了对阅读更深的热爱，对书籍更深的感悟，时而激情澎湃，时而娓娓道来，带来了一次阅读分享的精神盛宴。

（新闻与传播学院　团委学生会学习部　新网部）

11 月 8 日　薛忆沩老师畅谈创作的视野

11 月 8 日下午，广州大学“文学创作系列讲座”第七讲——“创作的视野”于文清楼 706 教室举办。

讲座开场，薛忆沩老师回忆自身青春岁月，讲述青年时期文学创作事迹，展示他对“创作的视野”的思考。薛老师认为人物才是文学创作的基石，并提出“文学是人学”的观点。他通过解读两部经典著作向大家阐释他对“文学是人学”的理解，并建议同学们在文学创作时应立足于小人物，以小见大，使作品上升至新高度。紧接着，薛老师分享了提升文学创作能力的方法，比如多阅读历史作品以及文学创作应抛弃优越感等。最后，他希望同学们博览经典，拓宽思维，开阔创作视野。

薛老师的精彩演讲让在场学生受益匪浅，激发了学生的创作热情，反响强烈。至此，广州大学“文学创作系列讲座”第七讲——“创作的视野”圆满结束。

（人文学院　新闻中心）

11月9日　美术与设计学院学生在广东省高校美术作品学院奖双年展获奖

11月9日，为贯彻落实党的十九大精神，加强粤港澳高校美术教育的交流与合作，促进粤港澳大湾区建设，由省教育厅、省美术家协会主办，广州美术学院、广东高校美术与设计教育专业委员会承办了首届粤港澳大湾区高校美术作品展暨第三届广东省高校美术作品学院奖双年展，着力将其打造成粤港澳大湾区独具特色的高校艺术专业学术品牌。

本次展览共有81所高校参加，展出作品上千件，涵盖绘画、雕塑、书法篆刻、综合材料等多个艺术门类，汇聚了各院校高水准的艺术作品和最具代表性的教学文案。

经过初评与复评两轮激烈评选，美术与设计学院在本次展览中取得优异成绩，在粤港澳81所高校中名列前茅：十位教师作品和五位学生作品入选，并取得三金、一银、五铜九项大奖。其中学生组中，魏瑞同学的中国画作品《观复》、林铭锋同学的中国画作品《硕果图谱》以及蔡志鹤同学的油画作品《摩斯密码》获三等奖。

（美术与设计学院　学工办）

11月9日　教育学院举办经典百书读书节活动

11月9日，由教育学院举办的“千寻书海，我只要你”经典百书读书节活动正式线上征集投稿。截至11月30日，教育学院团委学生会学术科技部共收到76份作品投稿，初选后共有16名同学的作品脱颖而出。

读书节活动以“在书海中寻找自己的岛屿”为主题，面向教育学院全体学生征集个人或他人与书籍的趣事。初步筛选作品后，由教育学院团委学生会主席团成员对作品进行评选，最终选出获奖作品。部分优秀作品的节选片段已整合发布于教育学院团学公众号上供师生欣赏。

在此次经典百书读书节活动中，同学们乐于分享自己与书籍的趣事，体会阅读经典百书的乐趣，与经典为友，与博览同行，开阔文化视野。此次活动营造了更加积极健康的学习氛围和文化环境，贯彻了“博学笃行，与时俱进”的校训。

（教育学院　学工办）

11月9日　经济与统计学院开展主题团日活动

11月9日，经济与统计学院2018级会计5班在越秀公园进行了第一次团日活动，本次活动团支部以“学习新团章，领会团十八大精神”为主题，以“寻找党的足迹——定向越野”为依托，以“团十八大知识竞赛”为主体，力图让每位团员都有参与感，让每位团员都能有学习新团章的热情与动力。

活动策划期间，班委与团支部努力寻找最适合班级实情的活动方式与地点，最终敲定了以越秀公园作为场地的户外活动方式，目的是最大限度地调动所有团员的积极性和促进本支部成员的团结友爱。

在活动开始前一个星期，部分班委来到越秀公园先行踩点，确定定向越野中的任务点，以及寻找合适开展活动的空旷场地，并在踩点后确定了活动路线。

定向越野开始时，大家都兴致勃勃、充满活力地向任务点奔去，组织本次活动的班委也在后面进行跟拍与记录。

第一个环节圆满完成后，就进入了主要的环节——团十八大知识竞赛，大家积极认真地完成了所有试题。作为团员，不可以不了解团章；作为团员，不可以不关心团的道路发展。令人欣喜的是，大家的答题正确率高，完成程度好，参与热情高。

（经济与统计学院 邓泽龙）

11 月 9 日 化学化工学院举办模拟招聘培训会

11 月 9 日，化学化工学院团委学生会在文新楼开展模拟招聘培训会，近两百人到场参加。

培训会邀请了平安普惠风投师、化学化工学院 2012 届毕业生李琛椒以及星火教育面试官肖远韬。两位培训老师以面试他人的过程中遇到的情景为案例，总结了同学们在应聘过程中出现的较为严重的问题。例如，简历定位不准确、应聘岗位与所述经历不吻合、不注重细节、因不注重简历而错失良好的就业机会等。他们针对这些问题向同学们生动形象地介绍了各种简历撰写、面试礼仪等实用技巧。

两位培训老师还鼓励在座的同学在大学期间要好好努力，多反思、多求索，利用课余时间多参加有意义的活动，以一份丰满的简历、满意的工作为自己的大学生活画上圆满的句号。

（化学化工学院　就业创业部）

11 月 9 日　音乐舞蹈学院举办国标舞讲座

十一月的广州渐起秋风但依旧热情似火，11 月 9 日音乐舞蹈学院舞蹈系的全体学生幸运地聆听了世界性国标舞专业名师们的讲座，大家受益匪浅。

这次邀请来的外聘专家分别是成兵老师、瞿腊佳老师、赵琪老师和郭晖老师。这些老师都是中国国标舞界的创始人，我们非常荣幸能邀请到这几位老师为大家开展一场有关国标舞的讲座。

老师们为这场讲座进行了精心准备，在为大家介绍舞种的同时，还带来自己的优秀学生做示范表演，展示独具风采、激情洋溢的拉丁舞，这已经超出了一场讲座，更像是一场精彩的国标舞演出！

在各位老师的简要介绍下，我们知道国标舞分为两大类：摩登舞和拉丁舞，共十个舞种。摩登舞里面又分为五个小舞种，分别是华尔兹、探戈、狐步、维也纳华尔兹和快步；拉丁舞里面也分为五个小舞种，分别是桑巴、恰恰、伦巴、斗牛舞和牛仔舞。在了解大的框架后，我们也了解到国标舞对穿着十分有讲究，不同的舞种对着装有不同要求，每个舞种格局构造也大不相同，需要我们深入了解体会。

通过这次讲座，我们感受到舞蹈带给我们的快乐。因为舞蹈赋予人们生命力，它让我们坚持自己的梦想和追求，不忘初心，坚持追求信仰。舞蹈基本功非一日之功，无论是单人舞还是双人舞，只有经过长期不断练习或是同伴之间日复一日、年复一年的默契磨合，才能达到自己心目中理想的境界。我们要时刻铭记一句话："将地基铸造牢固，将受益终身。"

此次国标舞系列讲座圆满成功！再次感谢各位老师们远道而来为广大舞蹈系学子带来了特别有意义的讲座。

（音乐舞蹈学院　程渝玲　程俊涵）

11月10日　美术与设计学院举行"扬帆起航美设梦，求索笃行学子心"主题文艺晚会

11月10日，由美术与设计学院主办的"扬帆起航美设梦，求索笃行学子心"主题文艺晚会于演艺中心前广场隆重举行。

晚会伊始，来自设计和服装专业的四位主持人对本次晚会致以祝福，并向大家介绍了莅临本次晚会的各位领导及嘉宾，他们分别是美术与设计学院党委书记吴宗敏、副院长王丹、党委副书记蔡琼生、学工办主任罗兵、团委书记马浩。

随后，由吴书记为晚会致辞，他强调晚会以"懂艺术"为目标展开，他对美术与设计学院的学子寄予期望和祝福，并预祝本次晚会取得圆满成功。

晚会精彩纷呈，有激情洋溢的街舞、清新纯朴的吉他弹唱、独具民族特色的扬琴四重奏，还有引人入胜的话剧表演和模特走秀等表演，为现场观众带来视觉和听觉的双重盛宴。全场穿插了四次颁奖仪式，分别颁发了研究生国家奖学金、本科生国家奖学金、国家励志奖学金和优秀学生干部、优秀团支部等奖项。

本次晚会本着展示学院学生的精神风貌，丰富广州大学人文气息，以文艺活动的形式展示年青一代对美的追求，对文艺的理解和对生活的热爱，为青年学子明天的辉煌画上亮丽的一笔。

（美术与设计学院　学工办）

11 月 10 日　公共管理学院举办学生干部培训活动

为提高公共管理学院学生干部的思想政治素质、政策理论水平、创新能力、实践能力以及组织协调能力，促进部门间友好交流、学习与合作，公共管理学院于 11 月 10 日举办了以“干培筑梦，携手同行”为主题的学生干部培训活动。

本次干培活动主要以主题讲座与户外拓展的形式展开。上午，主题讲座邀请了保研暨南大学的 2014 级公管学院本科生王文巧，围绕“工作与学习的协调能力”这一主题，与在座的学生干部分享了她在担任团委学生会干部期间的工作经验以及自己在平衡工作与学习这一方面的心得。她以真实经历告诫各位学生干部必须秉持严谨的工作精神，以一丝不苟的工作态度完成任务，这样才有利于自身的提高。

下午，户外拓展活动在图书馆广场举行。学生干部被分成若干个小组，按照指示玩游戏收集道具，小组之间既有竞争，又为彼此加油打气，学生干部间的通力协作、友好互助在此刻得以展现。

本次干部培训活动在一定程度上提升了学生干部的思想水平与工作能力，以点带面，从而提升了其部门协作的效率，促进部门之间的沟通交流，为之后学生干部以更高效率与更严谨认真的态度完成部门任务打下坚实的基础。

（公共管理学院　学工办）

11 月 11 日　人文学院学生在全国高等院校师范生教学技能大赛中喜获佳绩

11 月 9 日至 11 日，第八届“华文杯”高等院校师范生（语文）教学技能大赛于陕西省商洛学院举办。广州大学人文学院汉语言文学（教师教育）专业学生喜获佳绩。

此次比赛中，来自四川师范大学、福建师范大学、西藏民族大学等全国 25 所高等院校，近 300 名选手同台竞技。大赛分为教学设计、教学技能两大板块，经过当日共 12 场次的激烈角逐比拼，广州大学人文学院 2015 级汉语言文学（教师教育）专业的周志方、罗晓润、邹贤兰、张婉萍同学在学院领导的大力支持和高度重视下，在语文教育教研室林晖、李丽华、温小军三位老师的精心指导以及 2016 级辅导员陈楚敏老师的统筹领队下，最终共获得 4 个一等奖、2 个二等奖、2 个三等奖的好成绩。

大赛以“3 分钟说课 + 8 分钟模拟课堂 + 2 分钟答辩”的模式展开，广州大学人文学院周志方同学以“读—吟—唱”带动学生学习《陋室铭》，罗晓润同学以对比阅读和多元朗读引导学生表达对《安塞腰鼓》的理解，邹贤兰同学以文雅的形象、慷慨激昂的语言魅力讲授《最后一次讲演》，张婉萍同学以富有情感的朗诵、深入剖析《济南的冬天》片段内容。通过比赛，参与的师生见识到其他省市院校的培养经验及不同理念，在比赛中求进，也在交流碰撞中反思培养质效。

人文学院四位同学喜获佳绩，为校争光，充分展现了人文学院师范生的扎实功底与过硬实力。

（人文学院　学工办）

11月11日　公共管理学院举行“第二校园访学”成果分享会

11月11日晚，2018年公共管理学院“第二校园访学”成果分享会在桂花岗校区小礼堂举行。去重庆大学访学的16名访学团成员以及公共管理学院2018级全体学生参与本次分享会。

16名访学团成员上台逐一自我介绍，分别从重庆大学的文化、专业学习、课堂学习、学生干部、学生素养五个方面分享了本次前往重庆大学公共管理学院访学交流的成果。

其中，访学团成员钟金娴以重庆大学公共管理学院的部分专业课程为例，引出了重庆大学公共管理学院“宽基础、重工具、强素质”的人才培养理念。她表达了与重庆大学学子共同学习的深刻体会，着重提到在专业学习上应该扎实基础，广泛阅读；结合访学所获，访学团成员冼幸仪从专业素养、人文底蕴、自主学习、社会实践、责任担当与健康生活六个方面提出大学生不仅要在专业学习上表现出色，更要全方位发展。

此外，访学团成员徐瑾还提及访学期间有幸聆听了大师林毅夫先生的学术讲座，向同学们讲述了林毅夫先生在学生时代钻研学术的故事，提出我们要拥有联系自身发展与国家发展、充分运用自身专业知识来理解国家发展战略的家国情怀。

本次访学分享会让同学们充分了解了访学的价值与意义，并让我们深刻体悟到要正视差距，努力提升自我的道理。我们将从今日起奋进，从广大走向更宽广的世界。

（公共管理学院　学工办）

11 月 12 日　公共管理学院举行易班知识竞赛

11 月 12 日晚，由公共管理学院易班工作站主办的第三届“易站到底　易起精彩”团队知识竞赛决赛于桂花岗校区图书馆三楼学术报告厅如期举行。广州大学易班发展中心指导老师葛泽胜、公共管理学院易班工作站指导老师林曼曼出席本次比赛。本次大赛分初赛和决赛两场进行，吸引了来自公共管理学院、工商管理学院、法学院等 12 支队伍参赛，共有五支队伍闯进决赛。

在车轮战环节，五支参赛队伍依次回答问题。题目形式多样，内容涵盖广泛，包含了文学艺术、历史地理、时事政策、校史校情、学院概况、易班知识等。在附加题环节中，选手们根据一段来自泰国的孝心教育题材视频发表观后感。其中，一直都队抓住视频细节，赞赏了视频中老师以身作则的行为，并指出他的举动使孝道潜移默化地深烙于孩子们心灵深处；笑傲江湖队代表则分别从老师、孩子、家长三方角度分析，表达了不同身份的人对传承孝心的感悟。

随后，嘉宾对选手代表的发言作详细的点评。林曼曼老师表示，因时间有限，虽各队切入角度较少，思维空间未完全展开，但各队都能切题并流畅地表达自己的观点。葛泽胜老师则结合其自身家庭经历从孝义、学校、家长等多角度分析了视频及题目，并引用《孟子》里“申之以孝悌之义”的名句进行点评，赞扬了各队的随机应变能力，但也指出在升华主题上的完善空间。

经过激烈的比拼，孙嘉源同学赢得了“站神”称号。一直都队则以总分最高夺得冠军，不站则已一站到底队以及就是这么队分别获亚军和季军。

“易站到底　易起精彩”易班团队知识竞赛是2016年由公共管理学院易班工作站打造的易班网络文化活动，曾荣获全国易班平台报道转载。本次大赛既达到推广易班平台的效果，又在比赛中实现育人目的；既丰富了大学生的校园文化生活，又将思政教育形象化与丰富化，推动思政教育入脑入心。

（公共管理学院　学工办）

11月12日　旅游学院召开新疆籍少数民族学生工作午餐会

为了深入贯彻落实《中共中央国务院关于加强和改进新形势下高校思想政治工作的意见》、第二次中央新疆工作座谈会和全国教育大会的会议精神，更好地开展新疆籍少数民族学生的工作，促进师生沟通交流，11月12日中午12时，在文俊东楼406会议室，旅游学院和校少数民族办联合举办了新疆籍少数民族学生工作午餐会。

出席本次午餐会的有6位来自2015级、2016级的在校新疆籍少数民族同学以及部分学院领导老师。

6位新疆籍少数民族同学逐一分享了离开家乡后在学校的学习生活情况。他们或是谈到困难与挫折，或是分享欢乐与喜悦，或是感谢老师们的陪伴与关怀，情真意切，莫不让在场的师生们为之动容。广州大学少数民族办公室副主任蔡强老师充分肯定旅游学院在抓好少数民族同学的学习、引导与帮扶工作上所付出的努力，同时表达了对新疆籍少数民族同学的鼓励和殷殷期盼。

学院党委书记刘向晖在会上与同学们亲切交流，她和蔼的声音润泽着每一位学生的心灵，温柔的目光里透露着她对新疆同学离家不易的理解和爱护。她给同学们提了一些建议：要多与老师沟通请教，会有许多收获；要与同学们和睦相处，形成良好人际关系网。

此次午餐会增进了师生之间的交流，增强了新疆籍少数民族学生努力学习回报社会的信心，为新疆少数民族工作提供了有益的经验。

（旅游学院　学工办）

11月13日　教育学院雅室大赛顺利举办

11月13日下午，教育学院主办的雅室大赛初赛正式拉开帷幕。此次雅室大赛以经典百书为主题，以增强宿舍文化内涵为宗旨，以展现同学们积极向上的精神风貌为目标。活动内容贴近生活，极大地激发了同学们的参与热情。此次活动共有22个宿舍报名。评委们本着公开、公平、公正的原则，到各参赛宿舍进行评选，最终共有9个宿舍入选决赛。此外，大赛开启了线上投票通道，得票最高的宿舍斩获最具人气奖。

11月20日下午，雅室大赛决赛在文新楼623教室举行。决赛邀请到了教育学院研究生张清华和上一届雅室大赛一等奖获奖宿舍代表董国菊、许家乐担任评委。决赛由展示宿舍设计理念的PPT，以及选手答辩两部分组成。一个多小时的比赛现场，九支参赛队伍的展示和答辩充分展现了各个宿舍不同的雅室风格。最后由工作人员统计得分，选出一、二、三等奖，并由评委进行颁奖。

纵观雅室大赛的全过程，选手们的团队协作能力和宿舍凝聚力得到充分体现。此次比赛增进了舍友之间的情谊，既展现了当代大学生的风采，又为宿舍文化增添了一抹亮色。

（教育学院　学工办）

11月13日　旅游学院本科生党支部进行主题党课学习

11月13日中午12点50分，旅游学院本科学生第一党支部在B9“五室一站”党团活动室召开主题为“学习习近平总书记视察广东重要讲话精神”的党课，并结合党课主题探讨党支部如何落实“两学一做”及筹划优秀党日活动。本次会议由本科学生第一党支部书记陈志明主持。

首先，陈志明同志向全体党员传达学习贯彻习近平总书记视察广东重要讲话精神，他要求各位党员今后长期把学习习近平总书记重要讲话和对广东一系列重要指示作为首要学习内容，深刻学习和领会，并把政治生活与专业学习、重点工作等紧密结合起来。尤其要围绕学校全面推进高水平大学建设和人才培养的五大发展目标思考如何作出努力与贡献，扎实做到知行合一，将工作落实到细处。

随后，参会党员就“学习贯彻全国教育大会精神，在党建育人中全面促进立德树人”为主题的“优秀党日”活动方案进行探讨。陈志明同志指出，党支部主题“优秀党日”活动要紧紧结合习近平总书记重要讲话精神，以专业特色及服务地方社会发展为主要切入点，突显党日活动主题，努力扎实做出成效。

（旅游学院　郑亿璇）

11月13日　机械与电气工程学院入党积极分子赴广州数控设备有限公司参观学习

11月13日，机械与电气工程学院入党积极分子在学工办欧阳曦、王沁芳、冯荣光等老师的带领下，赴广州数控设备有限公司参观学习，受到企业代表的热情接待。

广州数控设备有限公司的工程师对机械与电气工程学院师生的到访表示欢迎和感谢。他表示广州大学和广州数控在学术科研、人才培养等方面正在展开越来越深入的合作，这次广大师生的企业参观之行正是双方友好交流合作的体现。

工程师带领师生参观了机器人生产车间和数控加工生产车间，井然有序的机器生产线、数控模拟加工设备、测试车间机器人轻盈灵活地完成各种操作动作吸引了同学们的眼球。在参观过程中，同学们认真聆听技术人员讲解工业机器人技术，并做好相关记录。

通过到广州数控设备有限公司参观学习，同学们对理论如何指导实践，如何以实践检验理论，将理论与实践高度统一结合有了更深一层的见解。通过与工程师们的对话，同学们更进一步了解目前市场的生产需求和发展趋势，对同学们如何在日后更好地服务人民和社会起了积极作用。不仅如此，同学们对于工业 4.0 中的智能化、信息化有了更加深入的了解，大大开阔了视野、丰富了知识体系，对以后的学习和工作方向有了更加详细的规划，也为未来成为中国特色社会主义接班人打下坚实的基础。

此外，带队老师对正在广州数控设备有限公司实习的机械与电气工程学院大四学生进行了慰问。同学们表示在企业实习学到了很多书本上没有的知识，

对我国的人工智能产业发展状况有了更加深刻的认识。同学们纷纷表示，在自己未来的职业规划中，应该将个人价值的实现同国家和民族的未来发展相结合，为国家发展建设作出自己的贡献。

（机械与电气工程学院　冯荣光）

11 月 13 日　法学院举行“经典百书诵读”读书报告竞赛会

为响应广东省委宣传部 2018 年举办的“书香岭南”全民阅读活动，为让法学院的学生尽快融入法学专业，培养和训练专属于法律人的法律思维，法学院“以书为友，以法为治”读书报告竞赛会于 11 月 13 日在桂花岗校区 5 号楼三楼学术报告厅展开。

此次读书报告竞赛会由法学院团委、学生会学术部全体成员承办，并邀请到了法学院王鹰教授、胡莎博士、李倩老师、王文锐老师、学生会主席邱奕霖同学 5 位嘉宾莅临现场指导，法学院 2018 级全体学生也一起出席，共同感受知识的魅力。

此次读书报告竞赛会的形式为：通过法学 2018 级各班班内自主竞选推优，每班推选出两名参赛者，参赛者选择一本法学专业书籍，在赛场上结合 PPT，以演讲方式说出自己的读书体会或与所选书籍之间的故事。

每位参赛者有 5 分钟的演讲时间，时间虽短，但他们给评委老师和现场观众带来了不小的视觉和听觉震撼。比赛中途，评委老师对参赛选手的演讲作出点评、与观众进行关于读书的互动，调动了现场气氛，大家都受益匪浅。

广州大学经典百书项目从创办以来一直备受重视，读书报告竞赛会作为此项目之中的一项活动，有助于培养“德才兼备、家国情怀、视野开阔，爱体育、懂艺术，能力发展性强”的高素质创新人才，应当继续开展，克服活动中出现的不足，不断创新、与时俱进，开展阅读推广，营造浓厚的阅读氛围，让阅读成为一种习惯，多途径提升广大学子的人文精神和科学素养，拓展其知识视野和人生境界。

（法学院　庄敏玲）

11 月 13 日　人文学院团支部开展“文化寻根，智慧爱国”社会实践活动

11 月 13 日下午，伴随着午后的暖阳，人文学院汉国教 172 班团支部“千千工程”团课教育活动暨“文化寻根，智慧爱国”社会实践活动于黄埔古港顺利开展。党员教工、汉国教 172 班班主任王苗老师出席本次活动。

汉国教 172 班在王苗老师的悉心安排与指导下，将中国文化体验点——黄埔古港传统文化项目进行讲解。策划已久的班级户外活动正式拉开序幕，经过一个多小时交通周转，汉国教 172 班团支部团员到达黄埔古港。他们满怀紧张激动的心情，在指定集合地点布置讲解及拍摄等任务。团员积极参与其中，分工协作，每组团员的宣讲及拍摄质量都十分惊艳。讲解过程中，团员纯熟老练的讲解与优秀的临场发挥技巧，吸引了很多“观众”的关注。直至团员讲解结束，现场依旧可以听到路人游客的赞叹与掌声。这对于每个认真参与活动的团员来说，都是莫大的鼓励和表扬。

通过本次活动，汉国教 172 班团支部团员认识到中国文化的博大精深，增强了文化自信。一直以来，团员谨记校党委书记屈哨兵在“唐诗班”中的谆谆教诲，肩负起中国文化传播者的重要使命，提升了共青团团员建设中国特色社会主义文化的能力。

（人文学院　陈姿汶）

11 月 13 日　广州大学投资学会开展户外活动

11 月 13 日下午三点，广州大学投资学会在大学城文新楼举办了一个有趣好玩的活动——现金流游戏，投资学会的部长们与会员们一起度过了一个欢快的下午。现金流游戏是一个致力于提升游戏参与者财商与理财意识的游戏，在游戏中，游戏参与者会遇到真实金融市场上的各种事件，在游戏中体验“人生的跌宕起伏”。现金流游戏不仅仅是一个游戏，更是一个给大家体验理财生活的机会。

活动由部长引导会员们进入游戏，熟悉规则。一开始需要模拟人生，大家抽到的卡片都不同，起始职业薪酬有高有低，但这并不是游戏的最终结果，无论是高薪飞机驾驶员还是低薪的门卫保安，都可以用自己的智慧、胆量与运气去创造财富，从小圈跳出去实现自己的梦想。这个游戏玩到最后，大家摸索出来不少经验，例如可以先努力把负债清空，这样月支出就会大大减少，还有尽可能增加自己的非工资收入，如通过买房购置地产等。其实这场游戏也能看出一个人的性格，有些人比较保守稳健，有些人则比较有冒险精神。这个游戏真的很精彩！

投资学会希望通过现金流游戏，让大家更好地理解财务自由这一目标，为大家以后进入社会打好相关的财务知识基础。现金流游戏只是这个学期投资学会举行的活动之一，在往后的日子里，投资学会会做得更好，致力于为广大投资学会会员带来更优质的活动。

（广州大学投资学会）

11 月 13 日　数学与信息科学学院举办 PS 培训活动

PS（Photoshop）在生活工作中有着广泛的应用，是当代大学生应该具备的一项技能。在 11 月 4 日和 13 日，数学与信息科学学院举办了两场主题为“激起所有元素的轻舞飞扬”的 PS 对外培训活动。

本活动由数学与信息科学学院团委学生会宣传部主办。第一场培训活动定在 11 月 4 日 19：00—21：00，地点为文新楼 123 教室，活动主讲人为尹嘉琪。主讲内容为 PS 里面的基础操作：图层的放大缩小、新字体的导入、图形描边和填充、抠图操作等。第二场活动时间为 11 月 13 日 19：00—21：00，地点为文清楼 107 教室，活动主讲人为张杰。主讲内容为 PS 的进阶操作：去水印及修补仿制素材、Logo 去底色、更改证件照背景颜色等。在活动过程中，主讲人利用多功能投影仪演示，台下同学们用自己的电脑练习，现场有工作人员实时指导。

培训活动结束后，为了提升同学们对 PS 的操作能力，培养同学们的平面设计灵感，激发其平面设计天赋，数学与信息科学学院在 11 月 13—20 日还举办了一场名为“灵感荟萃之刻，色彩交汇之盛”的多主题 PS 设计大赛。参赛作品必须是使用 Adobe　Photoshop 软件制作的海报（“那所广大，那般数院”主题海报）、明信片（“默念信件之声，致谢恩情之心”主题明信片）、班徽设计或课本封面（“要是数学课本变了样”主题封面），要求作品为原创，内容积极向上、主题鲜明。参赛作品的收取、评选和获奖作品的公布均是线上完成，同学们的参赛热情很高。

PS 的培训活动和设计大赛帮助同学们掌握了一项技能，使他们可以轻松应对生活中的图片恢复、图像处理和设计等问题。

（数学与信息科学学院　刘芬芳）

11月13日　公共管理学院举行师生午餐会

11月13日中午，公共管理学院师生午餐会于文逸楼514会议室举行。公共管理学院院长陈潭，教师代表钟育三、丁魁礼，学工办主任谢玲等出席了午餐会，参加本次活动的还有12名来自2017级政府管理系和社会学系的本科生。

在本期活动中，师生就公共管理学院本科生导师制进行了交流。活动先由同学们进行简单的自我介绍。随后，老师们与2017级同学就如何与本科生阶段导师建立良好关系、如何针对英语这门科目进行学习和提高、如何有效规划时间等主题进行了深入探讨。

午餐会作为公管学院团学交流部的一个品牌活动，至今已举办26次，它借助师生共进午餐的形式，构筑了师生之间对话的桥梁。它有效促进了学院领导和老师们掌握学生当下最为关心的学习、生活及成长问题，也有助于学生了解学院的教学科研理念与本科生培养机制，从而推动了师生之间的双向互动与双向反馈。

（公共管理学院　学工办）

11月14日　法学院与育才中学初中部联合举办模拟法庭活动

法学院利用自身的专业特点，联合广州市育才中学于11月14日在育才中学初中部举办了模拟法庭，旨在培养法学院学生的知识运用和交际表演能力的同时，提高中学生的法律认知度和自我保护意识。法学院全体志愿者经过之前长达一个月的排练，在14日当天为中学生带来了一次特别的盛宴。志愿者的生动表演紧紧地抓住了同学们的眼球，他们的知识传达也让同学们感觉仿佛打开了新世界的大门。精彩的表演、紧凑的流程、深刻的问题、丰富的知识都让这次活动意义非凡。活动结束后，当问及志愿者们的感受时，他们有的说："看着台下初中生对知识渴求的眼神，仿佛觉得一种强烈的责任感在促使自己更加卖力地表演。"也有同学说："紧锣密鼓的排练过程，让我觉得收获到更加扎实的知识和更加生动的表演能力，也提高了自己的应变能力。"

大学生即将跨入社会，然而他们缺乏的就是社会历练，缺少的就是实践经验。为了大学生进入社会后不是一个"跛足"的人，为了全面提高大学生素质，实践活动是一个很好的方式。像育才中学模拟法庭这样的活动不但应多多举办，还要办得一个更比一个好，一个更比一个有意义。

（法学院实践部　唐明杰）

11月15日　数学与信息科学学院举办"数说者"活动

三尺讲台，染苍苍白发；桃李满园，露美美笑颜。

俗话说："世有伯乐，然后有千里马"，老师就像伯乐，发现我们的才能，并引领我们不断前进。但是我们平时与老师的接触大多数只是在课堂上，为帮助同学们了解老师的教学及日常生活，11月15日至12月25日，数学与信息科学学院举办了采访老师的"数说者"活动，首先，数学与信息科学学院新闻中心在文新楼204教室举办了采访技能的培训。培训是由新闻与传播学院的一名优秀大三学生来讲解拍照、采访等方面的知识，帮助新闻中心的成员更好地完成此次活动。

培训结束后，按照成员分组，各组联系并邀请老师接受采访，接着对自己要采访的老师进行了解并拟采访大纲，然后按照与老师约定的时间、地点展开采访。

采访过程十分顺利，采访结束后，新闻中心根据从老师那了解的情况，写出采访稿，内容除了学习、考研等方面的经验方法，还有通过分享老师们在广大教书的感受、最难忘的事等，以此拉近老师和同学们的关系。

目前，“数说者”活动共采访了3位老师：冯永平老师、孟凡宁老师、叶瑞芬老师，并将采访稿在团委学生会公众号和学院易班网站进行发布，得到了大量阅读和积极转发。

阳光普照，园丁心坎春意浓；甘雨滋润，桃李枝头蓓蕾红。千言万语，道不尽缕缕师恩，希望可以通过此活动，在解决同学们疑难的基础上，加强同学们与老师之间的了解。愿老师们桃李满天下，春晖遍四方。

（数学与信息科学学院　肖宇）

11月15日　化学化工学院开展青春健康教育讲座

11月15日，化学化工学院化工184班在文新楼421教室开展了由韦雪老师主讲的青春健康教育讲座。

对于同学们来说，不少人谈“性”色变，这门课程带领大家探索的便是性的奥秘。

化工184班是化学化工学院第一个开设此课程的班级，课堂上同学们积极发言，积极参与由红十字会精心设计的各种小游戏，现场氛围活跃。通过各种关于“性”的小游戏，同学们收获颇多，同时增进了同学们之间的感情，对班级发展更是有益。

通过此次课程，化工184班的同学们对各种性知识有了更加深入的了解，也学到了如何在大学4年的生活中利用有力的武器来保护自己不受伤害。另外，在谈起性时也变得更加理性了。

（化学化工学院　王海枫）

11月16日　物理与电子工程学院举行第八届学生代表大会

11月16日晚，物理与电子工程学院举行了第八届学生代表大会。物理与电子工程学院团委书记兼团委学生会秘书长王志杰、学院团委副书记黄毓婵、校学生会副主席丘一江、各学院的学生会主席和秘书长以及学代会代表参加了本次大会。

大会在庄严的国歌中拉开帷幕。校学生会副主席丘一江代表校学生会向学代会的召开表示热烈的祝贺，并对学生会和学生代表提到三点希望：一是坚持围绕学校人才培养目标展开工作，切实发挥对青年学生的思想引领作用；二是围绕学生实际需要，提高服务水平和服务能力；三是落实学生会改革方案，加强团队自身建设，促进学生会新发展。学院团委书记王志杰在致辞中指出，学院学生会工作贴近青年学生实际，服务青年学生成长成才，在思想引领、学风建设、校园文化、社会实践、志愿服务、创新创业等方面做了大量卓有成效的工作。他希望学生会能立足“学生会是学院全体学生的学生会”的理念，围绕“为同学们服务”的宗旨，主动思考如何提高活动和工作的质量，把事情做到实处。

学生代表大会是学院联系学生的桥梁和纽带，是学院民主管理和民主监督的基本形式之一，是学生参与学院管理的重要途径。本次学代会的顺利召开，对推动学院民主管理，推进学院学生工作更上一个台阶具有重要意义。

（物理与电子工程学院　学工办）

11月16日　人文学院前往广州市国家档案馆开展社会实践活动

11月16日，为提高同学们学习历史的热情，使大家更加了解广州的历史变化，同时以广州视角看中国变化，历史181班全体同学前往广州市国家档案馆参观学习，班主任杨恒平老师参加了本次活动。

上午，同学们步行至广州市国家档案馆，并在档案馆门口合影。档案馆工作人员采用高新技术将古今广州各个地方特色生动呈现出来，从古代“十三行”的繁盛到近代虎门销烟的悲壮，再到如今中轴线两侧的繁华，使同学们初步了解了广州历史。最后，同学们来到了古籍修复中心，了解古籍修复工序并向古籍修复师傅提出疑问。在提问过程中，同学们了解到古籍修复过程中需要耐心，学习到保持古籍原状的重要性，同时也认识到对历史事实的探索应抱有严谨和尊重的态度。

（人文学院　历史181班）

11 月 16 日　环境科学与工程学院举行环境法知识竞赛

11 月 16 日，环境科学与工程学院在 B7“五室一站”举办环境法知识竞赛，主题为“贯彻环境法，学习我先行”。本次活动有八支队伍参赛，分别是研究生队、环工 161 班、环科 171 班、环工 171 班、环科 181 班、环科 182 班、环工 181 班、环工 182 班。

各班级对此次活动都热情高涨，特别是研究生队伍的参加，很好地带动了环境学院“本硕联动”工作的进行。此外，大三学生的参与也非常值得鼓励和学习，这都表明了各年级学生的学习积极性非常高。

晚上 7 点活动正式开始，主持人向小伙伴们介绍了活动规则和活动意义。接着参赛小伙伴们做了幽默风趣的自我介绍，整个活动氛围轻松欢乐。

然后就开始正式答题，参赛小伙伴们十分踊跃地举牌抢答，竞争十分激烈。第一轮抢答结束后，播放了环保宣传视频《地球就是你自己》，视频中讲到人类残杀动物、污染地球等残忍的行为，并呼吁大家保护动物、保护地球。参赛小伙伴们看完后心情十分沉重，纷纷发言表达观后感。

比赛结束后，李慧老师对此次活动进行了总结，鼓励大家多了解环境法，做一个优秀的环境人，并让研究生队伍的两位同学再次进行自我介绍，两位同学十分热情并表示师弟师妹们若有不懂的地方可以去问他们，他们会尽可能详细解答。

本次活动很好地结合了环院的办学特色，以环境法为核心，通过有奖竞答的形式让学生对环境法有更充分的认识。

（环境科学与工程学院　何若煊）

11 月 16 日　广州大学男足在“省长杯”青少年足球联赛总决赛中首战告捷

11 月 16 号上午 9 点，2018 年广东省“省长杯”青少年足球联赛（大学组）总决赛开幕式在我校田径场上隆重举行。伴着凉爽的秋风，同学们热情高涨，精神饱满地迎接开幕式的到来。

第五届广东省“省长杯”青少年足球联赛（大学组）总决赛由广东省教育厅和省体育局联合主办，华南师范大学、广东外语外贸大学、广州大学承办，广东省学生体育艺术联合会协办。广东省“省长杯”青少年足球联赛自 2014 年开始举办。

开幕式上，广州大学龙狮团和啦啦队以热情奔放的表演诠释了学子对体育运动的热爱。最后放出的彩烟更是将整个开幕式推向了高潮。

在本场赛事中广州大学以 2：1 战胜了广东技术师范学院，精彩的揭幕战为开幕式画上了圆满的句号。

（宣传部　李振）

11 月 17 日　环境科学与工程学院学生在全国“模拟仿真”大赛中勇创佳绩

11 月 17 日，第二届环境实践“模拟仿真”决赛如期举办。由环境科学与工程学院的学生组成的两支队伍代表广大环境学子参赛，分别创下大赛一等奖和三等奖的佳绩。同台竞技的还有 50 支来自全国高校的队伍。

环境学院的学子在初赛中准备充分，发挥出色，顺利进入决赛。他们在决赛中对参赛方案进行透彻分析，制定应急预案的过程更是追求精益求精。经过总决赛的激烈角逐，环境学院的学子最终不负众望，斩获了大赛一等奖和三等奖。

此次大赛展现出环境学院的学子全力以赴、勇于挑战和实践的风范。通过这次比赛，同学们不仅赢得了荣光，在创新、实践及团队协作等方面的能力也得到很大提升，这对环境学院的学子在未来走向环境可持续发展道路具有指导意义。

（环境科学与工程学院　陈漫）

11 月 17 日　工商管理学院举办羽毛球师生友谊赛

11 月 17 日，工商管理学院第一届羽毛球师生友谊赛成功举办。比赛由男子单打、女子单打、男子双打、女子双打以及男女混合双打五个项目组成。

早上 8 点，工商管理学院学生会副主席柯凯丽首先发表赛前宣言，并引用了毛主席“身体是革命的本钱”的名言，希望大家能走出宿舍，走向运动场。随后，在大家的欢呼声中，比赛正式拉开帷幕。从初赛、复赛，再到决赛，选手们即使已经汗流浃背、筋疲力尽，也不言放弃，使出浑身解数，尽显奋发向上、永不服输的体育精神。

终于，决赛来了。首先是女子组的单打决赛，两位选手坚持不懈，比分交替上升。然后，是男子单打决赛。两位选手势均力敌，颇有“棋逢敌手”之意。最后的女子双打默契十足，正所谓“珠联璧合，心照不宣”，对方的一个动作、一个眼神，就能心领神会，冠军果真实至名归。

整个比赛中，运动员们拼搏奋斗，赛出友谊、赛出水平，在本次比赛中，获得体育竞技和精神文化的双丰收。全体裁判员更是从严要求，公平裁断，团结协作，把工商管理学院第一届羽毛球比赛办出质量、办出水平！

（工商管理学院　新媒体中心）

11 月 18 日　旅游学院团委学生会访问澳门科技大学

11 月 18 日，应澳门科技大学酒店与旅游管理学院（FHTM）学生会邀请，我校旅游学院团委学生会赴澳门科技大学进行访问交流。

首先，澳门科技大学酒店与旅游管理学院学生会代表讲述学院概况。经介绍，澳门科技大学酒店与旅游管理学院学生会部门设置精简却效率极高。该学院的三个专业下有优质服务大使大赛，拥有校园内领先的教学餐厅“季节餐厅”以及由学生管理的访客宿舍，还有最近举办的文化会展大赛。

随后，我校旅游学院团委学生会主席孙可儿对旅游学院办学概况及团学结构进行介绍。在这个过程中，孙可儿重点介绍了旅游学院的特色活动，如会展专业毕业展、暑期“三下乡”实践活动、商务会展旅游策划竞赛、“星火启创”创新班和法语语音语调大赛等。

通过分享与交流，我校旅游学院学生们了解了澳门科技大学的专业设置，见识到澳门科技大学的特色活动和专业比赛，丰富了对澳门旅游业的认识，同时进一步宣传了我校旅游学院的办学情况和特色活动。

（旅游学院　王晶　陈晓蓝）

11 月 18 日　化学化工学院赴华东理工大学开展“第二校园访学”活动

11 月 18—22 日，化学化工学院华东理工大学访学团开展了为期五天的华东理工大学访学活动。

在访学期间，我校学生配合华东理工大学有序开展了丰富多彩的访学交流活动以及各种学习活动。其中参观实验室让广大学子感受到了治学应有的严谨态度，体验校园文化则领略到华东理工大学的不同风采。在最后的团学交流和与优秀学长面对面交流中，同学们受益匪浅，既全面了解到华东理工大学化工学院的特色活动以及特色管理，又获得了许多实际性的建议，这激起了同学们奋发向上的意志，他们表示将不负当下，不畏未来。

在此次访学经历中，前往访学的同学深深地体会到了华东理工大学“勤奋求实，励志明德”的校训精神、浓厚的学习氛围以及严谨的科研精神。访学归来，同学们会将在华东理工大学感受的“华理味”带回广州大学，并运用到今后的学习、工作、生活中去。

（化学化工学院　学工办）

11 月 20 日　旅游学院 2018 年暑期寻访校友足迹活动成果丰硕

11 月 20 日，广州大学2018 年暑期寻访校友足迹活动总结表彰大会在行政西二楼报告厅召开，旅游学院党委书记刘向晖，副书记刘绍东，党委委员、学生党总支书记陈志明指导的旅游学院 2018 年寻访校友足迹活动荣获“优秀组织奖”，陈志明老师获“优秀指导老师”称号，以梁嘉燕、肖洁文为代表的 8

名学生志愿者获“优秀志愿者”称号。

旅游学院学生志愿者代表梁嘉燕同学在总结表彰大会上作为学院代表上台发言，同与会师生分享活动的筹划组织、成效成果、作用意义以及收获启发等。

旅游学院2018年暑期寻访校友足迹志愿者团队由本科2015、2016、2017级的23名学生组成。暑假期间，志愿者团队分5个访谈小组通过拜访校友所在工作单位，邀请校友返校面对面交流，与海外留学、工作的校友在线访谈等多种形式，陆续访谈了海内外共计22位校友，收获颇丰。

通过本次暑期寻访校友足迹活动，旅游学院为“星火启创”创新班做足了相关准备，为创新创业导师队伍建设与聘任寻找到了新的资源，为申报创新创业大赛项目、创新创业实践基地及就业实习基地建设打开了新局面。

（旅游学院　梁嘉燕）

11月20日　化学化工学院在“五室一站”开展政治学习分享会

11月20日，化学化工学院于B19“五室一站”党团活动室举行了“近生情，平生语，感悟平‘语’近人”主题分享会。学院党委书记周海兵、党委副书记谭启亮、学工办全体辅导员参加了分享会。

分享会伊始，谭启亮副书记表示希望同学们通过本次学“习”活动，能了解改革开放、十八大以来国家的深刻变化，能了解习近平总书记的生平事迹，并学以致用，落实到学习、工作中。

十一月

随后经初赛文稿筛选出的 8 位本科生和研究生以 PPT 和朗诵等形式分享了自己的学“习”心得。其中，骆康慧同学从“家国情怀”“博学”“广交朋友”“人类命运共同体”和“笃行”五个方面阐述了如何展示文化自信；王艳同学从“什么是孝”“孝的重要性”和“孝与理智”三个层次由浅入深地分享了她对“孝”的理解；曾晓园同学引用“学如弓弩，才如箭镞”的名句来表达希望同学们一直秉持“好好学习，天天向上”的信念。

最后，周海兵书记肯定了本次活动的形式和意义，并以各位国家领导人发言讲话时精炼、平易近人的语言特点及自身大学经历为例，提示同学们抓住机会，多途径培养自己的语言表达能力。

本次分享会燃起同学们学习习近平总书记语录的热情，他们表示将会从中学习时事政策，重温经典文段，体悟人生真谛，“在”大学生活中努力奋进，平语近人，筑梦青春。

（化学化工学院　郑乐琦　陈丽君）

11 月 20 日　广州大学举办优秀学生海外研学分享会

曾经怀梦出行，远赴一场知识盛宴，如今满载而归。2018 年暑期，我校选派了 1 名家庭经济困难的优秀学生参加广东省教育厅组织开展的“助梦扬帆”项目，推选了 6 名家庭经济困难的优秀学生参加我校组织开展的“圆梦计划”项目。他们分赴美国、英国和德国的著名学府进行为期 30 天的课程学习和文化交流。

这些学生怀揣各自的梦想到异国他乡，经历了一段难忘的海外研学时光。11 月 20 日下午他们来到文清楼 721 教室与 170 多位师生分享海外研学的所见所闻所感，向我们一一诉说异国研学的故事。

学生处副处长陈爱平最后对本次海外研学分享会进行小结，她充分肯定了分享会的意义，还要求同学们认真领会学校 24 字人才培养目标，且要对标人才目标，努力让自己与社会、学校的发展同向而行，同时对学子寄予期盼和厚望："越努力，越优秀，越幸运。"

往事刻骨铭心，经验受益匪浅。他们的故事是否让你燃起了对梦想执着追求的热情？是否让你对海外研学满怀憧憬和期待？道不尽的是情意，学不尽的是知识。愿我们都能以他们为榜样，向他们学习，汲取经验，踏梦前行，在人生的康庄大道上走得更实更远。

（勤工助学服务中心）

11 月 22 日　环境科学与工程学院举办"五室一站"年度工作总结大会

11 月 22 日中午，环境科学与工程学院兼职辅导员蒙宇丹带领 B7 勤工的同学和各楼层长齐聚 B7"五室一站"，举办年度工作总结大会，环境学院党委副书记肖杏烟和辅导员李慧出席了本次会议。

首先，各位勤工和楼层长进行了简单的自我介绍，接着蒙宇丹老师对"五室一站"的情况进行了工作汇报，通过变废为宝、环境法、党团课和环境人讲坛等一系列活动的开展，让更多的同学知道"五室一站"这一平台的特色、功能和服务精神。

紧接着，肖杏烟副书记和李慧老师对 B7"五室一站"的新勤工表示了热烈欢迎，以及对这段时间活动的开展效果给予了肯定。B7"五室一站"这个大家庭的属性就像是"生物多样性"，不同的专业、不同的年级、多样的交流

方式和话题，体现着环境学院的大爱精神。

会上，肖杏烟副书记强调了 B7 "五室一站" 要充分发挥环保的功能特色，在节假日开展一些关于垃圾分类、节能减排等主题的活动，承担起一名环境人的责任，将环保的精神发扬光大。随后，她还鼓励我们：不仅要专心学习，也要懂生活、爱艺术，将 B7 "五室一站" 7 楼充分利用起来进行休闲娱乐，可以举办一些室内比赛，比如毽球比赛或者跳绳比赛等。

最后，肖杏烟副书记和李慧老师总结了此次会议，要求我们携手奋斗，共同努力将 B7 栋打造成美丽舒服的新社区。

（环境科学与工程学院　何若煊）

11 月 23 日　马克思主义学院开展大学生礼仪修养培训讲座

11 月 23 日晚上，在 B6 "五室一站" 党团活动室，同学们有幸聆听了一堂生动有趣的文明礼仪教育课。马克思主义学院结合大学生就业指导与职业规划的需求，举办了以"魅力青春，礼仪先行"为主题的大学生礼仪修养培训讲座。本次活动有幸邀请到马克思主义学院张丽璇副教授为主讲人。张教授曾接受《中国教育报》专访，并连续九届获评"广州大学最受学生欢迎老师"称号。

"人无礼，无以立"，张教授向同学们讲授了有关礼仪的基本知识、社交礼仪的规范及应用等内容。她表示，对于大学生而言，完善自身的最佳方案是加强礼仪修养，它可以丰富人的内涵，增加人的"含金量"，从而提高自身素质。张教授以生动的语言、幽默的谈吐、鲜活的实例、精准的演示，使知识性和趣味性相结合，为大学生上了一堂生动实用又精彩的礼仪知识课。

讲座结束后，同学们对老师讲的内容意犹未尽，还以微信的形式与张教授继续交流课上讲的内容。同学们纷纷表示，作为有文化、有知识的21世纪大学生，提高礼仪修养，培养良好的礼仪习惯，不仅是社会精神文明建设的需要，也是当代大学生自我完善、自我提高、自我发展、塑造美好形象的内在要求；今后要努力加强自身礼仪修养，充分体现出良好的综合素质、厚实的知识积累、青年的蓬勃朝气，才能更好地与时代发展相适应。

（马克思主义学院　学工办）

11月23日　物理与电子工程学院开展“百企就业调研行”活动

为了加强与用人单位的联系，调研往届毕业生的就业情况，开拓毕业生就业市场，调查往届毕业生在单位的工作表现情况，收集用人单位对学校和学院学生培养方面的意见与建议，促进学校学生培养工作上新台阶，物理与电子工程学院于11月23日、27日开展了“百企就业调研行”活动。

物理与电子工程学院党委副书记李燕冰、物联网工程系老师承江红、光电工程系老师葛军、学工办主任薛敏、团委书记王志杰带领学院团委学生会学生干部走访了广州飞蛾科技有限公司、广州市十牛信息科技有限公司、广州市五中滨江学校三个单位，与广州飞蛾科技有限公司创始人许森炫、广州市十牛信息科技有限公司创始人何伟炳、广州市五中滨江学校物理教师钟文杰进行了访谈。用人单位介绍了校企合作情况、公司的发展状况，并对学院人才培养、创新创业、生产实习等方面提出了建议。

此次活动，加强了母校、校友和在校学子的联系，拓宽了母校与校友交流、合作的渠道，增进了校友对母校的热爱、关注和了解，增强了校友感恩母校、回馈母校的意识，为在校生创造了更多学习和对外交流的机会，增长了学生的见识和才干。

（物理与电子工程学院　学工办）

11 月 24 日　经济与统计学院举行 IBE 第四届对话留学生活动

11 月 24 日，经济与统计学院国际商贸英语学会于早上八点在海珠公园举行 IBE 第四届对话留学生活动。活动主题为“在交流中了解异国文化，促进友好交往”，目的在于丰富同学们的业余生活，体现当代大学生的精彩风貌，接触异国文化，展现民族特色。

活动中举行了定向越野竞赛，其间进行了名画踩点、模仿摄影、益智小游戏等户外运动。通过系列集体活动加强了同学之间的交流，感受社会的人文氛围，增进与留学生的友谊，并且让同学们在团队合作中更好地表现自己的特长，于活动中放松身心，挑战自我，感受自然，度过愉快的时光。定向越野竞赛过后，中国学生与留学生进行野餐交流，分享自己国家的美食，还加入了趣味表演，在活跃的气氛下增进友谊，开阔视野，感受不一样的精彩。

活动结束后，同学们与留学生互相交换联系方式，以便日后进一步交流，同学们在提高英语交流能力的同时，也深入了解了异国文化，感受世界风采。同时对外国学生而言，在一定程度上提高了他们的中文口语能力，能让他们更好地适应中国大学生活，深入中国文化，在中国的土地上感受到更为深厚的友谊。

（经济与统计学院　巢宝月）

11 月 24 日　计算机科学与网络工程学院户外干培活动顺利开展

为了增强学生的团队凝聚力，培养学生不畏艰难、勇于奉献的团队精神，促进学生之间的交流沟通能力，11 月 24 日，计算机科学与网络工程学院 2018—2019 届团委学生会全体成员在团委书记胡鉴源的组织带领下，于黄埔军校附近的户外素质拓展基地开展了为期一天的素质拓展活动。

活动中，所有成员被分成六队，每队分别选出一名队长，在教练员的带领下开展活动。一系列的小游戏活跃了现场气氛，使大家迅速调整好状态融入活动当中。各队在队长的带领下相继开展了不倒森林、生命动力圈、毕业墙等团队活动，提高了团队的协作性。毕业墙、抱圆木项目更是增加了全体成员的集体凝聚力，当最后一个小分队成功翻过毕业墙后，学生们不禁发出了胜利的欢呼。

此次团队素质拓展训练活动增强了团学干部的团队协作意识，培养了他们的合作精神，帮助团学干部提高组织能力、协调能力、沟通能力、分析判断能力等综合能力。希望在新的一年工作中，团学干部可以更好地展现自己。

（计算机科学与网络工程学院　学工办）

11 月 27 日　环境科学与工程学院举行新团员入团仪式

11 月 27 日晚，环境科学与工程学院团委在 B7“五室一站”召开了新团员入团仪式，出席会议的有党委副书记肖杏烟、团委书记吴海威。

奏唱国歌后，团委书记吴海威公布了 6 位新入团的同学名单，并对他们表示热烈欢迎。在团歌的伴奏下，团委书记吴海威以及团委副书记林希蔓为 6 位新团员颁发团章、团员证并为他们戴上团徽。紧接着，由团委副书记林希蔓带领新团员宣读入团宣誓词。

宣誓之后，入团介绍人代表宣读《团章》中有关团员的权利和义务的条款，让新团员们充分了解他们的权利和义务。紧接着，新老团员代表发言讲述了自己对共青团的认识，抒发自己对共青团的归属感，他们的分享让新团员感受到团员身份的意义与带给他们的责任。

随后，党委副书记肖杏烟向新团员表示热烈欢迎，并对大家提出要求，希望新团员们能带头树立榜样，按照团的章程，认真履行团员义务，坚决执行团组织的决议，充分发挥共青团员的先锋模范作用，做品学兼优的共青团员。

最后，新团员们怀着激动和自豪的心情奏唱团歌，此次环境科学与工程学院新团员入团仪式圆满结束。

（环境科学与工程学院　团委组织部）

11 月 27 日　人文学院在学生公寓设立党小组启动仪式成功举行

11 月 27 日下午，人文学院在学生公寓设立党小组启动仪式于 B8 宿舍楼党建活动室成功举行。参加本次活动的领导老师有校党委书记屈哨兵、副校长吴开俊、学生处处长郑美玲、人文学院党委书记王琼及人文学院党委副书记刘军军。

人文学院党委书记王琼致辞并宣读设立党小组工作汇报，校党委书记屈哨兵等领导老师为各小组代表授予“党员先锋号”牌匾后，学生党员代表徐欣发言。徐欣阐述在学生公寓设立党小组能够更好地发挥党员先锋模范作用。随后，屈哨兵书记带领到场人员重温入党誓词并发表讲话。

最后，屈书记鼓励学生党员多读红色经典，细品党政书籍，将理论化为实践，充分发挥党员的先锋模范作用。至此，人文学院在学生公寓设立党小组启动仪式圆满落幕。

（人文学院　新闻中心）

11 月 27 日　广州大学召开 2018 暑期“三下乡”社会实践总结交流会

11 月 27 日下午，广州大学召开 2018 暑期“三下乡”社会实践总结交流会，校团委、校青年志愿者协会相关负责人，学院党委副书记、团委书记和师生代表近 300 人参加了会议。

2018 年，广州大学团委积极响应团省、市委的号召，有针对性地组织 3 000多名师生共 84 支队伍，分赴西藏、贵州、内蒙古等地区开展社会实践活动，首次联合广东广播电视台触电新闻 App 开通暑期“三下乡”网络直播专题，观看量累计 38 万人次。

在近日团中央学校部、全国学联秘书处公布的《2018 年全国大中专学生志愿者暑期“三下乡”社会实践活动总结通报成果公示》、团省委公布的《2018 年广东省大中专学生志愿者暑期文化科技卫生“三下乡”社会实践活动优秀集体和个人的通报》中，广州大学均获得相关荣誉，后者中广州大学两支队伍获评省级优秀队伍，这是广州大学连续两年同时获得国家级、省级社会实践荣誉。

一直以来，广州大学高度重视大学生社会实践活动，努力引导广大青年学生在实践中成长。此次举办2018暑假“三下乡”社会实践总结交流会，旨在深化大学生社会实践标准化、项目化建设。

（广州大学团委）

11月27日　人文学院学生党员开展“读原著、学经典、作表率”系列活动

11月27日下午，人文学院学生党员“读原著、学经典、作表率”系列活动于B8宿舍楼党建活动室顺利举行。人文学院党委书记王琼、人文学院党委副书记刘军军参加了本次活动。

活动开始时王书记首先提及人文学院重点打造的文化品牌，即编辑经典百书导读全刊及开展与经典百书有关的竞赛。王书记通过人文学院学生在校图书馆借阅书籍数据鼓励学生党员提高阅读量，学习“红色经典三系列”，发挥模范作用。随后，党委副书记刘军军就《习近平谈治国理政》第二卷进行导读，刘书记着重讲解其中第九章的内容——坚定文化自信，并通过井冈山精神、改革开放精神及广大精神讲述了坚定文化自信的重要性，同时刘书记还通过自身实践讲述应如何坚定文化自信。

至此，广州大学人文学院学生党员“读原著、学经典、作表率”系列活动圆满结束。

（人文学院　新闻中心）

11 月 27 日　广州大学研究生荧光夜跑活动成功举办

为了加强研究生体育锻炼，呼吁广大在校生“走下网络、走出宿舍、走向操场”，11 月 27 日广州大学研究生院组织开展以“广研趣跑·荧领青春”为主题的研究生荧光夜跑活动。研究生院副院长宋智、学工办主任唐爱真以及百余名在校研究生参加了此次活动。

初冬的夜晚，微风中夹杂着凉意，同学们手戴各色荧光棒环校奔跑，伴随着歌声，青春的热情化作一个个跃动的光点，点亮夜晚的校园，涌动的人群在校道上形成了一道亮丽的风景线。本次活动旨在呼吁广大研究生加强体育锻炼，以实际行动践行“三走”号召，用荧光点燃心中的激情，用激情焕发青春的活力，以积极的心态、良好的精神面貌投入学习中去。

（外国语学院　梁嘉齐）

11月27日　广州大学再次获评全国暑期“三下乡”社会实践活动优秀单位

在11月27日召开的我校2018暑期“三下乡”社会实践总结交流会上，围绕强化社会实践的过程评价和成果共享，深化大学生社会实践标准化、项目化建设，促进社会实践质量提升，校团委、校青年志愿者协会相关负责人，学院党委副书记，团委书记和师生代表等进行了深入交流，外国语学院、旅游学院、音乐舞蹈学院等10个学院的师生代表作了总结报告。

其中，数支队伍多年来持续组织开展支农支教、理论政策宣讲、传统文化调研等实践活动，助力国家精准扶贫、精准脱贫，在发挥学科特色的同时提升服务专业性，展现了当代大学生深入基层一线、以青春建新功的新时代力量。

（广大新闻网　许施然）

11月27日　广州大学举办首届中华经典诵读会决赛

11月27日晚，我校首届中华经典诵读会（决赛）在演艺中心举行。校党委书记屈哨兵、副书记聂贵新，副校长郭兴蓬、吴开俊，纪委书记龚红，相关职能部门及各学院负责人、团委书记、师生代表等700余人共同欣赏了精彩的朗诵表演。

诵读会由校团委、经典百书推广中心主办，校学生会、新闻与传播学院团委联合承办，11支学院队伍参加决赛。选手们将浓缩着丰富情感、蕴含着优美意象的诗词曲赋与歌曲、舞蹈、演奏交融，让流芳千古的经典佳作穿越时空在演艺中心熠熠生辉。

工商管理学院穿梭古今，一首《木兰辞》向世人骄傲宣告中国女性的伟大与坚韧；生命科学学院的《爱莲说》以清水芙蓉喻君子风骨；人文学院采用朗诵与话剧相结合的形式带来的《从军行》触人情肠；美术与设计学院于悠远绵长的江月图中展现游子思妇缠绵凄婉之情；物理与电子工程学院以掷地有声的强音颂出对祖国的深沉热爱，展现了时代青年的蓬勃朝气；法学院采用古诗词与演员讲述相结合的方式彰显法律的神圣与庄严，展现法学生的历史责任担当；新闻与传播学院作为表演单位，一首《四时读书乐》以绿草攀窗不除、沐浴和煦南风，瑶琴独奏一曲喻读书之趣，令人眼前一亮。最终，工商管理学院以出色的节目编排和精湛的语言表现力，力压群雄夺得桂冠。

本次活动旨在深入挖掘中华优秀传统文化蕴含的思想观念、人文精神、道德规范，结合时代要求继承创新，绽放中华文化的永久魅力和时代风采，是助力我校人才培养目标的重要手段和途径。本次诵读会从组队、创作、初赛到决赛，前后 3 000 多名师生积极参与，经过近百场排练选拔，历时近三个月，最终得以惊艳呈现。

（广大新闻网）

11 月 28 日　美术与设计学院举办包装设计作品联展

11 月 28 日，美术与设计学院视觉传达设计系与产品设计系联合主办的“包装设计”“品牌包装材料与结构”展览在广州大学演艺中心一楼展厅举办开幕式。出席本次开幕式的领导老师有美术与设计学院副院长王丹、学院党委书记吴宗敏、学院党委

副书记蔡琼生、学院团委书记马浩、产品设计系王莿、视觉传达系彭浩强以及学院其他专业的老师。

广州大学大力倡导“爱体育、懂艺术”的综合素质人才培养方针，本次艺术设计欣赏周便是系列“懂艺术”教育活动当中的一项重要举措，以期通过该次活动为全校师生营造良好的艺术氛围，促进学生们对当代艺术设计的了解与学习，提高艺术的欣赏水平和审美能力。本次展览为促进认识美、爱好美和创造美的教育提供良好的平台。

开幕式上，产品设计系王莿老师首先讲话。王老师表达了对同学们的大力赞扬——本次展览全过程由同学们独立完成，并且表现出色。她希望展览是一个好的开始，以后会有更多这样的机会，面向全校的师生展示美术与设计学院学生的作品。

党委书记吴宗敏表示，希望其他的专业可以多多学习借鉴，希望学院的展览能够更有目标性、时代性，能有更多与社会接轨的新品牌。

最后，副院长王丹指出本次展览从策划到所有细节的设计都是由同学们一手完成的，其实这也是课程学习的一个部分。希望类似这样的展览可以常态化。

（美术与设计学院　学工办）

11月28日　化学化工学院在“五室一站”举办宿管座谈会

11月28日，化学化工学院于B19“五室一站”党团活动室举办了“沟通心连心 交流面对面”宿管座谈会，学院院长董文、党委副书记谭启亮、学工办祝梦婷老师、B19宿舍管理员韦冰以及本楼栋学生代表参加了座谈会。

座谈会伊始，谭启亮副书记阐述了“五室一站”舍区办的功能在于能够帮助大家及时解决问题，做好“物业管理”的角色。同时希望同学们畅所欲言，如实反馈生活中存在的问题，这样才能创建更加科学、高效的学生工作模式。

董文院长指出宿舍作为学生学习、生活、休息的重要场所，“五室一站”应结合本楼栋学生的特点及化学化工学院的特色，充分发挥“育人”的重要功能，真正做到为学生服务，把“五室一站”打造成具有特色的、有品质的校园文化。

座谈会中，学生们围绕热水供应、噪音、报修等问题展开讨论并提出自己的建议，宿舍管理员就学生提到的问题作了详细的回答，针对寝室钥匙、物品安全、卫生等问题给出了建议，提醒大家注意防火、防盗和防骗等，并希望各位学生代表能将会议内容传达给同学们。

本次座谈会不仅加强了学生宿舍管理员与楼栋学生之间的沟通和联系，同时为B19“五室一站”舍区办下一步宿舍管理工作的开展指明了方向。

（化学化工学院　陈丽君）

11月29日　四院联合举办青马工程开班仪式

11月29日，由广州大学旅游学院、计算机科学与网络工程学院、机械与电气工程学院、建筑与城市规划学院四院联合举办的青马工程在文清楼506教室举行了开班仪式。本届四院联合举办的青马班在每个学院各招10名学员，共计40名学员。

青马工程旨在通过教育培训和实践锻炼等行之有效的方式，不断提高大学生骨干等青年群体的思想政治素质、政策理论水平、创新能力、实践能力和组织协调能力，使他们进一步坚定跟党走中国特色社会主义道路的信念，成长为中国特色社会主义事业的建设者和接班人。

开班仪式上，校团委副书记林焕清发表讲话，他说青马学员应该立足于历史、立足于当下、立足于国际，同时也呼吁学员应深入学习马克思主义思想并付诸实践。

随后，旅游学院党委书记刘向晖代表四个学院党委对新入选的青马学员表示祝贺，她对学员提出殷切的期望，她说“打铁还须自身硬”，希望学员在加入青马这个大家庭后，能够有所进步、有所收获，在今后结业乃至走上社会时能够成为一名有能力有担当的优秀马克思主义者。

建筑与城市规划学院党委副书记李洪波作为四个学院党委副书记代表，提出了学员要不断加强对习近平新时代中国特色社会主义思想等理论的学习，不断提升自身思想觉悟，坚定信念并付诸实践。

本届学员代表李家锐同学表示很荣幸能够来到青马这个大家庭。他说："在当今这样一个信息繁杂的时代，我们作为青马学员要怀着感恩的心，树立危机意识，坚定信念，身体力行，成为一名合格的'爱马仕'。"

（旅游学院　蔡明哲）

11月30日　广州大学第十五届田径运动会隆重举行

11月30日，我校举行2018年体育节暨第十五届田径运动会。本届校运会共32支代表队（甲组24支、乙组8支），800多名运动员参加了比赛。

开幕式上，校党委书记屈哨兵致辞，指出我校始终把体育教育放在学校工作格局的重要位置，把"爱体育"作为学校人才培养的鲜明特色，积极探索"6+4+2"的模式，成立学生体育活动中心，大力倡导体育锻炼课内外一体化，加大体育场馆维修改造力度，承办"省长杯"等赛事，营造了浓厚的体育氛围，满足了广大师生日益增长的运动需求。近年来，我校不断推进体育教学改革，竞技体育成绩优异，硬件设施不断改善，对外交流合作不断加强，形成了以竞技体育为龙头，竞技体育与群众体育协调发展的格局，希望全校师生以运动会为契机，发奋学习，积极参与体育锻炼，促进自身全面发展，努力在国家发展和民族振兴中担当大任。

闭幕式上，校党委副书记聂贵新代表学校向本届运动会取得优异成绩的代表队和运动员表示热烈的祝贺，并对所有工作人员表示衷心的感谢。本届运动会中，共有4人4次打破3项校运会纪录，化学化工学院、土木工程学院、机械与电气工程学院获得甲组一等奖；体育学院体教2018级获得乙组团体总分第一名；地理科学学院、法学院等15个学院获得甲组“体育道德风尚奖”；体育学院体教2018级和社体2017级获得乙组“体育道德风尚奖”。

（广大新闻网）

11月30日　物理与电子工程学院举行“冰姐有约”生涯规划系列活动

为引导青年团员树立正确的世界观、人生观、价值观，培养大学生涯规划意识，提高综合素质，11月以来，物理181班团支部举行了“冰姐有约”生涯规划系列活动，在支部联系党员、物理与电子工程学院党委副书记李燕冰的指导下，以宿舍为单位在团支部开展了有针对性的生涯规划指导活动。

活动中，李燕冰副书记为团员们讲解了大学生涯规划的主要内容和意义，使团员们明确了大学生涯规划的重要性。支部团员轮流阐述自己的大学学习和生活规划，就发展方向、目前存在的困难和遇到的问题与李燕冰副书记进行了交流讨论。李燕冰副书记结合自身的经验，为团员们提供了学习方法、时间管理等方面的指导。活动结束后，团员们认真撰写了题为“写给大学四年的自己”的一封信，写下了对未来学习生活的展望，激励自己不断朝着目标前进。

“冰姐有约”大学生涯规划系列活动使同学们对大学的学习和生活有了更加清晰、明确的目标和计划，从而提高了学习的主动性和积极性，激发了学习的信心。

（物理与电子工程学院　学工办）

我们的大学

December 十二月

12 月 1 日　工商管理学院在全国高等院校工程造价技能及创新竞赛中喜创佳绩

近日，由中国建设工程造价管理协会主办的第四届全国高等院校工程造价技能及创新竞赛（本科组）在杭州举行。由广州大学工商管理学院工程管理专业黄雪英、吴菁、冯丽丰三位同学组成的广州大学代表队凭借扎实的专业功底和良好的团队合作精神，在激烈的竞赛中愈战愈勇，从来自全国各高校的106 支队伍中脱颖而出，喜获创新思维单项一等奖和团体二等奖，充分展现出广大学子敢于拼搏、不惧困难的精神。李军红老师和陈德义老师分别获优秀指导教师奖。

该比赛是我国目前工程造价专业最高级别的专业赛事之一，旨在引导学校积极开展专业应用型人才培养，强化专业特色，不断激发学生的创新活力。

比赛过程惊险刺激，每个学校的成绩实时发布在显示屏上，我校代表队的排名在上午比赛的第二回合曾一度跌到低谷，但同学们的心态都特别好，凭借着不认输、不服输的精神，一路披荆斩棘，排名一点一点往上升，最终斩获创新思维单项一等奖和团体二等奖。

（工商管理学院　冯丽丰）

12 月 2 日　广州大学运动健儿获广东省大学生田径锦标赛 7 枚金牌

11 月 30 日至 12 月 2 日，2018“农行杯”广东省大学生田径锦标赛在华南理工大学五山校区举行。我校派出 30 名运动员参赛，其中乙 A 组获得 7 枚金牌、3 枚银牌、2 枚铜牌，并获团体总分第三名；甲组获得 1 枚银牌、1 枚铜牌。

广东省大学生田径锦标赛是我省大学生田径单项最高级别的比赛。本届赛事由广东省教育厅主办，华南理工大学承办，广东省学生体育艺术联合会协办，全省 74 所高校 1 100 多名田径健儿参与 16 个项目的角逐，分别设甲组，乙组，丙组的男子、女子比赛，其中甲组由本科院校中非体育类专业的本科学生参加，乙组由高水平运动员及体育类专业学生参加。

（广大新闻网　毕雅妮　李振　文蕙莲）

12 月 2 日　生命科学学院举办科技文化节活动

12 月 2 日中午 12 点由生命科学学院团委学生会筹办的科技文化节，在红棉路拉开帷幕，让广大学子感受到不一样的科技文化趣味。红棉路如同一片红色的海洋，帐篷整齐排列，摊位各具特色。

Q弹爽滑的果冻、清晰易懂的教具、保留自然美的创意植物标本……科技和文化的结合生动又有趣，越来越多的同学被吸引，纷纷加入各项活动。

本次科技文化节有如下活动：

果冻大赛：让人垂涎欲滴的美味果冻，好看又好吃！

教具设计大赛：充分发挥创意构思的手工教具，再复杂的结构也能让人一看就懂！

植物标本设计大赛：将植物的知识和美丽巧妙结合，让同学们不仅能欣赏植物的“外在美”，更能深入了解植物的“内在美”。

赖泽豪老师和李金桃老师前来为同学们的优秀作品进行点评。同学们精彩的解说更为作品画龙点睛，不但让评委们更易理解他们的创作理念，同时也传播了科技与文化。

本次科技文化节还有许多丰富多彩的小游戏：“你画我猜”让人捧腹大笑，“一叶知秋”更是排起了长长的队伍……

参与活动的每一位同学收获的不只是一份精美的礼品，更收获了一次在科技文化节中难忘的回忆与体验。

最后进入颁奖环节，赖泽豪老师和李金桃老师为获奖的同学们颁奖祝贺，本年度科技文化节圆满结束，感谢每一位积极参与的同学和每一位坚守岗位的工作人员。

（生命科学学院　学工办）

12月3日　广大学子荣获全国大学生数字技术大赛一等奖

12月3日，由全国高等院校计算机基础教育研究会和新华三集团联合主办的2018新华三杯全国大学生数字技术大赛在杭州落幕。我校计算机科学与教育软件学院冼朝星同学获得一等奖，杜雄伟获得二等奖，刘子铭和洪楚峰同学获得三等奖。

该项比赛于2010年举办第一届，现已成为推进全国数字化人才培养的权威热门竞赛之一，培养了大批的数字化创新人才，为中国信息化产业和数字经济的发展作出了突出贡献，为在校大学生提供了解和实践前沿IT科技的舞台。

（广大新闻网　毕雅妮）

12月3日　物理与电子工程学院举行学生公寓设立党小组启动仪式

为进一步加强思想政治教育进公寓工作，在学生公寓、宿舍内充分发挥学生党员、骨干的先锋模范作用，物理与电子工程学院积极响应学校关于在学生公寓设立党小组的决定，于12月3日在行政西前座210会议室举行了在学生公寓设立党小组启动仪式。物理与电子工程学院党委书记陈泽龙、党委副书记李燕冰、研究生党支部书记薛敏、本科生党支部书记王志杰、暂缓就业学生党支部书记黄毓婵以及学生党支部全体党员参加了启动仪式。

在庄严的国歌中，启动仪式正式拉开了序幕。李书记首先代表学院党委宣读了物理与电子工程学院学生公寓设立党小组的文件，在学生公寓B1、B4、B18、B12、B17、B23栋共设立六个学生党小组。李书记谈到了公寓设立党小组的意义：有利于在宿舍开展教育实践活动，发挥学生党员的先锋模范作用；进一步规范党内组织生活，加强党员的自我教育、自我管理、自我监督。

陈书记重点强调了学生公寓党小组的职责：一是宣传、执行党的方针、政策和上级党组织的决议，宣传健康文明的生活方式；二是树立党员的形象，发挥先锋模范作用；三是对党员进行教育、管理和监督，发挥组织、宣传、凝聚和服务群众的作用；四是协助党支部做好所在公寓党员和入党积极分子的教育、考察工作，及时、如实地向支部反映公寓的党员和入党积极分子的情况。陈书记指出，作为一名中共党员，要时刻牢记党员身份，提高党性意识，把党员的严格标准落实到生活的方方面面，做到在党言党，在党爱党，在党为党，希望学生公寓党小组的工作能落到实处，发挥应有的作用。

学生公寓是大学生学习、生活的重要场所，也是高校思想政治教育工作的重要阵地。学生公寓设立党小组是发挥学生党员的先锋模范作用、把党建育人带进学生宿舍的重要举措，今后将切实提高党建工作和思想政治教育工作的针对性和实效性。

（物理与电子工程学院　学工办）

12 月 4 日　经济与统计学院青年志愿者协会烈士陵园开展志愿服务活动

12 月 4 日下午两点半，由经济与统计学院青年志愿者协会相关负责人带队集合，同学们怀着期待、激动的心情来到烈士陵园志愿者服务点。负责人快速安排好分工，同学们按要求做好准备工作，面带笑容迎接孩子们，陪孩子们画画、折纸、玩游戏，给孩子们讲故事，看着孩子们脸上天真单纯的笑容，同学们心里感到很幸福。负责义卖的同学热情地向每一位驻足的客人介绍。送走最后一位小朋友后，志愿活动就结束了，但志愿者们心中都期待着下一次志愿活动。

这次的烈士陵园志愿活动，无疑是非常有意义的！在这次志愿活动开始之后，同学们则完全投入到了活动中去——做一个纯粹的志愿活动工作者，为社会奉献一份爱心。

（经济与统计学院　刘淑怡）

12 月 4 日　机械与电气工程学院举办“研传身教”考研交流会

为进一步加强同学们对考研的认识，增强大家对考研的信心与决心，机械与电气工程学院团学素拓部于 12 月 4 日下午在文新楼 408 教室举办“研传身教”考研交流会。参加本次活动的有裴九雄主任、优秀研究生代表以及某考研机构优秀指导老师。

裴九雄主任首先介绍了目前机械与电气工程学院的考研情况，并分析了较本科生而言，研究生的多种优势，最后鼓励同学们加入考研的队伍中去。紧接着由 5 名优秀研究生代表为同学们介绍了他们的考研经历，同学们收获了大量实用的经验与技巧，增强了考研的信心。随后由考研机构的指导老师为大家进行总结、分析与资源推荐，让在座的每一位同学收获颇丰。

本次考研交流会的举办，在一定程度上为准备考研的同学们指明了学习的方向，坚定了同学们考研的信心，让同学们不再迷惘，以更积极乐观的心态迎接考研。

（机械与电气工程学院　素拓部）

12 月 4 日　教育学院赴南村镇中心小学开展义教活动

12 月 4 日下午，教育学院的 39 名志愿者前往南村镇中心小学开展以“解开思维的枷锁，领略记忆的魅力”为主题的义教活动。其中，32 名志愿者走上讲台，变身为小老师，他们寓教于乐，把实用的知识和有趣的游戏相结合，与小学生们一起探究记忆背后的奥秘。

小老师们两人一组，分别进入三至五年级的课室，熟悉课室环境，与小学生初步接触，做好课前准备。伴随着上课铃声的响起，小学生们陆续回到课室，端正地坐好，等待着课堂的开始。经过简短的自我介绍之后，小老师们以“记忆面包”和音乐《卡路里》为趣味点，引领小学生们进入课堂主题。通过对记忆知识点的讲解，小老师们配合事先精心准备的游戏——“故事大王”“以小见大”“细节决定成败”“一二三四五”和“记忆书架”，让同学们在思维上打破定式，掌握记忆小技巧，领略其中的魅力。时光飞逝，下课铃声响起，小老师与小学生们依依不舍地道别，义教活动就此告一段落。

小学义教是一项延续已久的活动，旨在让志愿者学习有趣的知识，开阔眼界，提高他们参与集体活动的主动性和积极性，展现个人风采，培养团结合作精神，增强班级凝聚力；因为上课内容贴近生活和学习，志愿者能将知识和实际联系在一起，将理论付诸实践，充分将所学知识运用在学习和生活中。对于大学生而言，通过义教活动，他们不仅能巩固所学的专业知识，还能锻炼师范技能，提升社会实践能力。

（教育学院　学工办）

12 月 4 日　马克思主义学院学生党支部开展主题党课学习

12 月 4 日下午，在 B6“五室一站”党团活动室，马克思主义学院学生党支部开展“纪念改革开放四十周年——中国崛起纵横谈”的主题党课学习活动。活动邀请了马克思主义学院思政系党支部书记刘雪松为主讲人。刘书记带领同学们一起回顾了中国改革开放四十年以来的巨大变化、巨大成就，他谈到要以新时代中国特色社会主义思想为指导，深刻总结改革开放四十年光辉历程和宝贵经验，要充分认识改革开放的重大意义和伟大成就，要增强“四个自信”，坚定“四个自信”，继续高举改革开放伟大旗帜，把握时代潮流，奋进新时代。

随后，刘雪松书记和同学们联系实际，讨论了国家对于粤港澳大湾区的规划战略，回顾了广东省自改革开放以来的巨大变化。从国内到国外，从中国精神到中国智慧，刘书记旁征博引，感染力强，言语之中充满着对国家和人民深深的热爱和作为中国人的自豪。

最后，刘雪松书记还与学生党员们一起学习了《中国共产党支部工作条例（试行）》，勉励学生党员严格要求自己，在群众中起到先锋模范作用，要朝着学校的“德才兼备、家国情怀、视野开阔，爱体育、懂艺术，能力发展性强”人才培养目标不断前进。

（马克思主义学院　学生党支部）

12月4日　教育学院召开学生公寓党小组工作动员布置会

按学校党委组织部、学生工作部《关于在学生公寓设立党小组的通知》要求，教育学院党委根据学生党员所在党支部及宿舍情况，分别设立了8个学生公寓党小组以及8个党员先锋行动小组，并于12月4日下午在文新楼524教室召开教育学院学生公寓党小组（党员先锋行动小组）工作动员布置会。教育学院党委书记麻彦坤，党委副书记陈宇红，辅导员陈毅光、蔡冰出席了本次布置会。

布置会上，麻彦坤书记介绍了学校党委组织部和学工部有关学生公寓党小组设立的工作会议要求，指出在学生宿舍建立党小组，是认真贯彻党的十九大精神，落实学校第三次党代会、校党委三届二次全会精神，进一步深化“两学一做”学习教育，规范各基层党支部党内政治生活，更好落实“三会一课”等党内制度，着力提高党支部建设的规范化、制度化、科学化水平的重要举措，是对学生宿舍党建工作模式的创新探索。陈宇红书记介绍了本项工作的背景以及重要性，结合《中国共产党支部工作条例（试行）》中的相关规定，分析了学生公寓党小组和党员先锋行动小组在构成上的区别，要求各党小组在学院党委、社区党建办的指导下，扎实开展理论学习和教育实践工作，落实好党支部的工作要求，对党员的思想、工作、学习、生活等方面情况开展批评和自我批评，监督和检查党员贯彻支部决议、进行群众工作等，筑牢理想信念根基。陈毅光老师介绍了党小组的具体设置和成员分布情况，结合学院学生党建工作对学生党员的纪律性等方面提出明确要求。

会后，学生党员们表示，要积极参加党小组活动，发挥党员先锋模范作用，夯实党组织的战斗堡垒根基，为学生公寓规范管理、宿舍文化创建、优良学风建设、大学生思想政治引领作出应有贡献。

（教育学院　党委）

12 月 4 日　旅游学院举办学生公寓党小组启动仪式暨首届“书记沙龙”

12 月 4 日下午，旅游学院学生公寓党小组启动仪式暨学院首届“书记沙龙”活动在 B9“五室一站”举行。学院党委书记刘向晖、副书记刘绍东，党委委员、学生党总支书记陈志明和研究生兼职辅导员、学生党员及团干代表参加了活动。

刘向晖书记介绍了学生公寓设立党小组的意义及相关工作要求。她强调此项活动是执行《广州大学加强党的基层组织建设三年行动计划实施方案》的重要举措之一，也是落实《中国共产党支部工作条例（试行）》的体现，是学校和学院党委努力创新党建工作模式、进一步推进党支部规范化建设的重要举措，对促进学生公寓党员先锋模范作用的发挥以及形成“哪里有党组织，哪里就有党员在行动”的良好局面起到助推作用。刘绍东副书记希望党小组通过开展行之有效的学习、管理与教育实践活动，在引领思想品行、规范宿舍管理、美化公寓环境、推动文化建设、落实服务育人及读经典学原著等方面发挥先锋模范作用。陈志明书记宣读学院党委在学生公寓设立党小组的批复，明确党小组组长名单及职责。

随后，学院党委以“深入研讨党建工作规范化”为主题举办首届“书记沙龙”活动。结合学习《中国共产党党支部工作条例（试行）》和学校在学生公寓设立党小组的工作要求，刘向晖、刘绍东两位书记和参会的党团学生代表就如何在公寓推进党支部建设规范化、创建有品质的校园生活、优良学风建设、党建工作进公寓创新模式及“千千工程”再出发等工作如何形成品牌活动展开深入研讨。党员和团干代表纷纷围绕讨论主题与内容发表见解，围绕学生公寓开展工作的切入点及如何发挥有效性畅所欲言。

旅游学院学生公寓党小组启动仪式暨学院首届“书记沙龙”活动，是师生共同打造的一个沟通互动平台。在这里，一系列党建团建工作难题通过研讨逐步形成共识，为切实发挥党小组作用、拓展党小组工作效能、助力学生成长成才奠定坚实根基；为党建带团建和系统教育形成合力，形成品牌特色奏响号角。

（旅游学院　赖超群）

12 月 4 日　人文学院开展“千千工程”团课教育活动

为响应国家加快建设社会主义文化强国号召，推动中华优秀传统文化创新性发展，使中华文明的影响力、凝聚力、感召力更加充分地展示出来，12 月 4 日下午，人文学院汉语 162 班团支部“千千工程”团课教育活动暨“剪瑰宝之粹，品不朽之美”座谈会于文新楼 620 教室顺利举行。汉语 162 班团支部团日活动指导老师李丽华出席了本次活动。

活动伊始，先播放剪纸视频简单介绍了剪纸历史文化，以加深同学们对剪纸历史文化背景的了解。随后，经过简单的剪纸学习，同学们以小组为单位开始动手剪纸。他们亲自实践，通过小组合作完成剪纸作品，并进行小组展示。本次剪纸活动不仅使同学们重新感受到剪纸的文化魅力，还大大提高了同学们的文化自信，增强民族自豪感。紧接着，李丽华老师向同学们分享自己对剪纸文化的认识。李丽华老师强调，中华优秀传统文化是中华民族的精神命脉，剪纸文化作为中华优秀传统文化，具有超越时空、跨越国度的永恒魅力。既要传承，也要创新，赋予优秀传统文化新的活力，注入新的时代精神，推动其在新时代的更大发展。李丽华老师还鼓励同学们为实现中华文化大繁荣大发展奋勇当先、全心助力。

通过本次活动，同学们纷纷爱上了剪纸，对中华优秀传统文化有了更进一步的了解和感悟，坚定了作为年轻一代的使命和担当。最后，汉语162班团支部发出号召：要一起做中华优秀传统文化的传播者。

（人文学院　汉语162班）

12月4日　四院联合开展青年马克思主义者培养工程

12月4日，体育学院、外国语学院、化学化工学院、美术与设计学院在文清楼210教室召开了“四院联合开展青年马克思主义者培养工程”开班仪式，四个学院的党委书记、团委书记和青马班全体成员参加了仪式。

会上，伴随着激昂的中华人民共和国国歌和中国共青团团歌，“四院联合开展青年马克思主义者培养工程活动正式拉开帷幕。外国语学院的党委书记李暖均代表各学院党委发言，他介绍了本期青马班的规模，阐述了青马班的作用和意义，希望学员们能够积极投入学习，努力成长为中国特色社会主义事业的建设者和接班人。学员代表——化学化工学院罗志佳同学发言，号召全体青马班成员把握此次机会，努力投入青马班的学习当中，将正能量传播给身边更多的人。

随后，体育学院党委书记何蕴华为四院联合开展青年马克思主义者培养工程授旗，化学化工学院党委书记周海兵向学员代表赠送《共产党宣言》和《学员手册》。

会后，学院党委书记何蕴华为青马班做开班第一讲。何书记以“知行合一，担当使命”为主题，寄语青马班学员应加强政治理论学习，充分认识理论学习对自身成长成才的重大意义，要用学到的理论指导实践，树立正确的政治方向，增强明辨是非的能力，加强自身的道德修养，不断开拓创新，砥砺奋进，做社会主义建设者和接班人。

“四院联合开展青年马克思主义者培养工程”还将进行研读相关书籍、课题研究、实践活动及召开学员常规会议等，培训班对每位学员进行综合评价，并颁发结业证书。

（体育学院　学工办）

12 月 4 日　数学与信息科学学院举行“魅力男生”系列活动

每个男生都有自己的亮点，每个男生都是独一无二的。为突出男生特色，展现男生魅力，促进班级男生之间、男女生之间的团结，增进了解，加深友谊，彰显学生风采，数学与信息科学学院于 12 月 4 日举办“魅力男生”系列活动，让本院的男生们感受到别样的

快乐。

经过一段时间的彩排之后，各位男生在舞台上充分展示了他们各自的魅力。帅气的身姿、与女伴默契的配合无一不赏心悦目。

经过精彩的走秀展示后，在“超级数学声”活动的最后公布了本次“魅力男生”走秀比赛的结果。

其实男生们的魅力在舞台上远远未能完全展示出来，但是我们希望通过这种方式，让各位男生意识到自己的魅力所在，即使没有参加比赛的男生也能通过这次活动慢慢有意识地去展现自己的魅力。

（数学与信息科学学院　卫子安）

12 月 5 日　美术与设计学院开展“青年大学习”集体观影研讨会

12 月 5 日晚上 7 点，在美术与设计学院团委学生会组织部的组织下，“青年大学习”集体观影研讨会活动在 B2“五室一站”二楼党团活动室顺利开展。出席本次研讨会的有美术与设计学院团委副书记蔡安颐、学院团委学生会组织部干事、新网相关代表以及 2018 级班级团支书共 20 余人。本次研讨会由组织部部长韦洪恩主持。

本次活动目的是引导青年团员深入学习习近平新时代中国特色社会主义思想，不忘初心，牢记使命。观影结束后，团委副书记蔡安颐提到广州大学的人才培养目标——“德才兼备、家国情怀、视野开阔，爱体育、懂艺术，能力发展性强”，她讲到“德”之所以在“才”前面，是因为一个人首先具备了“德”，他的“才”才有意义；而“家国情怀”先家后国，则指的是有家才有国。

这次研讨会活动激发起我们学习党的十九大精神和习近平语录的高度热情，希望美术与设计学院的同学们能把在学习研讨会的所思所悟贯彻到学习生活中，努力成为德才兼备的爱国青年。

（美术与设计学院　学工办）

12 月 8 日　化学化工学院学生斩获广东省化学化工实验室安全知识竞赛三等奖

12 月 8 日，第二届广东省化学化工实验室安全知识竞赛在珠海举行。本次竞赛由广东省化工学会高校化学化工专业委员会主办，吉林大学珠海学院承办。此次竞赛共有来自广东省各高校的 26 支队伍参赛。

此前，化学化工学院科技创新实践基地举办院内选拔赛，共有 149 位同学参赛，由获得一等奖和二等奖的 3 位同学代表学院参加省赛。省赛中，经过激烈的角逐，化学化工学院的参赛队伍获团体三等奖，其中李孜孜、李淑珊同学获个人二等奖，王丹茹同学获个人三等奖。

（化学化工学院　学工办）

12 月 8 日　经济与统计学院举办艺术团会演

12 月 8 日，经过将近一个学期的准备，经济与统计学院艺术团在九号楼小礼堂迎来了第一次会演。经统合唱团作为艺术团的一员，也迎来第一次队训成果的展示。

作为会演的参与者，队员们怀着无比激动的心情走进小礼堂。先是进行了演出前的排练，为了让演出顺利进行，大家都拿出了最好的状态。不久，轮到合唱团表演《梨花又开放》。灯光亮起，同学们站在舞台上，感受着掌声和闪

光灯，熟悉的旋律在耳边响起。“忘不了故乡，年年梨花放……”饱含思乡情怀的歌声在小礼堂回荡着。当台下响起掌声的时候，就是大家的努力得到肯定的时候，队员们乘着歌声的翅膀，飞向音乐的殿堂。在合唱团的一个学期，这一路走来着实让队员们收获良多。首先是学习了很多音乐的知识，包括发声方法、呼吸技巧、识谱的方法等；其次是充实了课余生活。合唱团教会了成员们集体的重要性，合唱效果的好坏不是取决于一个人水平的高低，而是整个集体的默契和相互配合，这是一个复杂又艰辛的过程。

当天下午，大家像往常一样认真练习。梅花香自苦寒来，经过付出，队员们总能够得到收获。在合唱团里学习到的，会成为队员们大学生活中一笔宝贵的精神财富。铿锵之音，绕梁不息；歌声嘹亮，梦想翱翔。

（经济与统计学院　姚曼红）

12月8日　马克思主义学院与惠州学院进行学生工作交流

12月8日上午，惠州学院马克思主义学院党总支书记雷吉来、团委书记张艾佳以及学生干部一行18人来到我校马克思主义学院参观交流。我校马克思主义学院党委副书记朱晓军热情接待并介绍了学院党建、学生思想政治教育及管理工作情况，学院师生代表近20人参加了交流活动。

朱晓军副书记主要介绍了我校马克思主义学院党建工作的特色项目：一是获评学校“一院一品”重点项目的“师生一对一导师制”工作项目；二是积极发挥学院“最受学生欢迎教师团队”师资优势，在学生公寓B6栋开展以“助力成长、名师有约”为主题的“五室一站”党建进公寓实践育人工作项目，该项目是获评学校党建创新“书记项目”学生宿舍“五室一站”一楼一

特色重点项目。随后朱书记还陪同惠州学院师生参观了学院“五室一站”工作室，观看了《广州大学“五室一站”党建进公寓实践育人工程》宣传片，具体介绍了学院和学校“五室一站”建设工作相关情况。

惠州学院马克思主义学院党总支书记雷吉来表示，此次到广州大学马克思主义学院交流学习，在党建与学生思想政治教育工作等方面吸取了不少成功经验和做法，解放了思想，开拓了思路，对今后工作上进一步实践与创新有很大的帮助和启发。

本次交流活动务实热烈，富有成效。两院均表示，希望今后继续加强联系，相互汲取经验，共同推进各项工作迈上新台阶。

（马克思主义学院　朱晓军）

12 月 9 日　旅游学院举办青年入团宣誓仪式

为激发新团员作为一名共青团员的荣誉感和责任感，12 月 9 日下午，旅游学院青年入团宣誓仪式在 B9 栋二楼“五室一站”举行。

入团宣誓仪式上，旅游学院学生会副主席周楠楠给学院新团员（张思豪、李海虹、吴晴晴、宋子锐、崔卓颖、朱诗诗、陈泽平）发放团章及团徽。旅游学院学生会主席孙可儿带领在座团员在鲜艳的团旗下庄严宣誓："我志愿加入中国共产主义青年团，坚决拥护中国共产党的领导，遵守团的章程，执行团的决议，履行团员义务，严守团的纪律，勤奋学习，吃苦在前，享受在后，为共产主义事业而奋斗！"简短有力的誓词，表达了新团员对共青团组织的无限向往和为团组织奉献自己一分力量的决心。

入团介绍人代表——会展163班团支书冯诗雅宣读了《团章》中有关团员的义务和权利的条款。新团员通过聆听和阅读《团章》，更加深刻地领悟到作为团员所应承担的责任和义务。

在新团员代表发言环节，吴晴晴表达了加入共青团的自豪与骄傲，并表示将不断提高自身素质与修养，为团组织增添光彩。

团委副书记梁嘉燕希望新团员能够牢记入团誓词，以实际行动加以践行，严守纪律，热爱组织，成为一名合格的团员。

在入团仪式过程中，新团员们还学习了"一二·九运动"中爱国青年勇于抗争，敢为人先的革命精神。通过本次活动，新团员们对团组织有了更全面的认识，对未来的规划有了更明确的方向。

最后，入团仪式在全体奏唱《中国共青团团歌》中圆满落幕。

（旅游学院　杨可）

12月9日　土木工程学院举办"镜头里的书香"摄影大赛

12月9日晚上六点三十分，土木工程学院团学公关部举办的"镜头里的书香"摄影大赛，在文新楼123教室圆满结束。

"镜头里的书香"摄影大赛是由土木工程学院主办的一次比赛。如广州大学摄影协会会长李文谦所言，"镜头里的书香"摄影大赛的举办是为了让我们学会发现生活中的美。摄影的目的就是为了捕捉美的那一瞬间，并将之记录下来。

12 月 9 日当天，在广州大学摄影协会会长和团委副书记简短而精练的发言后，摄影大赛决赛开始了。

首先进行的第一环节，是参赛选手们轮流上台介绍自己的参赛作品。在选手们介绍完自己的作品之后，就开始了紧张的投票环节。在轻缓的背景音乐声中，嘉宾与观众的每一票都至关重要。选票慢慢汇聚，经过了工作人员一轮紧张的统票与计算，获奖名单终于出炉，夺得这次摄影大赛一等奖的是杨海军同学的作品《框架之外》。

关于这幅作品，作者介绍："自己在高中的时候就很喜欢阅读，但是上大学之后慢慢把阅读丢掉了，现在上大二，把阅读重新捡起来了，我们在大学生活中，容易在条条框框的世界里迷失自己，唯有读书才可以找回自己，站在框架之外。"这一作品也正好照应了"镜头里的书香"这个主题，我们的目的是让大家重新去阅读，不应该在世象纷繁、灯红酒绿的世界中迷失自己，应该沉下心去品读好书。

2018 年"镜头里的书香"摄影大赛圆满结束，很感谢用心准备的参赛选手们，感谢到场的嘉宾与观众，也很感谢一直帮助指导我们少走弯路的部长们。最后一定要感谢我们自己，能够圆满完成这次摄影大赛。预祝 2019 年的摄影大赛能够更加精彩。

（土木工程学院　庄紫绚）

12 月 9 日　教育学院举办党团知识竞赛

12 月 9 日，教育学院举办了以"'灯塔工程——教院行动'之党团伴我行"为主题的党团知识竞赛。

本次党团知识竞赛正式开始之前的锦囊抽取环节，让比赛的气氛活跃了起来。本次比赛分为三个环节：必答题、抢答题以及英雄联盟。必答题为每组必须回答的题目，设计了一些基本的党团知识。抢答题环节会相对轻松一些，在回答一些有趣的题目之后进行党团知识的竞答，增加了比赛的趣味性。最后是英雄联盟环节，这个环节中两支队伍强强联合，共同承担风险，选择题目的难度，共同加分、扣分。

在比赛的过程中，每支队伍绞尽脑汁尽力争分。有时一些队伍的回答瞬间点燃了比赛现场的热烈气氛。在英雄联盟环节两支队伍之间联合答题的模式，增添了笑声，也增进了队伍之间的友谊。

（教育学院　学工办）

12月10日　体育学院举行实习生总结会

12月10日，体育学院教科办主任郭观池、教授曾庆国、团委书记任佳妮一行前往九佛第二中学参加体育学院实习生总结大会。九佛第二中学校长彭建伟、体育科组长龙永生教导主任汤有能指导老师钟其富、德育处主任陈爱玲对他们的到来表示热烈的欢迎。

会上，龙永生组长、曾庆国教授、郭观池主任分别对体育学院实习生郑镇江同学的公开课做了细致的点评，同时也提出了建议和希望。接着，唐倚雯同学代表九佛二中实习小组对三个月的实习进行总结，唐倚雯同学说，实习小组时刻铭记彭校长对他们说的：不要怕做事，做事才能成长。始终以一名优秀体育教师的标准来严格要求自己。随后，九佛二中的班主任老师们对体育学院实习生的表现也给予了肯定和赞扬。除了上好每一堂课，实习生们还带队参加跆拳道区比赛、田径区运会，并且取得了优异的成绩，同时还协助班主任组织策划了校运会主题班会等，做事主动积极，有活力、有担当。

体育学院团委书记任佳妮表示，感谢九佛二中为体育学院学生提供一个锻炼学习的平台，在这三个月里同学们成长了很多，收获了很多，同时也希望能与九佛二中继续保持长期的合作关系，输送更多优秀实习生来到九佛二中锻炼学习。

彭校长也对广州大学体育学院实习生三个月的工作表示了充分肯定，希望大家能够将所学的东西运用到以后的工作中，并再次强调，不要怕做事，做事才能成长。同时，也祝福实习生们能够顺利毕业，找到理想的工作。

最后，彭校长为体育学院实习生颁发证书并赠送礼品。

（体育学院　学工办）

12 月 10 日　学生艺术团原创话剧《且听龙吟》走进广州大剧院

12 月 10 日，广州大学学生艺术团话剧团原创古装剧《且听龙吟》亮相广州大剧院实验剧场。校党委书记屈哨兵与校内外广大话剧爱好者一同到场观看。

广州大剧院“周一星剧场”是“广州艺术节 · 戏剧 2018”四大亮点之一，话剧《且听龙吟》作为第二季公演剧目，首次登上广州大剧院的舞台。这部话剧前后历经 9 个多月，6 次剧本改版，制作全部由话剧团学生自主完成，通过抽象化的角色塑造，映射当代部分年轻人常常在责任与逃避中陷入两难，传递青年大学生坚持理想信念的道德感和使命感。现场观众反响热烈，演出广受好评。

广州大学学生艺术团话剧团成立于 2004 年，现有团员 60 余人，代表作有话剧界“奥斯卡”之称的金刺猬全国大学生戏剧节优秀剧目《人来人往》等。此次走进广州大剧院，充分展现了广州大学非专业学生的自主学习和艺术创作能力，集中体现广州大学人才培养的“德才兼备、家国情怀、视野开阔，爱体育、懂艺术，能力发展性强”目标，也是广州大学公共艺术教育的又一成果。

（校团委）

12月10日　土木工程学院学生获全国高校百名研究生党员标兵称号

12月10日，教育部思想政治工作司、教育部学位与研究生教育发展中心发出了《关于对全国高校“百个研究生样板党支部”和“百名研究生党员标兵”创建工作评审结果的公示》，我校土木工程学院2016级硕士研究生谭品财获全国高校“百名研究生党员标兵”称号，为广东省唯一获此荣誉的硕士研究生。

根据《教育部办公厅关于开展高校“百个研究生样板党支部”和“百名研究生党员标兵”创建工作的通知》〔教思政厅函（2018）28号〕安排和评审工作方案，经组织推荐、专家评审、教育部党建工作领导小组成员单位集中审议，遴选产生了100个研究生样板党支部、100名研究生党员标兵。

谭品财同学曾任广州大学研究生会主席，现任广州大学研究生“五室一站”舍区服务办公室主任，曾被广东省高等学校思政教育人才培训中心评选为“2017年广东省大学生年度人物”。在台风“山竹”袭击我省期间，谭品财积极响应部队的号召，以预备役军人身份执行守卫北江前线的任务，因表现突出，被任命为中国人民解放军广州陆军预备役部队通信连排长，授予少尉军衔。

（广大新闻网　许施然　李振　胡敏轩）

12月11日　化学化工学院举办第六届研究生论坛

为鼓励和激发学院研究生从事科学研究的积极性和自觉性，展现最新的学术研究成果，化学化工学院于12月10—11日举办了主题为“共享科研成果，畅想学术未来”的第六届广州大学化学化工学院研究生论坛。此次论坛由研究生院主办，化学化工学院/国家级化学化工实验教学示范中心承办，化学化工学院研究生分会协办。参加本次论坛的师生共计百余人，高年级本科生也参与了此次论坛。

12月11日，2018年广州大学化学化工学院研究生论坛主会场在理北楼106教室正式拉开帷幕，副院长蔡卫权主持了此次论坛的开幕式，他表示学院大力支持此类学术交流活动的开展，争取将其作为学院研究生的品牌学术活动继续办下去，并积极申报广东省化学化工类研究所论坛；院长董文致开幕词。

此前，2018 年化学化工学院研究生论坛新生专场于 12 月 10 日晚上在生化实验楼 113 会议室率先举行。

主论坛期间韩冬雪教授作了题为“新型光电敏感材料及其分析传感研究”的报告，刘兆清研究员作了题为“高效碳基尖晶石材料的设计制备与应用”的报告，吴旭副研究员作了题为“涂层润湿性”的报告。

通过此次研究生论坛，学院研究生展示了近期的科研成果，分享了对科研的独特见解，交流了个人科研感悟。评委老师们的精彩提问和点评让同学们深受启发，增进了大家对如何更好地开展科研工作的理解。

（化学化工学院　研究生会）

12 月 11 日　广州大学举办少数民族大学生主题教育活动

为弘扬爱国主义精神，加强民族团结，提高学生思想政治觉悟，12 月 11 日下午，学校党委学生工作部（处）在行政西二楼会议厅举办了“凝心聚力促团结，同心共筑‘中国梦’——广州大学少数民族大学生发声亮剑主题教育活动”。参加本次活动的有副校长吴开俊、相关部门领导、新疆籍少数民族大学生所在的各学院党委副书记以及学校全体新疆籍学生。本次活动由学生工作部（处）副处长孟强主持。

集体宣誓环节，由学生代表阿依尼格热领誓，带领全体参加活动的人员，举起右手，面对国旗，立下了“坚决拥护中国共产党的领导，坚决维护国家统一和民族团结，坚定信念，勇于担当，树立科学观念，抵制宗教极端，率先垂范，全面发展，展示新疆好形象，做好党和人民的好儿女，为中华民族伟大复兴而奉献青春，无怨无悔”的誓言。随后，少数民族学生代表共同发声亮剑表态发言。

吴开俊副校长做了总结讲话。他表示此次活动非常有意义，我们要不忘初心跟党走，自觉维护新疆地区乃至全国的稳定，为国家的长治久安贡献自己的一分力量。

此次活动旨在宣传民族团结精神，传递民族正能量，进一步增加我校少数民族大学生国家意识、感恩意识、民族团结意识，增强五个认同，筑牢中华民族共同体意识，抵御“三股势力”进校园，共同浇灌民族团结之花，共同承担振兴中华的使命，为实现中华民族伟大复兴的“中国梦”贡献自己的青春。

（学生处　葛泽胜）

12 月 11 日　广州大学召开“学生安全警示教育”主题班会

为进一步做好我校学生安全警示教育工作，确保全校学生人身、财产安全，根据学校工作安排，12 月 11 日全校所有班级开展了以“学生安全警示教育”为主题的班会。

班会主要围绕可能出现的问题和事故，对学生进行防火灾、防盗窃、防诈骗（特别是防网络电信等诈骗）、防交通事故（特别杜绝酒驾、醉驾）及防止其他意外事故等一系列的安全常识教育，提高学生的自我安全防范意识；同时开展严格遵守校规校纪教育，树立诚信考试意识，杜绝无证出入、晚归不归、酗酒滋事、打架斗殴、破坏公物等各种违纪行为，确保学生安全。

在班会上，各班班主任、班长带领同学们认真分析了“近十天来大学城警情通报案例”以及“大学生酒驾被判刑案例”，并根据案情认真学习了安全知识。在班会上，学生干部发挥自我管理、自我教育、自我服务、自我监督的作用，学生党员也很好地发挥了先锋模范和示范引领作用。

有的班级对大学生酒驾、醉驾展开了热烈讨论。同学们对照相关法律法规，学习了酒驾、醉驾的标准，以及对酒驾、醉驾的处罚。物理与电子工程学院光电 181 班朱镇星同学表示："酒驾、醉驾，害人又害己，一旦触犯法律，甚至构成犯罪，不仅会受到法律的严惩，还会记入自己的档案，而这个污点会跟随自己一辈子，酒驾、醉驾真是得不偿失，我们要坚决杜绝酒驾、醉驾。"

有的班级热烈讨论了防诈骗、防火、防盗，以及交通安全、诚信考试等方面的问题。机械与电气工程学院电气 171 班吴昆崇同学表示："有听说同学因为网络刷单被骗的，网络刷单就是利用了同学们想快速赚钱的想法，骗取同学们的钱财。甚至有的刷单宣传说一天能收入 500 元，这是不合常理的，因此我们必须要学会辨别这些诈骗信息。"

通过本次学生安全警示教育主题班会，同学们纷纷表示学到了很多防骗、防火、防盗的知识；在校内遵守校规校纪，在校外遵守法规法纪；坚决不酒驾、醉驾。

（学生处　葛泽胜）

12 月 11 日　广州大学红十字会人文学院分会赤岗东小学义教活动顺利开展

12 月 11 日，广州大学红十字会人文学院分会前往赤岗东小学开展主题为"急救知识伴我行"义教活动。

本次义教活动对象是赤岗东小学四年级 1 至 3 班的学生。当日下午，义教队到达赤岗东小学，并着手进行准备工作。课堂上，老师们表现良好，能有效调动课堂气氛。学生们积极回答问题配合老师。本次义教活动志愿者向学生们普及急救知识，教导学生们在发生危急情况时要保持冷静。同时，义教队员的个人能力与团体合作能力得到了很好的锻炼，活动取得较好效果。

（广州大学红十字会人文学院分会）

12 月 11 日　物理与电子工程学院开展考风考纪暨安全教育主题班会

为进一步做好学生校规校纪教育和安全教育工作，树立诚信考试意识，提高学生安全防范意识，根据学校工作安排，12 月 11 日，物理与电子工程学院所有班级开展了考风考纪暨安全教育主题班会。

班会主要对学生进行防火灾、防盗窃、防诈骗（特别是防网络电信等诈骗）、防交通事故（特别是杜绝酒驾、醉驾）及防止其他意外事故等一系列的安全常识教育，提高学生的自我安全防范意识；同时开展严格遵守校规校纪教育，树立诚信考试意识。

在班会上，各班班主任重点强调了考试纪律，从大学学习的重要性出发，提醒同学们要合理安排复习时间，认真备考，同时也建议由成绩优秀的同学牵头成立学习小组，对组内人员负责，有针对性地提高薄弱科目，巩固优势科目，希望能在期末取得优异的成绩。各班班长带领同学们认真分析了“近十天来大学城警情通报案例”以及“大学生酒驾被判刑案例”，并根据案情围绕防骗教育、宿舍安全教育、法纪教育等内容学习了相关知识。

本次考风考纪暨安全教育主题班会很好地发挥了大学生自我管理、自我教育、自我服务、自我监督的作用，同学们纷纷表示学到了很多防骗、防盗、防火等的基本知识和技能，同时也明确了学校的校规校纪，特别是考试的纪律要求，相信同学们会保持严谨求实的学习态度，遵守考试纪律，诚信考试，杜绝一切考试作弊行为。

（物理与电子工程学院　学工办）

12 月 11 日　旅游学院学生党支部开展重走习近平总书记视察暨南大学路线活动

为学习贯彻习近平总书记视察广东重要讲话精神和全国教育大会精神，旅游学院本科学生第一党支部于 12 月 11 日组织党员开展“重走习近平总书记视察暨南大学的路线和深入学习讲话精神”活动。

在暨南大学老师与学生讲解员的热情接待下，旅游学院本科学生党支部重走了习近平总书记在暨南大学视察路线，重温了习近平总书记与师生亲切交流、勉励青年学子的讲话视频，参观了暨南大学办学成就、党建工作成果展。

通过本次活动，旅游学院本科学生第一党支部全体党员们更加深刻地领悟到习近平总书记视察广东重要讲话精神和在全国教育大会上重要讲话的内涵，更加牢固树立“四个意识”，坚定“四个自信”及“两个维护”。

（旅游学院　伍国凯　郑亿璇）

12 月 11 日　化学化工学院举办第十三届化学游园节

为了让同学们切实感受到化学的无限魅力，享受化学给人类世界带来的五彩缤纷，12 月 11 日，由化学化工学院举办的第十三届化学游园节在红棉路顺利举行，这是化学化工学院一年一度的化学盛宴。

在化学游园节当天，化学化工学院团委学生会早早开始布置场地，把红棉路装饰成一条充满化学气息的长廊。

上午十点半，化学游园节正式开幕，红棉路逐渐热闹起来。摊位上有精致的人造雪人、可爱的手工皂、香薰蜡烛、点不着的纸等；还有许多在食品实验室制作出来的美食，如牛扎饼、西米露、钵仔糕等；此外，还有化学连连看、化学猜谜、你画我猜等小游戏。红棉路上到处是与化学息息相关的生活情景，让广大师生体会到化学无处不在，感受到化学的无穷魅力。

游园节的举办，为大家提供了感受化学奇妙之处的平台，带大家发掘生活中神奇的化学现象，亲身感受用化学制造出来的“惊喜”。

（化学化工学院　黄妍瑜）

12 月 11 日　数学与信息科学学院学生干部参观广州近代史博物馆

12 月 11 日，为了缅怀先辈，弘扬革命精神，牢记历史给予我们的教育和启迪，继承革命先辈的优良传统，数学与信息科学学院举办了学生干部思想建设活动。

下午全员到达博物馆后，首先由解说员细心地为我们讲解广州近代历史，伴随她的讲解，看着那挂在墙上代表着那个年代的背景图，我们仿佛看到了那个年代的人们创业之艰难，历史之责任。在接下来参观博物馆的过程中，我们看到了许多令人震撼的东西，体会到了许多革命先辈的爱国主义精神，庄严肃穆的博物馆让同学们油然生出民族认同感和民族自豪感。毫无疑问，我们如今的民主生活是无数革命英雄用他们的血肉铸就而成的，我们如今的安稳生活是革命先辈、军人和国家领导成就的……

一个多小时的参观很快结束，留影纪念后我们也踏上了返校的路，此次活动留给我们的感动仍回荡在心头。

（数学与信息科学学院　马泽霞）

12 月 11 日　马克思主义学院开展主题团课教育活动

12 月 11 日下午，在文新楼 502 教室，马克思主义学院思教 171 班团支部开展了以“不忘家国情怀，立志报效祖国”为主题的团课教育活动。班主任杨柳老师为主讲人，全体同学参加了活动。

杨柳老师强调，2018 年是纪念改革开放四十周年，回顾改革开放的历程和成绩的同时，还要看到改革前三十年的探索与实践为改革后四十年奠定了大国工业的基本架构，夯实了中国崛起的基础，是传承、是发展。更重要的是，综观改革开放的历史进程，中国能取得如此巨大的成就，正是因为中国共产党始终坚持为人民服务的根本宗旨，始终把满足广大人民的利益需要作为执政兴国的基本目标，并内化为广大党员的自觉追求，以强烈的使命感和忧心天下的家国情怀治国理政，既维护了社会的稳定，又实现了国家的长久发展。这也是中国崛起有别于其他国家发展的独特之处。

最后，杨柳老师寄语同学们，在中国特色社会主义新时代，要在大学中努力汲取知识，拓宽视野，尤其是要培养浓厚的家国情怀，为推动中国更好更快发展积蓄力量。

（马克思主义学院　团委）

12月14日　教育学院成功举办“与声俱来，音你不凡”十佳歌手比赛

12月14日晚上7点，教育学院在学生活动中心举办的“与声俱来，音你不凡”十佳歌手决赛正式开始。参与本次决赛的选手共12名。

本次总决赛由合唱赛和个人赛两部分组成，其中合唱赛有12位选手，采用分组原则进行抽签，两两组合为六组，再按照抽签顺序进行演唱，分数占决赛成绩的40%；个人赛按照抽签顺序，每人单独完成一首完整的歌曲，分数占决赛成绩的60%。

首先进行的是合唱赛，刘思琪和李琪琪组合带来的歌曲《不会不醉》充分展现了选手之间的默契。林诗宁和苏婉婷组合演唱的《经过》真情流露，打动了不少观众。谢婉霖和庄晓鹏组合的一曲《舞娘》则点燃了现场，驱散了冬日的寒冷。蔡方成与何泳蓉组合演唱的《制造浪漫》同样令人印象深刻。陈家昕和李栩滢组合演唱的《世界上的另一个我》用轻松欢快的歌声完美地展现了自我。最后一个组合是黄海纳川和叶丽诗组合，他们带来的《慢慢喜欢你》同样饱含深情。

接下来进行的是个人赛，选手们选取的歌曲多种多样，不同风格的歌曲给观众带来了一场听觉的盛宴。刘思琪带来的《姗姗》引人入胜。陈家昕演唱

的《蜜蜂》情真意切。蔡方成的一首《I'm Yours》更是引起了观众的共鸣。苏婉婷的一曲《梦回星月》仿佛让人置身广阔无垠的沙海。庄晓鹏的《成全》情感真挚，博得了台下的喝彩。叶丽诗的《说散就散》，还有黄海纳川的《走马》用饱含真情的歌声打动了在场的所有人。李琪琪带来《十万毫升泪水》与之前的选手相比也毫不逊色。谢婉霖带来的《Santa Tell Me》更是引爆全场。何泳蓉的《情人》让我们重温经典。林诗宁的《无问》唱出了洒脱。李栩滢的《魔鬼中的天使》展现了对生活的倔强。

（教育学院　学工办）

12月14日　体育学院召开考风考纪教育大会

体育学院于12月14日下午在理南楼522教室召开期末总结大会暨考风考纪教育大会。体育学院2016级、2017级和2018级学生参加了本次大会，出席会议的有体育学院党委副书记张志明、教科办薛宛秋，辅导员孟伟婷、任佳妮。

首先，任老师对这一学期以来的团学工作进行总结，希望同学们能积极配合、支持团学工作；同时，对本学期体育学院同学所获得的荣誉进行表彰，鼓励同学们再接再厉。

薛宛秋老师为我们讲解考风考纪以及考试违规的相关处理规定，告诉同学们应该树立诚信意识，形成良好的学风和考试纪律，要认清考试作弊行为的危害性和不可弥补的严重后果。

孟伟婷老师对体育学院过去一年来在各项比赛中所取得的佳绩进行表彰，鼓励同学们继续努力，发挥专业优势，争取比赛资格，取得更多的优异成绩。同时强调上课请假必须规范合理，按程序走，遵守纪律。

最后，张书记再次强调了考场纪律。张书记说，距离考试还有一个月的时间，希望同学们认真备考，不要存在侥幸心理，认认真真好好复习，并祝大家取得优异的成绩。

（体育学院　陈碧芳）

12月14日　数学与信息科学学院召开团学工作总结大会

为了对2018—2019学年下半学年数学与信息科学学院团委学生会各部门

各项工作进行一个客观的总结，并共同迎接新的一年的到来，12 月 14 日办公室和秘书部合作举办了本学期第二次团学工作总结大会。

在开展大会前，数学与信息科学学院办公室和秘书部联合讨论新的一次大会开展的各项细则。在反复的细则确认和彩排后，大会正式开始。

首先，学院党委副书记孙凌上台讲话，她对学院团委学生会这一学期的各项工作表现给予了高度的评价，还强调要利用数学与信息科学学院团学公众号这一对外宣传的窗口进一步加强对院内活动的宣传力度，突出本院特色文化。然后是团委副书记柳璎乃和学生会主席陈浩铭发言，他们分别总结了团委和学生会在这一学期的工作内容和表现，对各部门本学期的工作给予充分肯定并对下学期的工作提出了相应的期望。

紧接着各部门以组合表演和短视频的方式展示部门日常工作的风采，各部门部长也详细总结汇报了整一学期的部门工作，同时，大会上对各部门的优秀部委进行了颁奖。

最后是四大协会的负责人讲话，以旁观者的身份对学院团委学生会的各项工作给予了高度赞扬并提出了相关意见。

本次大会激励团委学生会各成员进一步成长，促进整个团委学生会的整体发展，增强团委学生会的整体凝聚力，让各个部门以后的联系更加密切，合作更加紧密，让我们默契常在！

（数学与信息科学学院　梁健毓）

12 月 14 日　美术与设计学院在广州画院开展团日活动

12 月 14 日下午美术与设计学院美学 172 班在党员老师、班主任许洪林的带领下来到广州画院进行每学期的团日活动。

这次访问的名师分别有广州画院副院长郑阿湃，专业画家宋陆京、段远文。我们向他们学习如何不忘初心、深入生活、扎根人民，以画笔表现、讴歌时代的艺术创作精神，并请教艺术创作的灵感与绘画技巧、技法等。

通过此次活动，我们明白中国画不仅是画出来的，更是修炼出来的。修的是画家的经历、阅历、学识与胸怀。真正的画家不仅需要绘画技巧，更重要的是修养的自然流露，所以在年轻的时候要不断磨炼，因为画家在画中创造的是另一个天地，有时要表现现实，有时又不能太现实，这种取舍，全凭自己的思想。同时，中国画创作也要表达时代的声音，所谓“笔墨当随时代”。

（美术与设计学院　学工办）

12 月 14 日　人文学院开展学生谈心帮扶活动

12 月 14 日，人文学院历史 171 班谈心帮扶活动于行政东楼教师办公室顺利开展。历史 171 班班主任徐霞辉老师出席本次活动。

在本次谈心帮扶活动中，历史 171 班同学在徐霞辉老师办公室中围坐一起，共同探讨学习与生活中的问题。首先廖城玉同学提出未来工作规划问题。徐霞辉老师回应，若想留在珠三角地区教历史，并非只有考研一条道路。学生应结合自身学习条件及个人能力，考虑自己是否适合考研，是否考得上以及考得上什么水平的高校。不考研不代表找不到工作。学生应在大学四年本科生涯中，积极锻炼自己的综合能力，比如师范技能、学术研讨能力及领导能力等，这是本科师范生在就业竞争中所必需的。除此之外，徐老师还为同学们解答了考研具体方向、考研院校及考研考试范围等相关问题。疑惑得到解答的同时，同学们对自身未来规划也有了更清晰的方向。

本次活动的另一主题是如何学好历史专业。徐霞辉老师始终耐心解答。徐老师教导同学们，本科阶段最重要的是读好书，每个历史时期只钻研一本好书，而非挑几本泛读。徐老师一再强调，要注重阅读，注重钻研，要追求“精”和“专”，而非“泛”。学生应寻找自己感兴趣的历史时期，发扬钻研精神，挖掘不同学术内容。这个主题的探讨，使同学们受益匪浅。要读好一本历史书，首先必须注重书的前言，熟悉前言，才能了解书的框架；同时也应注重结尾篇章，了解作者得出的结论，思考遗留的问题。

活动结束后，同学们表示收获颇多，并感谢徐霞辉老师的倾心相授。

（人文学院　历史171班）

12月15日　广州大同中学师生来马克思主义学院交流学习

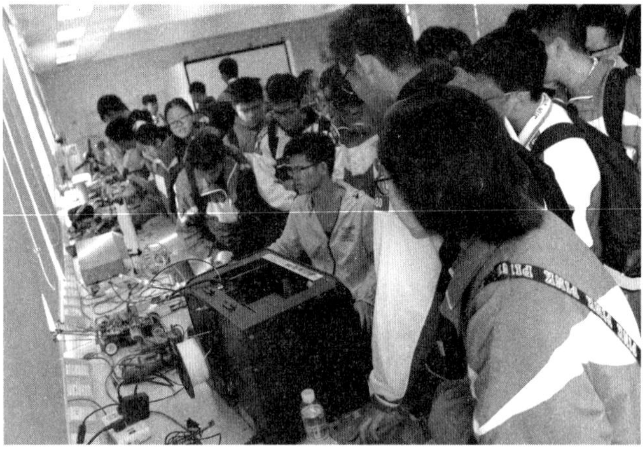

12月15日，应马克思主义学院的邀请，广州大同中学袁荣晓、何婉莲两位老师带领119位高三同学来到马克思主义学院开展交流学习。马克思主义学院院长助理冉杰以及学院师生代表参加了交流活动。

冉杰老师向大同中学师生介绍了广州大学情况，组织大家观看了广州大学的2018年招生宣传片，欢迎大同中学学子积极报考广州大学。接着，来自马克思主义学院思想政治教育专业151班的龚利鑫同学分享了他作为广州大学“十佳学生”的成长故事。随后，大同中学的师生前往电子信息实验楼、学校图书馆等地参观，领略了大学之精神。

广州大同中学是广州大学的优质生源基地，长期为广州大学输送优秀学生。大同中学的师生们表示此次交流活动使他们对广州大学有了更新的认识，更多同学坚定了报考广州大学的志向。

（马克思主义学院　学工办）

12月16日　旅游学院举办“志愿新彩，创益青春”赛前宣讲会

为了让同学们更加了解志愿服务创意设计大赛，提升同学们在志愿服务方面的创意创新能力，12月16日，旅游学院本科学生第一党支部、团委实践部及院青年志愿者协会在文新楼215教室举办“志愿新彩，创益青春”赛前宣讲会。

宣讲会上，旅游学院林暖同学以自己参与过的“创青春”国赛获奖项目“你是我的眼”为例，向会上同学具体讲解策划志愿项目应如何围绕服务基地基本概况、服务内容、项目基本情况、活动预算、预期效果等来策划。

宣讲会上另一位嘉宾戴金勇同学的分享更注重志愿服务活动的实操性，为此他毫无保留地向与会同学剖析了在志愿项目实践过程中会遇到的困难，比如在贵州贫困山区义教时执行“21天阅读计划项目”难以有效激发孩子的阅读兴趣、项目延续困难；在“主题夏令营项目”中配套活动与主题传达存在差异，年龄层次差异明显；“乡村夏令营项目”存在支教点实施差异明显、支教点群众对乡村夏令营的理解存在偏差等。

交流会总结环节中，旅游学院学生会副主席谢湘滢同学充分肯定两位嘉宾的分享，并结合自身参与的志愿服务经历，总结了以下四点经验：第一，细心观察，留意生活，策划灵感很多时候来源于生活中的点点滴滴；第二，注重可行性，很多好的想法、创意往往没有可行性最终导致无法实施；第三，策划志愿项目以及项目的执行是一个长期且枯燥的过程，需要有对公益的热情以及秉持做公益的热心；第四，保持助人为乐的初心。

（旅游学院　黄桐辉）

12 月 16 日　土木工程学院举行易班工作会议

为了确保易班工作的顺利展开，鼓励同学们使用易班，土木工程学院于 12 月 16 日下午，在文新楼 119 教室举行了易班工作会议。

首先杨乐添同学发表了讲话，向大家介绍易班的历史和重要作用，鼓励每个班的同学和辅导员在易班发布事务通知、班级决策等。接着梁政副站长着重向我们介绍了易班的工作方式和过往的工作经验，还有功能结构。易班网盘是无限的，每个加入班级的同学都可以在网盘中分享学习工作资料，提交作业。

本次会议旨在加深各班对易班的认知，对我们的易班工作的开展有了进一步的了解。

最后，朱庆强站长为大家介绍了易班的奖励措施，鼓励我们积极开展易班工作。讲话结束后，会议到了表彰环节，在同学们的大力支持下，土木工程学院本学期的易班工作取得了不错的成绩，学院为此对易班优秀班级进行了表彰，并邀请得奖的班集体代表进行工作经验分享。

最后，杨乐添同学为大会作出了总结，向受表彰的班集体表示了衷心的祝贺，同时希望各易班负责人能够起到领头作用，带领班级积极开展易班活动。

本次易班工作会议不仅让受表彰的同学以及集体获得进一步的激励与鼓舞，也以正面的形象引领其他易班工作者更好地工作。会议结束后还有惊喜，每一名新生都获得了一件小礼物。各班易班代表有序的过来拿礼物，会议完美落幕。

（土木工程学院　黄明堂）

12月16日　广州大学青年志愿者协会人文学院分会关爱流浪猫狗救助活动顺利开展

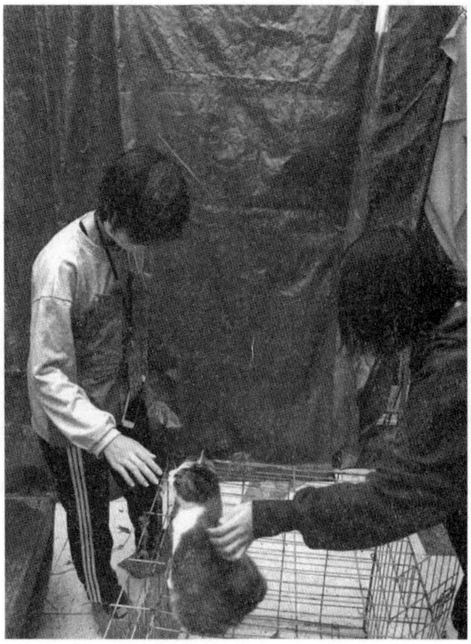

12月16日，广州大学青年志愿者协会人文学院分会于蔡姨流浪猫狗救助站开展关爱流浪猫狗志愿活动。

与蔡姨简单交流、明确任务后，志愿者进行分工，一部分在三楼照顾猫，包括打扫猫舍、装猫粮、与猫戏耍；另一部分在一楼打扫狗舍。上午，广州大学土木工程学院及广东外语外贸大学的同学相继到达，志愿者们一同投入工作中，帮助蔡姨打扫救助站内外。大家因为有着同一个信念，出于同一份关爱，怀着同一种热情，即使路程遥远也从广州各地汇集到蔡姨救助站，相遇相识，成为朋友。

广州大学青年志愿者协会人文学院分会关爱流浪猫狗救助活动圆满结束。

（青年志愿者协会　人文学院分会）

12月18日　计算机科学与网络工程学院在学生公寓设立党小组启动仪式

12月18日下午，计算机科学与网络工程学院在学生公寓设立党小组启动仪式在B15党团活动室举行，学院党委副书记李小华，学工办主任郭梅芳，研究生党支部书记李龙飞，本科学生党支部书记胡颖、团委书记胡鉴源，学工办姜仁晋、聂桂海以及各党小组组长一同出席仪式。

仪式伊始，全体起立奏唱中华人民共和国国歌，接着由李龙飞书记宣读《关于在学生公寓设立党小组的通知》，李小华副书记宣读《关于设立党小组报告的批复》。

接着，党小组组长代表劳欢怡同志发言，她表示，学生党员把先锋模范作用落到实处要做到以下三个方面：第一，自身做好榜样，言行举止得当，思想觉悟成熟，修身自律，团结同学；第二，学生党员深入宿舍，及时掌握同学们的思想动态；第三，在党小组的队伍里加强与其他学院党员间的交流，提升党员意识。

然后是李小华副书记代表讲话，他指出学生公寓与每个同学息息相关，当然也包括在座的每一位党员，所以在学生公寓设立党员先锋行动小组是关乎安全、生活和教育等各方面的建设，更有利于体现青年大学生良好的精神面貌。按学校党委的要求，在各宿舍楼栋设立党员先锋行动小组将更能充分发挥党组织的战斗堡垒作用和党员的先锋模范带头作用。他向全体学生党员提出三点希望：一是在宿舍的各项工作中充分发挥先锋模范带头作用，积极参与本楼栋、本宿舍的各项管理工作；二是积极参与本楼栋的各类活动，协助相关部门加强安全教育，增强同学们的安全意识，共同构建平安和谐的宿舍区；三是带头做好宿舍卫生保洁等工作，协助做好宿舍卫生检查工作，带领本楼栋的同学共同创造良好的宿舍环境，让同学们在整洁、卫生、舒适的环境中生活和学习，并努力将所在宿舍打造成“样板宿舍”。

最后，领导、老师和同学们一同观看庆祝改革开放40周年大会视频，学习习近平总书记重要讲话精神。

（计算机科学与网络工程学院　学工办）

12 月 18 日　四院联合青马学员见面会暨党团知识竞赛成功举办

12 月 18 日，人文学院、生命科学学院、新闻与传播学院、环境科学与工程学院四院联合青马学员见面会暨党团知识竞赛于文新楼 113 教室成功举办。

首先，王琼老师为本次活动致辞。随后，陈筠老师为青马学员代表佩戴团徽并由李雁老师带领在场学生重温入团誓词，全体起立奏唱团歌。在党团知识竞赛中，四院青马队及人文学院 2018 级各班团支部各显身手，展现新时代青年的风采。

至此，人文学院、生命科学学院、新闻与传播学院、环境科学与工程学院四院联合青马学员见面会暨党团知识竞赛圆满结束。

（人文学院　新闻中心）

12 月 18 日　教育学院举办多媒体课件大赛

教育学院多媒体课件“以媒为界，汇聚你我”经典百书主题大赛在 12 月 18 日的文新楼 123 教室举行了决赛。本场决赛邀请了三位评委老师，他们分别是教育学院的梁瑞仪老师、梁斌老师和杜玉霞老师。此外还邀请了陈宇红副书记与蔡冰老师。

参赛选手分为专业组和非专业组。专业组的同学是教育技术学专业的学生，非专业组是除教育技术专业外的学生。

经过主持人简短的介绍后，比赛正式开始，选手们向观众和评委老师展示了精心制作的 PPT，阐述了自己的制作理念，介绍了一些制作工具，展示了

PPT 的用途和呈现方式，令人叹为观止。选手的展示精彩纷呈，面对老师的提问对答如流，无论是专业组还是非专业组的选手，在表达能力、PPT 的制作及呈现效果方面，表现都十分优秀，给观众带来非常好的观看体验。

经过激烈角逐和评委老师们的点评，赛果终于诞生，本次活动也顺利落下帷幕。

（教育学院　学工办）

12 月 18 日　物理与电子工程学院学生党员学习习近平总书记视察广东重要讲话精神

为深入学习贯彻习近平总书记视察广东重要讲话精神，教育激励党员同志不忘初心跟党走，牢记使命作贡献，12 月 18 日下午，物理与电子工程学院党委书记陈泽龙、研究生党支部书记薛敏、本科生党支部书记王志杰、暂缓就业党支部书记黄毓婵以及学生党支部全体党员前往暨南大学校史馆，开展“学习习近平总书记视察广东重要讲话精神”主题党日活动。

紧跟习近平总书记的步伐，师生党员来到了暨南大学的校史馆。在校史馆解说员生动、详细的解说下，师生党员了解到暨南大学历邦国之艰困，民族之褴褛，五次播迁，三起三落开办的艰辛历程，感受到一所优秀学府建立发展的艰辛。

无论在哪个历史时期，校园、学子的命运和国家的命运总是紧密相连的，而“暨南精神”正是中华民族艰苦奋斗、不屈不挠的缩影。改革开放以来，中国共产党一直保持着初心，将人民放在首位，坚持中国特色社会主义道路，一步一个脚印带领中国人民实现每个阶段的战略目标。也正是这种坚持，成就了今天的中国。

习近平总书记在考察暨南大学的时候，与暨大学子亲切交流，并鼓励他们好好学习，将来为社会作出贡献，把中华优秀传统文化传播到五湖四海。本次党日活动使师生党员更加深刻地领悟并学习了习近平总书记视察广东的重要讲话精神，激励学生党员将习近平总书记对广大学子的嘱托和期望牢记在心，以实际行动传承和弘扬中华传统文化。

（物理与电子工程学院　学工办）

12 月 19 日　人文学院开展经典百书导读暨领导、教授联系班级活动

12 月 19 日下午，人文学院汉国教 172 班“经典暗存香，随师寻书魂”经典百书导读活动暨领导、教授联系班级活动于文新楼 203 教室顺利开展。参加本次活动的领导老师有广州大学党委书记屈哨兵、人文学院党委书记王琼、人文学院党委副书记刘军军等。

在团支书陈姿汶与学习委员曾文燕对活动主题进行精练阐述后，汉国教 172 班同学采取以宿舍为单位的方式组队，选取经典百书中的不同作品进行形式多样的表演。

在第一个环节中，无论是莎士比亚《罗密欧与朱丽叶》生死离别的场面演绎、《三国演义》白帝城托孤“声临其境”的配音、《高老头》情景剧对金钱引发的一系列矛盾，还是《边城》声情并茂的朗诵、老舍话剧《茶馆》生

十二月

动形象的表演，这些精彩节目中一言一句皆情也。汉国教172班同学通过表演加解读的方式，向在场参与者阐述他们对所选取经典百书的独特见解与思考。

第二个环节是唐诗之约。“熟读唐诗三百首，不会作诗也会吟”，这是汉国教172班同学与屈哨兵书记的约定。作为汉语国际教育班的学生，将来要面对无比广阔的国际舞台，对外国学生进行汉语教学的同时，也将进行文化交流。中国传统文化源远流长、博大精深，唐诗则是其精髓之一。胸中若不持一事，何以走天下？现场同学积极应对屈哨兵书记的考查、考验。唐诗之约一直在路上，同学们要做的不仅是背诵，更是知之悟之，使之融入骨髓，所谓“香非在蕊，香非在萼，骨中香彻”。

最后环节中，屈哨兵书记针对本次活动主题分享自身感受与经历，借此鼓励同学们，并对汉国教172班同学提出期待。活动以同学们与领导老师互相交换写有唐诗的明信片做结。

至此，人文学院汉国教172班“经典暗存香，随师寻书魂”经典百书导读活动暨领导、教授联系班级活动圆满结束。

（人文学院　廖丽诗）

12月20日　旅游学院举办2018届团委学生会全体大会暨总结晚会

12月20日晚，旅游学院2018届团委学生会全体大会暨总结晚会在学生活动中心顺利举办。

晚会伊始，学院团委副书记梁嘉燕同学认真总结了2018—2019年度的工作，并且对新一年的工作提出了要求，希望团学人能记住自己刚入团学的初心，并继续为旅院、为自己的初心努力下去。

随后，团委书记刘莉老师在发言中充分肯定每一位学生会成员的工作，并且鼓励大家下一年要更加努力，做好每一件小事，各部门相互合作，让旅院团委学生会整体工作再上一个新台阶。

紧接着由学院党委副书记刘绍东老师讲话，刘绍东老师在讲话中表达了他对旅院团学殷切的关怀和鼓舞。他说，旅院工作的正常展开离不开背后默默付出的团委学生会各位干事以及部长，希望团学的成员们能认真学习，多思考，志存高远。

领导老师以及梁嘉燕同学的话语深深烙印在每一个团学成员的心中。旅院团学人定当牢记使命，争做优秀旅院人。

此外，旅游学院在团学总结会上对学院有突出贡献的个人和集体进行表彰。

（旅游学院　邓伊婷　洪伟凯　李瑞丹　郑丽娟）

12 月 23 日　广大跆拳道队在 2018 年广东省大学生跆拳道锦标赛荣获佳绩

12 月 21—23 日，由广东省学生体育艺术联合会主办的 2018 年广东省大学生跆拳道锦标赛在中山大学东校园体育馆隆重举行。此次锦标赛特邀奥运冠军罗微承担技术代表。据了解，本届赛事吸引了来自全省 38 所高校的 44 支队伍，共 608 名领队、教练员和运动员参与。

广州大学跆拳道队在曾庆国老师的带领下荣获 5 枚金牌、7 枚银牌、13 枚铜牌，乙组团体总分第二名、甲组团体总分第五名的好成绩。

广州大学跆拳道队自成立以来，一直坚持刻苦训练，本次比赛取得优异的成绩是对广州大学跆拳道队常年坚持训练的肯定，诠释了广大学子顽强拼搏的优秀品质，充分展现了广大“爱体育、懂艺术”的优良风采。

（体育学院　李玉伟）

12 月 24 日　美术与设计学院举办冬至“包饺子”联谊活动

12 月 24 日晚上，美术与设计学院团委学生会举办了冬至“包饺子”联谊活动。通过师生共同参加包饺子的活动让同学们感受学院大家庭的温暖，慰藉思乡之情。

参加本次活动的老师分别有美术与设计学院党委副书记蔡琼生、学院学工办主任罗兵、学院学生党总支书记龙娅娌、学院团委书记马浩、团委副书记李佩雯。

通过创意饺子比赛、组队才艺展示、击鼓传花、拼盘比赛等活动，拉近了学院全体师生之间的距离，让同学们在冬至这天在学校里感受到家一般的温暖。

（美术与设计学院　新网中心）

12 月 25 日　学生社团代表畅谈校园文化建设

12 月 25 日中午，我校在菊苑饭堂举办 2018 年第六期校领导午餐会。校党委副书记聂贵新、副校长吴开俊，以及党办校办、宣传部、学生处、校团委等相关部门负责人与学生社团代表们进行互动交流，畅谈校园文化建设。

午餐会上，学生社团代表们围绕学生社团管理、校园文化建设等话题进行交流。同学们纷纷表示，社团活动不仅活跃了校园文化氛围，提高了学生自我管理能力，丰富了课余生活，而且能让不同专业的学生在一起交流思想、切磋技艺、互相启迪、增进友谊。武术协会副会长罗伟铭同学说，武术协会旨在让学生丰富课余生活，强身健体，为会员提供咏春拳、散打、双节棍等武术培训，而且经常参与学校内外的表演和比赛。法律咨询服务社会长沈殿安同学表示，法咨社发挥专业优势，不仅在校内提供法律咨询服务，而且经常性地在校外开展法律咨询活动，荣获“广东省高校十佳学生社团”称号。

与会的校领导和部门负责人表示，校领导午餐会是校领导与同学们面对面交流的重要渠道，也是同学们参与校园治理的重要途径，学校将继续加大对学生社团工作的支持力度，丰富学生社团文化活动，活跃校园文化氛围。

聂贵新副书记希望各学生社团要加强规范化管理，为同学们提供更为优质的服务，一是要将坚持党的领导作为社团建设的根本遵循；二是要有责任意识和担当意识，通过社团丰富校园文化，助力学校人才培养目标的实现；三是要学会积极主动地开展工作，提高工作实效。

吴开俊副校长希望社团联合会搭建好各社团交流的平台，促进社团之间的经验交流，各学生社团要紧紧围绕学校人才培养目标开展工作，发扬吃苦耐劳的精神，出色地完成各项工作，为实现学校人才培养目标作出积极贡献。

（广大新闻网　文蕙莲　毕雅妮　李振）

12 月 25 日　环境科学与工程学院举行学风建设工作总结大会

12 月 25 日下午，环境科学与工程学院 2018 年学风建设工作总结大会，在理南楼 111 教室成功举行。会议以“坚持立德树人，建设优良学风”为主题，彰显了环境科学与工程学院坚持立德树人的办学理念，结合广州大学人才培养目标进行学风建设的成就。党委书记常向阳、副书记肖杏烟、院长肖唐付、副院长王筱虹、副院长夏建荣以及各班班主任等出席会议。

大会在庄严的奏唱校歌中拉开了帷幕。会议伊始，党委副书记肖杏烟作了题为“坚持立德树人，建设优良学风——2017—2018 学年学风建设总结”报告。肖书记从“开展思政党团活动，建设学风优良学院”“营造良好学习氛围，强化学风建设力度”“加强学术科技教育，提升科技创新能力”“开展校园文体活动，推动人才全面发展”“资助育人励志成才，以文化人开阔眼界”五个方面对环境科学与工程学院本学年的学风建设工作进行了总结回顾，同时她指出了各班在学风建设过程中存在的问题，诫勉同学们要加强改进，创良好学风、班风、院风。

会议接下来邀请了环境科学与工程学院十佳提名奖获得者周舒薏同学、学院优秀科研项目代表韩沐恩同学，以及2017—2018学年广州大学优秀团支部环科161班团支部代表、2018年“第二校园访学”访学团代表进行经验分享交流。通过了解优秀学生的事迹，大家明白了良好学风对个人成长的重要性。

大会最后一项议程，由党委书记常向阳总结发言。他表示，过去的一年，在环境科学与工程学院师生共同努力下，学风建设稳步前进，但仍存在许多不足。希望各班班主任和同学们要继续加强学风建设力度，积极营造专业教育氛围，以培养高素质人才、提升科技创新能力。

至此，会议圆满落下帷幕。2018年是不平凡的一年，我们迎来了新一级的学生，也见证了广州大学加速发展的成就。相信在学校和学院的高度重视下，我们的学风会越来越好，学风建设工作会越来越规范。围绕广州大学24字的人才培养目标，我们会培养出更多出色的社会主义建设者和接班人。

（环境科学与工程学院　学工办）

12月27日 广州大学2017—2018学年度学生先进集体和个人表彰大会顺利召开

12月27日下午，我校2017—2018学年度学生先进集体和个人表彰大会在演艺中心隆重举行。校党委书记屈哨兵，党委副书记聂贵新，副校长张其学、郭兴蓬、吴开俊，纪委书记龚红，广东中华民族文化促进会顾问卢子辉，镇泰集团名誉董事长、镇泰慈善基金会主席李治元，众人拾柴火焰高助学金捐赠代表、华茂达投资股份有限公司董事会主席陈庆南，创彬奖学金捐赠者、广州宏福建设有限公司董事长林创彬，各学院和有关部门负责人、获奖代表和师生代表近千人出席了大会。大会由吴开俊副校长主持。

表彰会上，校党委副书记聂贵新宣读了《关于表彰2017—2018学年度学生先进集体和个人、2018年学生公寓“五室一站”工作优秀单位的通报》《关于公布2018年各项奖助学金获得者名单的通知》《关于表彰2017—2018学年度学生课外学术科技活动先进集体和个人的通报》等相关表彰文件，并由学校领导和与会嘉宾对获表彰同学进行颁奖。

随后，优秀学生代表、“十佳学生”获得者、数学与信息科学学院信息安全151班詹鹏伟同学以及“优良学风标兵班”代表、外国语学院英语153班胡焯凌同学作为获奖学生代表作了发言。詹鹏伟同学介绍了自己在学习、科研活动和课外志愿活动中所取得的成果，并号召大家做“有心气、有志气、有勇气”的青年。胡焯凌同学分别从“德才兼备”“视野开阔”“爱体育、懂艺术”三方面介绍了班级学习情况。作为广州大学优秀学生代表，他们的事迹和经历深深激励同学们不断努力，为高水平大学建设贡献自己的一分力量。

会上，校党委书记屈哨兵发表讲话。他表示过去一年来，我校师生认真贯彻习近平新时代中国特色社会主义思想和党的十九大精神，以及习近平总书记视察广东重要讲话精神和全国教育大会重要讲话精神，全面落实党和国家教育方针和立德树人根本任务，围绕学校人才培养目标的达成，围绕“推动高水平大学建设”工作，

大力推动新时代学校高质量发展、内涵式发展，学校各项事业取得了新成绩，在人才培养、学科建设、教学科研、师资队伍建设、国际交流与合作、社会服务、党的建设等方面实现了新突破。他希望同学们，一是要坚定理想信念，做担当民族复兴大任的时代新人；二是要脚踏实地学习，做德智体美劳全面发展的时代新人；三是要坚定文化自信，做传承发展中华优秀传统文化的时代新人；四是要积极回报社会，做深怀感恩之心的时代新人。

会议最后，全体成员起立奏唱《广州大学校歌》，在嘹亮的歌声中，广州大学2017—2018学年度学生先进集体和个人表彰大会圆满结束。

（广大新闻网　胡敏轩　李振）

12月28日　广州大学2019新年音乐会隆重举行

12月28日晚，由校党委宣传部、团委主办的广州大学2019新年音乐会在演艺中心隆重上演。校领导、相关部门负责人和师生代表共700余人一同欣赏了这台音乐盛宴。音乐会在《春节序曲》中拉开帷幕，现场洋溢着喜庆祥和、热烈欢快的气氛，展现了广大人团结友爱、辞旧迎新的动人图景。《在希望的田野上》欢快的旋律让人们深切感受到祖国日新月异的活力，郭小青老师嘹亮的歌声展现了改革开放后人民发自内心的喜悦。在这趟音乐旅程中，有将大提琴的低沉响亮和小提琴的细腻轻扬完美结合的《奥芬巴赫的芭蕾组曲》，还有展现军民和谐一家亲的红色经典曲目《红色娘子军》及代表无限青春与活力的《青春之舞》。《非常打击乐》和《打击乐随想》添加了打击乐的律动；《铁道游击队》选曲洋溢着革命的乐观主义精神；《泰坦尼克号》把我们带入凄美的爱情故事；《酒神之舞》让人们体会到至纯至美的悲泣；《来到音乐中》点燃了现场的气氛；《弯弯的月亮》让大家置身于诗意的世界。最后，《广州大学校歌》诠释了我校师生追求卓越、昂扬向上的精神风貌。应现场观众强烈要求，校学生艺术团管弦乐团、合唱团带来了返场表演《流行乐之活力》。

本场音乐会由学生艺术团管弦乐团、学生艺术团合唱团、老年干部合唱团联袂演出，由第七届中国音乐金钟奖最佳作品奖获得者罗中允、管弦乐团常任指挥黄雨加担任演出指挥，并邀请央视经典咏流传《春有百花》的作曲者、我校艺术团合唱团指导老师王怀坚，我校2017届校友吴滢等多位嘉宾助阵。现场掌声不断，好评如潮，观众纷纷为音乐会点赞，称其为全校师生献上了一份高雅的新年贺礼。

本场新年音乐会呈现了原汁原味的广大底色，既是对我校过去一年办学发展的“集体回忆”，同时也向改革开放四十周年致敬。为此，学校党委专门邀请了改革开放以来的亲历者、受益者和未来四十年的建设者作为特邀嘉宾，他们分别是1978年入读本科和1978年出生的我校教师，以及2018年入学的大学生。

（广大新闻网　刘宇欢　邓江锐　张雪郁）

附录：2018年日志（未收录部分）

1月

1月15日　工商管理学院召开“挑战杯”交流培训会

1月25日　数学与信息科学学院举行“冬日暖阳，暖心服务”活动

3月

3月8日　公共管理学院开展学生宿舍大扫除行动

3月9日　计算机科学与网络工程学院召开“学雷锋，树形象，共创有品质校园生活”大扫除动员大会

3月13日　旅游学院师生代表参加“新时代红色文化讲习所”宣讲活动

3月13日　马克思主义学院思教151班团支部举行2017—2018学年第二学期推优大会

3月13日　经济与统计学院举行学风建设主题班会

3月13日　美术与设计学院召开第十届团学开学大会

3月25日　生命科学学院讲坛——师范技能大赛宣讲会

3月27日　教育学院定向越野比赛顺利举办

3月27日　美术与设计学院举行“不可预见的美丽——扎染”活动

4月

4月1日　教育学院书本设计比赛顺利举办

4月1日　广州大学红十字会人文学院分会缅怀先烈活动顺利举行

4月1日　数学与信息科学学院举办“全明星”篮球赛

4月1日　广州大学青年志愿者协会人文学院分会关爱流浪猫狗活动顺利举行

4月2日　人文学院汉语153班“千千工程”活动顺利开展

4 月 3 日　马克思主义学院思教 151 班团支部举行主题团日系列活动总结汇报会

4 月 3 日　全面推进从严治团，做合格共青团员——物理与电子工程学院 2016 级团员评议大会顺利召开

4 月 3 日　教育学院应用心理学 171 班团支部团员评议侧记

4 月 3 日　人文学院汉语 162 班“学习先进思想，不断追求进步”团员教育评议活动顺利开展

4 月 3 日　马克思主义学院分党校第六期入党积极分子培训班开班

4 月 3 日　广州大学青年志愿者协会人文学院分会仑头工疗站实践活动顺利举行

4 月 3 日　全校学生掀起学习“两会”及十九大精神热潮

4 月 4 日　墨香千里，书海寻梦——马克思主义学院开展第六届读书节活动

4 月 8 日　勇做新时代的奋进者——马克思主义学院“五室一站”举办 2018 年全国“两会”精神学习活动

4 月 8 日　“共奋进，同发展”团日活动

4 月 10 日　广州大学红十字会人文学院分会义教队赤岗东小学义教活动顺利举行

4 月 10 日　教育学院举办“知识百变，其乐自现”百科知识竞赛活动

4 月 13 日　人文心协第六届心理情景剧大赛

4 月 14 日　工商管理学院召开团员教育评议大会——自评自省，共求进步

4 月 14 日　公共管理学院清明扫墓活动顺利举行

4 月 14 日　工商管理学院团员评议大会

4 月 14 日　广州大学人文学院红十字会顺利举行广州动物园志愿者活动

4 月 15 日　工商管理学院举行第七期党课培训

4 月 15 日　广州大学红十字会人文学院分会广州长洲心园社区探访老人活动顺利举行

4 月 15 日　广州大学青年志愿者协会人文学院分会彩虹计划志愿者活动顺利开展

4 月 15 日　ERP 协会沙盘决赛圆满结束

4 月 15 日　爱心义教，温暖“阳光家园”——美设学院青协举办本学期第一次义教活动

4月16日　人文学院汉语177班“品城市芳华，绘人文诗画”读书分享会暨领导、教授联系班级活动顺利举行
4月16日　数学与信息科学学院赴武汉大学访学一周
4月17日　美术与设计学院杨先艺院长讲授春季学期思政第一课
4月17日　工商管理学院青协成立
4月17日　人文学院“牢记时代使命，不忘复兴梦想”青马工程课堂顺利开课
4月17日　广州大学红十字会人文学院分会广州黄埔老人院志愿活动顺利开展
4月17日　向优秀前进，向先锋靠拢——马克思主义学院分党校第六期入党积极分子培训精彩不断
4月18日　化学化工学院第十三期党课培训班开班暨党课第一讲
4月18日　化学化工学院党课第二讲——观看《辉煌中国》纪录片
4月18日　人文学院第二届“星动杯”体育节之篮球赛男子团体赛第一轮顺利举办
4月18日　人文学院历史161班与历史162班领导、教授联系班级活动顺利举行
4月18日　人文学院汉语178班“品城市芳华，绘人文诗画”经典百书导读活动暨领导、教授联系班级活动顺利举行
4月20日　美设学院召开“青年之声”工作专题培训会议
4月21日　建院快题比赛——To My Masterpieces
4月22日　工商管理学院党课培训分享大会成功召开
4月22日　广州大学羽毛球赛——激情飞扬，谁羽争锋
4月23日　广州大学青年志愿者协会人文学院分会四院粤语课堂顺利举行
4月23日　人文学院汉语162班“漫步北京，品《茶馆》”经典百书导读暨领导、教授联系班级活动顺利开展
4月24日　工商管理学院第七期党课培训最后一课
4月24日　广州大学青年志愿者协会人文学院分会仑头义教活动顺利举行
4月24日　团日竞赛创样板，梅开二度获殊荣！——马克思主义学院思教151班团支部在广州大学第三届主题团日活动竞赛中再夺一等奖
4月24日　党课培训班——牢固树立党章意识，不断增强党员意识
4月24日　美术与设计学院举办“垃圾分类，让大学生活更美好”培训会

4 月 24 日　生命科学学院开展主题为“一次生化实验楼的奇妙之旅”活动
4 月 25 日　教育学院召开宿舍文明建设及生活垃圾强制分类工作会议
4 月 25 日　生科讲坛——京都大学综合博物馆教授来我校交流
4 月 26 日　生命科学学院生物科学系学生党支部集中学习十三届全国人大一次会议精神
4 月 26 日　人文学院“广忆此载，大绘年华”明信片设计大赛现场报名活动顺利开展
4 月 27 日　化学化工学院在“五室一站”召开“垃圾减量分类，党员示范引领”垃圾减量分类启动专项会议
4 月 27 日　人文学院第二届“星动杯”体育节之篮球赛男子团体赛第二轮顺利举办
4 月 28 日　人文学院汉国教 172 班“品城市芳华，绘人文诗画”经典百书导读活动暨领导、教授联系班级活动顺利举行

5 月

5 月 1 日　工商管理学院习总书记讲话学习会
5 月 3 日　人文学院汉语 153 班“五四青春歌咏会”团日活动顺利开展
5 月 4 日　高等教育评估小组莅临工商管理学院
5 月 4 日　环境科学与工程学院举行“垃圾减排分类，党员先行先动”五四主题活动
5 月 5 日　化学化工学院学子参观广州农民运动讲习所
5 月 5 日　人文学院团委、学生会外联部第二届高校外联经验分享会顺利开展
5 月 15 日　工商管理学院举行主席团换届演讲
5 月 19 日　广州大学红十字会人文学院分会广州动物园志愿讲解活动顺利开展
5 月 22 日　物理与电子工程学院迎接评估专家，开展深度访谈
5 月 22 日　工商管理学院欢迎评估专家组莅临工商管理学院审核评估
5 月 22 日　音乐舞蹈学院举办 2018 年教育部本科审核评估工作汇报会议
5 月 22 日　环境科学与工程学院“环境人讲坛”第五讲
5 月 22 日　人文学院“军功信仰与地域扩展”主题讲座顺利举办
5 月 22 日　广州大学 2018 年五四表彰大会暨“同唱一首歌”第四届学生校歌合唱比赛隆重举行

5月22日　教育学院获广州大学第四届“同唱一首歌”合唱比赛二等奖
5月23日　物理与电子工程学院欢迎本科评估专家吉根林走访
5月23日　人文学院讲座“精明的利己主义者的诞生——重读《无主题变奏》”顺利举办
5月24日　化学化工学院开展“文字传承经典，朗读打动人心”经典百书系列阅读活动
5月24日　人文学院第七届微电影创作大赛“平行镜头·交叉世界”颁奖典礼顺利举行
5月27日　数学与信息科学学院“最受学生欢迎的老师”评选顺利举行
5月29日　生命科学学院党支部学习习近平总书记讲话精神
5月29日　毕业季应接不暇的转变，我们已站在明天的大门前
5月30日　广州大学关工委科技辅导团2018年工作年会隆重举行

6月

6月3日　生命科学学院访学团北大访学第五天
6月4日　人文学院汉语153班班委换届大会顺利举办
6月5日　旅游学院荣获2017年度征兵工作先进单位称号
6月5日　人文学院2018届贷款毕业生会议暨诚信教育会议顺利召开
6月5日　广州大学第六届游泳比赛暨横渡珠江市教育系统方阵选拔测试
6月5日　环境科学与工程学院党总支书记常向阳老师在学生宿舍与大家共度世界环境日
6月5日　广州大学第十三届学术科技节之第十四届模拟企业经营沙盘大赛颁奖大会顺利召开
6月5日　生命科学学院第七次团员、学生代表大会取得圆满成功
6月13日　生命科学学院举行北大访学团经验分享会
6月20日　2018年广州大学第三届农村电子商务创新发展高峰论坛圆满举行
6月25日　物理与电子工程学院召开2018届毕业生党员与领导教师代表座谈会
6月25日　请收下这份国际级的毕业大礼！以“高雅之姿”告别
6月27日　广州大学成功举行《青创·发布》第一期分析报告发布会暨广州青年就业创业服务进校园活动
6月29日　化学化工学院召开2017级学生军训动员大会

7 月

7 月 1 日　化学化工学院党委开展丰富多彩的“七一”主题党日活动
7 月 6 日　广州大学 2017 级学生军训拉开序幕
7 月 9 日　公共管理学院“三下乡”活动开学典礼
7 月 19 日　生命科学学院军训回顾——2017 级军训总结大会
7 月 20 日　“三下乡”——时短情长，从遇见到告别
7 月 20 日　工商管理学院进行校友走访活动
7 月 20 日　美术与设计学院“资助育人，筑梦飞翔”暑期实践活动
7 月 21 日　计算机科学与网络工程学院 2018 年暑期社会实践动员大会
7 月 21 日　地理学院暑期支教活动纪实
7 月 22 日　法学院“三下乡”活动
7 月 23 日　工商管理学院进行企业调研

8 月

8 月 17 日　38 万人次观看，这场年度“大秀”让爱触手可及

9 月

9 月 2 日　生命科学学院生物工程专业学生党支部换选支部书记暨学期工作会议
9 月 2 日　人文学院心理卫生协会招新工作顺利开展
9 月 2 日　人文学院 2018 级新生报到工作顺利开展
9 月 3 日　是他们的军训，是我们的春天
9 月 3 日　物理与电子工程学院举行 2018 级新生开学典礼暨入学教育
9 月 3 日　人文学院 2018 级外地生会议成功召开
9 月 3 日　马克思主义学院举办 2018 级新生行为规范教育讲座
9 月 3 日　工商管理学院举办明理学堂之——生说明理，交流解惑
9 月 3 日　教育学院 2018 年大学生暑期社会实践
9 月 4 日　经济与统计学院 2018 级新生“名师第一课”
9 月 4 日　公共管理学院——学院院长和党委书记为学生讲授思政第一课
9 月 4 日　人文学院 2018 级新生教育大会成功召开
9 月 4 日　体育学院举行 2018 级新生入学见面会
9 月 4 日　人文学院 2018 级新生开学典礼暨名师讲座成功举行
9 月 5 日　生命科学学院 2018 年迎新大会

9 月 5 日　外国语学院——学院院长和党委书记为学生讲授思政第一课
9 月 5 日　人文学院入库生会议成功召开
9 月 5 日　人文学院 2018 级新生礼仪讲座成功举行
9 月 5 日　生命科学学院宣讲会
9 月 5 日　生命科学学院 2018 年军训动员大会
9 月 5 日　人文学院寻梦园勤工中心招新工作顺利开展
9 月 6 日　挥洒青春，启动梦想
9 月 6 日　利剑出鞘，铁血柔情——我们的大学之军训特辑
9 月 6 日　广州大学军训大会
9 月 7 日　物理与电子工程学院学子光荣入伍
9 月 9 日　人文学院辩论队队内辩论赛顺利举行
9 月 10 日　桃李满天下，九月谢师恩！
9 月 10 日　广州大学 20 人获评第十届“最受学生欢迎的老师”
9 月 14 日　人文学院王琼书记思政第一课顺利开讲
9 月 14 日　人文学院 2018 年“经典进连队”军训文艺会演顺利举行
9 月 18 日　化学化工学院获省高校基层党组织书记工作案例评选二等奖
9 月 19 日　广州大学青年志
9 月 19 日　青年志愿者协会人文学院分会招新工作顺利开展
9 月 19 日　人文学院 Uni 艺术团招新工作顺利开展
9 月 19 日　桂花岗校区举行 2018 级新生军训阅兵仪式
9 月 19 日　人文学院——我院纪德君院长思政第一课顺利开讲
9 月 20 日　人文学院辩论队招新工作顺利开展
9 月 20 日　人文学院历史 162 班“教育教学思想大讨论”主题班会顺利举行
9 月 20 日　计算机科学与网络工程学院防控登革热专项会议
9 月 20 日　人文学院历史 171 班“共创班级良好学风，展望大二美好未来”主题班会顺利举行
9 月 21 日　人文学院汉语 161 班“教育教学思想大讨论”主题班会顺利召开
9 月 21 日　人文学院汉教 171 班“我读《习近平谈治国理政》”主题团课顺利召开
9 月 22 日　人文学院汉语 163 班“教育教学思想大讨论”主题班会顺利召开

10 月

10 月 9 日　化学化工学院院长董文教授思政第一课

10 月 9 日　建筑与城市规划学院新旧生交流会

10 月 9 日　化学化工学院开展“树优良学风，展班级风采”主题班级建设评比大会

10 月 9 日　人文学院心理卫生协会第一次全体大会顺利召开

10 月 9 日　公共管理学院召开优良学风班成果展示大会

10 月 9 日　人文学院历史 171 班“画说党史”微团课团日活动顺利开展

10 月 9 日　土木工程学院举行“十佳学生”评选活动

10 月 10 日　人文学院研究生雅室大赛成功举办

10 月 11 日　马克思主义学院思想教育 161 班团支部团课

10 月 11 日　人文学院汉语 161 班“七年知青　峥嵘岁月”“千千工程”暨团日活动顺利举行

10 月 12 日　人文学院“以心迎新，悦动人文”之“我要上迎新”节目征集活动决赛顺利举办

10 月 12 日　广州大学青年志愿者协会人文学院分会第一次全体大会顺利召开

10 月 13 日　人文学院寻梦园勤工中心见面大会顺利召开

10 月 13 日　法学院团委、学生会学术部与法学院辩论队共同举办珉灿杯新生辩论赛

10 月 14 日　三院篮球联赛回顾

10 月 14 日　数学与信息科学学院第九届本硕博篮球赛

10 月 14 日　经济与统计学院拔河赛

10 月 15 日　体育学院团学辩论队培训会

10 月 15 日　人文学院汉语 163 班“学习习近平总书记在全国教育大会上重要讲话精神”主题班会顺利召开

10 月 16 日　物理与电子工程学院举行班主任工作交流会

10 月 16 日　工商管理学院赴哈尔滨工业大学访学第二天

10 月 16 日　同心共筑广大梦，携手奋进新时代——广州大学 2018 迎新晚会隆重举行

10 月 17 日　人文学院汉语 165 班“学习习近平总书记在全国教育大会上重要讲话精神”主题班会顺利召开

10 月 17 日　生命科学学院举办“生科讲坛——果冻设计大赛”培训会

10月18日　人文学院历史171班“学习习近平总书记在全国教育大会上发表重要讲话”主题班会顺利召开
10月18日　工商管理学院召开社团会议
10月18日　法学院班际篮球赛
10月18日　广州大学心理卫生协会见面会
10月18日　博学讲坛之中国空间站光学与紫外天文巡天
10月18日　人文学院汉国教171班“学习习近平总书记在全国教育大会上重要讲话精神”主题班会顺利召开
10月19日　经济与统计学院举办考证交流会
10月19日　广州大学投资学会举办金融行业知识讲座
10月19日　生命科学学院新旧生交流会
10月21日　经济与统计学院团日活动
10月22日　访学进行时：院校交流，互利共进
10月23日　从0到1质的飞跃——我们正在向世界靠近
10月23日　经济与统计学院举行第十期党课授课
10月23日　经济与统计学院“花火杯”新生辩论赛复赛拉开序幕
10月23日　人文学院与广西师范大学人文学院、新闻与传播学院交流会顺利举办
10月23日　三院联合演讲比赛顺利举办
10月23日　环境科学与工程学院第一期“青年马克思主义者培养工程”开班仪式
10月25日　广州大学人文学院历史171班“‘千千工程’之参观广东华侨博物馆”活动顺利举行
10月26日　迎新晚会：属于超新生命体的狂欢夜！
10月27日　足球创新班毕业实习圆满结束
10月27日　广州大学法学院红十字会宣讲赛
10月27日　工商管理学院举办院运会
10月28日　两院迎新晚会，精彩瞬间都在这里
10月30日　公共管理学院本科生党支部和团委学生会开展参观辛亥革命纪念党日活动暨“青马工程”活动

11 月

11 月 1 日　广州大学人文学院心理卫生协会第二次全体大会顺利召开

11 月 1 日　找寻——油岭老排小调有感

11 月 2 日　人文学院“以心迎新，悦动人文”迎新晚会成功举行

11 月 2 日　人文学院 Uni 艺术团“以心迎新，悦动人文”迎新晚会表演成功开展

11 月 2 日　人文学院汉语 187 班“以心迎新，悦动人文”迎新晚会表演成功开展

11 月 3 日　四院联合运动会——挥洒青春的汗水

11 月 3 日　菁菁新梦，行如远歌——2018 级三院迎新晚会成功举行

11 月 3 日　追寻红色记忆

11 月 3 日　机械与电气工程学院学生在“创青春”国赛中斩获铜奖

11 月 4 日　星星之约

11 月 4 日　广州大学青年志愿者协会人文学院分会关爱流浪猫狗救助活动顺利开展

11 月 6 日　广州大学红十字会人文学院分会义教活动顺利举行

11 月 6 日　我校 2018 年研究生迎新晚会成功举办

11 月 9 日　经济与统计学院 2018 级会计 185 班举行班级建设活动

11 月 10 日　工商管理学院走访壳牌广东石油有限公司高级区域经理黄子维

11 月 11 日　人文学院历史 171 班男生节庆祝活动顺利开展

11 月 13 日　土木工程学院举行经典百书系列活动之读书分享会

11 月 13 日　人文学院汉国教 172 班团支部“千千工程”团课教育活动暨“文化寻根，智慧爱国”社会实践活动顺利举行

11 月 15 日　林江教授应邀到我校做“经济形势与未来发展趋势”专题讲座

11 月 15 日　讲座“丝绸之路琵琶行——洛秦与吴蛮的对话”成功举办

11 月 15 日　外国语学院赴深圳开展毕业生用人单位回访调研工作

11 月 17 日　人文学院与容山中学交流分享会顺利举办

11 月 18 日　物理与电子工程学院 2018 年“韶光”迎新晚会圆满举行

11 月 18 日　四院联合运动会

11 月 19—23 日　我们的大学——土壤与植物地理学实习感想

11 月 19 日　人文学院心理卫生协会大咖分享会

11 月 20 日　人文学院第十三届“青葵杯”辩论赛总决赛顺利举办

11 月 20 日　人文学院汉语 186 班团支部“千千工程”团课教育活动暨“辛革扬旗，学子提笔”辛亥革命纪念馆参观活动顺利开展
11 月 20 日　人文学院汉语 161 班团支部“千千工程”团课教育活动暨“读万里书卷，品百家经典”座谈会顺利召开
11 月 20 日　工商管理学院举办班服大赛
11 月 21 日　数学与信息科学学院新疆同学与老师面对面　畅聊大学规划
11 月 22 日　教育学院“定格书影”经典百书活动圆满结束
11 月 22 日　工商管理学院走访广州大学团委黄斌老师
11 月 23 日　工商管理学院走访调研富田日捆储运（广州）有限公司
11 月 23 日　新闻与传播学院红十字会急救培训活动
11 月 23 日　数学与信息科学学院举办雅室评比大赛
11 月 23—25 日　广州大学成功承办第十四届全国高校土木工程学院（系）院长（主任）工作研讨会
11 月 25 日　工商管理学院“青年大学习”观影研讨会
11 月 26 日　经济与统计学院院运会
11 月 27 日　“以文化人，以史育人”——环境科学与工程学院邀请吴小强教授为同学们讲授广州大学校史
11 月 27 日　广州大学首届中华经典诵读大赛
11 月 27 日　旅游学院在 2018 年社会实践中再创佳绩
11 月 30 日　工商管理学院举行第三次“青年大学习”集体观影研讨会活动
11 月 30 日　校运会回顾：懂艺术爱体育的广大人

12 月

12 月 3 日　广州大学人文学院心理卫生协会年终总结大会顺利召开
12 月 4 日　经济与统计学院、工商管理学院、公共管理学院和法学院青年马克思主义者培养工程第一次开班仪式
12 月 4 日　新闻与传播学院和体育学院举办艾滋病知识宣传活动
12 月 4 日　环境科学与工程学院举行党员大会暨学院青马班交流分享会
12 月 4 日　艾滋病宣传日——让爱 FLY
12 月 4 日　机械与电气工程学院学生参加广州大学首届划船比赛夺得冠军
12 月 4 日　红十字会人文学院分会知信小学义教活动顺利开展
12 月 4 日　人文学院汉语 171 班“探讨阿 Q 精神的‘胜利’与‘失败’”经

典百书导读暨领导、教授联系班级活动顺利开展

12月5日　人文学院寻梦园勤工中心图书漂流活动顺利举行

12月5日　人文学院第十四届“承阳之暖，筑梦之馨”雅室大赛颁奖典礼顺利举行

12月7日　青年大学习——腹有诗书气自华学习活动

12月8日　2019届毕业生广东省环保企业招聘专场

12月11日　旅游学院举办院长第三期下午茶

12月11日　第十四届学术科技节暨第七届节能减排工业设计大赛答辩大会及颁奖典礼

12月15日　广州大学红十字会人文学院分会黄埔老人院志愿活动顺利开展

12月18日　人文学院2018年“文载四海，君携琬琰”主题人文节顺利举办

12月27日　马克思主义学院连续三年蝉联广州大学“五室一站”工作优秀单位荣誉称号